Kohlhammer

**Praxiswissen Erziehung**

Eine Übersicht aller lieferbaren und im Buchhandel angekündigten Bände der Reihe finden Sie unter:

https://shop.kohlhammer.de/praxiswissen-erziehung

**Die Autorin**

Prof. Dr. Regina Kostrzewa ist Professorin für Soziale Arbeit im Dualen Studium der Internationalen Hochschule und Akademische Standortleitung in Bremen. Zuvor war sie in Leitungsfunktionen 25 Jahre in der Suchtarbeit und Prävention in Schleswig-Holstein tätig und ist seit 1991 Lehrbeauftragte zum Thema »Prävention und Suchtvorbeugung in Theorie und Praxis« an der Fachhochschule Kiel. Ihre Promotion erfolgte zum Thema Alkoholprävention bei Jugendlichen. Darüber hinaus ist sie im wissenschaftlichen Beirat des Fachverbandes Drogen und Suchthilfe e. V. und bietet im Rahmen des jährlichen Kongresses ein Suchtforschungssymposion an. Außerdem engagiert sie sich ehrenamtlich im Feld der Suchtprävention, Resilienzförderung und Gesundheitskompetenz im betrieblichen und schulischen Kontext.

Regina Kostrzewa

# Alkohol und Drogen in der Familie

## Präventionswissen für Eltern und pädagogische Fachkräfte

Verlag W. Kohlhammer

1. Auflage 2022


Gesamtherstellung: W. Kohlhammer GmbH, Stuttgart

Print:
ISBN 978-3-17-037659-5

E-Book-Formate:
pdf: ISBN 978-3-17-037660-1
epub: ISBN 978-3-17-037661-8

# Geleitwort

Wir, d.h. unsere Gesellschaft, haben ein schwieriges Verhältnis zum Alkohol. Einerseits ist er überall. Von der Taufe bis zur Beerdigung gibt es keine Festivität ohne Sekt, Wein, Bier oder Härteres. Andererseits haben diejenigen, die mit Alkohol nicht zurechtkommen, sich oft betrinken und in eben dieser durchalkoholisierten Gesellschaft auffällig werden, einen schweren Stand. Mit den Drogen ist es nicht besser: Die Politik schwankt zwischen Strafen und Legalisierung, was einen ständig zunehmenden Gebrauch von überhaupt nicht harmlosen Substanzen zur Folge hat.

Vor so einem Hintergrund scheint es nahezu unmöglich, Kinder und Jugendliche zum richtigen Umgang mit dem Alkohol zu erziehen. Wie sollen wir zu etwas erziehen, wovon wir selbst keine klare Vorstellung haben?

Hier bietet das Buch von Frau Professorin Regina Kostrzewa ausgezeichnete Hilfestellungen. Sie ist durch ihren beruflichen Werdegang ausgewiesene Fachfrau für das Thema, kennt alle professionellen Ansätze in Prävention und Suchthilfe, und auch der politische Diskurs ist ihr vertraut. Auf dieser Grundlage betet sie nun aber nicht die üblichen Glaubenssätze der Profis herunter, die sich von der Lebenswirklichkeit ganz normaler Familien entfernt haben, die oft verzweifelt einen gangbaren Weg im Umgang mit Alkohol und Drogen suchen.

Stattdessen lässt sie sich klar, verständlich und transparent auf die Lebenswirklichkeit in den Familien ein, befreit Eltern von den üblichen Selbstvorwürfen, erklärt, was Erziehung und Prävention miteinander zu tun haben, und setzt sich mit Genuss und Konsumverhalten auseinander. Sie spart den schwierigen Dialog in suchtbelasteten Familien nicht aus und versucht dem Wunsch suchtkranker Eltern gerecht zu werden, wenigstens bei ihren Kindern etwas besser zu machen. Besonders schön ist das Schlusskapitel »Von Sinnen und Gefühlen im Dialog«, in dem praktische Handlungsempfehlungen für pädagogische Fachkräfte auf der Grundlage von Achtsamkeit und Gefühlswahrnehmung gegeben werden und gezeigt wird, wie Wege und Regeln im Umgang mit abhängig machenden Substanzen in den verschiedenen Altersstufen gefunden werden können.

Ich habe keine Zweifel, dass dieses durch und durch gelungene Buch viele dankbare Leser_innen finden wird.

Prof. Dr. med. Josef Aldenhoff,
Arzt für Psychiatrie und Psychotherapie,
em. Direktor der Klinik für Psychiatrie und Psychotherapie
an der Christian-Albrechts-Universität zu Kiel

# Danksagung

Bedanken möchte ich mich bei allen, die mich auf unterschiedlichste Art und Weise bei der Erstellung dieses Buches unterstützt haben.

Als erstes möchte ich mich bei Prof. Dr. Josef Aldenhoff ganz herzlich bedanken. Schon am Anfang bei der Erstellung der Gliederung konnte ich mit ihm den Aufbau des Buches diskutieren und erhielt auch zwischenzeitlich zu den Kapiteln motivationsfördernde Feedbacks. Josef, selbst erfahrener Buchautor, ›schenkte‹ mir das Geleitwort, obwohl er selbst gerade in der Endphase eines seiner Bücher steckte.

Mein besonderer Dank gilt Gunhild Heidermann und Peter Röhling! Gunhild hat das gesamte Buch teils mehrfach in kürzester Zeit Korrektur gelesen, was mir die Arbeit sehr erleichterte. Und mit Peter Röhling – meinem alten Wegbegleiter – stand ich kontinuierlich im fachlichen Austausch, wir haben Kapitelweise diskutiert. Seine schnellen Rückmeldungen gaben mir häufig die notwendige Sicherheit zur Weiterarbeit. Es bestärkte mich, neben meiner ausfüllenden Arbeit an der Internationalen Hochschule (IU), stetig am Buch weiterzuschreiben.

Ebenfalls möchte ich meinem ehemaligen Kollegen Hinnerk Frahm herzlich danken. Auch mit ihm stand ich am Anfang und am Ende der Schreibphase im Austausch und erhielt wertvolle Anregungen zu einigen Kapiteln.

Besonders hervorheben möchte ich die unermüdliche Unterstützung – auch weit über die übliche Arbeitszeit hinaus – durch meine Studentische Hilfskraft Carmen Thater bei den vielen zeitaufwendigen ›Kleinarbeiten‹ und dem technischen Support – ein großes Dankeschön dafür!

Ganz besonders möchte ich mich bei all meinen Interviewpartner_innen bedanken: für ihre offenen und ehrlichen Berichte aus ihrem persönlichen Leben, die dieses Buch auf besondere Weise lebendig werden lassen und so die theoretischen Ausführungen für die Leser_innen leichter nachvollziehbar machen.

Auch bei meinen Freund_innen und meiner Familie möchte ich mich für die vielen positiven und wertschätzenden Worte und ihr Verständnis bedanken. Nicht zuletzt gilt mein besonderer Dank meinem Mann und unserer Tochter, denen ich die kleinen Anekdoten aus unserem Familienleben verdanke, die ich in diesem Buch preisgeben durfte. Es ist schön, authentisch sein zu können und nicht nur über ein selbstbestimmtes, sinnerfülltes und genussorientiertes Leben theoretisch zu schreiben, sondern sich als konsumkompetente Familie gemeinsam den täglichen Herausforderungen zu stellen und sie gemeinsam zu meistern.

Regina Kostrzewa

# Inhalt

# Einleitung

Rauchen und Alkoholkonsum sind ein Teil unseres gesellschaftlichen Lebens. Kinder und Jugendliche sehen im Alltag viele Menschen, die in den unterschiedlichsten Situationen Substanzen konsumieren und deren Wirkungen miterleben. Eltern haben die Aufgabe, ihren Kindern schon früh einen kritischen Blick auf den Konsum zu vermitteln und ihnen ein gutes Vorbild zu sein. Da stellt sich schnell die Frage, wie kann es gelingen, ein gutes Vorbild zu sein, wenn man selbst raucht und Alkohol trinkt?

Diese Frage erfordert eine komplexe Antwort, da sie individuell abhängig von der Lebenswelt des Einzelnen beantwortet werden muss. Grundsätzlich lässt sich hier schon einmal festhalten, dass es einen selbstkritischen Blick auf das eigene Verhalten erfordert, was nicht immer einfach und angenehm ist. Eher im Gegenteil! Die meisten Menschen empfinden es als schwierig, sich dieser Aufgabe zu stellen und nach einer individuellen Antwort zu suchen. Ehrlich gesagt, ist das auch nicht verwunderlich, denn der oft lockere gesellschaftliche Umgang mit Alkohol und Drogen macht es Eltern auch nicht leicht, eine gute Orientierung zu erlangen. Nahezu in allen Lebensbereichen wird z. B. Alkohol konsumiert! Insbesondere bei allen Feierlichkeiten: von der Taufe über die Konfirmation, die Abschlussprüfungen, die Hochzeit, das Jubiläum bis zur Beerdigung. Insofern kann man festhalten: »Eltern sind nicht allein verantwortlich« für das Bild, das unsere Kinder vom Alkoholkonsum haben, was ja auch beruhigend für Eltern sein kann und im ersten Kapitel genauer erläutert wird (▸ Kap. 1).

Die Vermittlung eines angemessenen Umgangs mit Alkohol und Drogen in der Familie stellt sich als große Herausforderung dar. Genau genommen kann diese Herausforderung als ein Teil des Elternseins betrachtet werden, der ein umsichtiges Vorgehen erfordert im Sinne von »Erziehung ist die beste Prävention«, wie es im zweiten Kapitel heißt. Hier werden insbesondere Eltern von ganz kleinen Kindern angeregt, ihr eigenes Konsumverhalten unter die Lupe zu nehmen. Denn schon im Säuglings- und Kleinkindalter werden Grundlagen gelegt, die ein positives Heranwachsen fördern können. In diesem Kapitel wird auch der Blick auf das Bindungsverhalten der Eltern zum Kind gerichtet und herausgearbeitet, welche Auswirkungen frühe Einflüsse auf die Kindesentwicklung haben. Das Erlernen von Kompensationsverhalten bei unangenehmen Gefühlen sowie das Kommunikationsverhalten zwischen Eltern und Kind sind hier auch in den Fokus genommen, um praxisorientierte Hinweise abzuleiten (▶ Kap. 2).

Das dritte Kapitel konzentriert sich auf das Thema »Eltern als Vorbild« und geht dabei insbesondere auf Kinder im Grundschulalter ein. In diesem Alter übernehmen die Eltern eine zentrale Vorbildfunktion, was das Konsumverhalten ihrer Kinder anbelangt. Beispielhaft wird der Tabakkonsum fokussiert, und es werden Möglichkeiten vorgestellt, wie sich Familienregeln aufstellen und Gespräche mit den Kindern führen lassen (▶ Kap. 3).

Das darauffolgende Kapitel konzentriert sich auf elterliche Regeln zum Konsumverhalten ihrer pubertierenden Kinder. Nach dem Motto »Weniger Alkohol – mehr Genuss« werden kreative Wege vorgestellt, wie der Genuss durch Mäßigung oder Verzicht gefördert werden kann. Ziel ist es, die Eltern dabei zu unterstützen, mit ihren jugendlichen Kindern gemeinsam Vereinbarungen zu treffen, Positives zu loben und eine gelungene Gesprächsführung bei Regelverstößen zu erreichen (▶ Kap. 4).

Die Lebensphase der späten Pubertät ist häufig begleitet von riskantem Substanzkonsum. Auf den Umgang damit wird im fünften Kapitel eingegangen. Eine entwicklungspsychologische Betrachtung ermöglicht dem_der Leser_in die Funktionen des Substanzkonsums nachzuvollziehen und die Entwicklungsaufgaben der Heranwachsenden zu verstehen, die von Identitätsfindung über das Knüpfen sozialer Beziehungen bis hin zur Zukunftsplanung reichen. Die Herausforderungen für die älteren Jugendlichen erhöhen auch den Bedarf an Gesprächskompetenz bei den Eltern, um Entwicklungsprobleme zu erkennen, Konsumverhalten auszuhandeln und Problemsituationen zu bewältigen (▸ Kap. 5).

Das sechste Kapitel richtet den Fokus von außen auf die Familie, in der Suchtbelastungen vorliegen. Es werden Strategien für Angehörige vermittelt, die suchtbelastete Familien unterstützen wollen. Über das Wissen der Entwicklungsphasen und Folgen hinaus werden Beispiele von Motivierender Gesprächsführung einbezogen, die die Vermeidung sozialer Ausgrenzung erläutern. Darüber hinaus werden professionelle Beratungsangebote wie auch Selbsthilfegruppen vorgestellt (▸ Kap. 6).

Daran anknüpfend folgt ein Kapitel, das sich an betroffene Eltern richtet, die erfolgreich ihre Suchterkrankung überwunden haben und Möglichkeiten des Umgangs suchen, um innerhalb ihrer Familie mit ihren Kindern abstinent leben zu können. Es bieten sich Chancen für neue Wege, die gemeinsam im Alltag umgesetzt werden können (▸ Kap. 7).

Insgesamt wird der Fokus hauptsächlich auf den Umgang mit Alkohol gelegt, weil er gesamtgesellschaftlich betrachtet das größte Problem darstellt. Allerdings lassen sich die Empfehlungen und die Gesprächsführungsregeln weitestgehend auf andere Substanzen übertragen.

Das achte Kapitel richtet sich an pädagogische Fachkräfte, die mit Eltern und Kindern im Kontext von »Erziehung zwischen Rausch und Risiko« arbeiten. Hier werden entsprechend der Entwicklungsphasen vom Kleinkind, Grundschulkind, Jugendlichen bis zum Heranwachsenden bzw. für die Elternarbeit selbst Handlungsempfehlungen und praktische Methoden zur konkreten Umsetzung im Arbeitsalltag sowie Best-Practice-Projekte vorgestellt (▸ Kap. 8).

Das letzte Kapitel enthält Schlussworte, die fünf Regeln für eine Erziehung zur Konsumkompetenz einbeziehen (▸ Kap. 9).

# 1

## Eltern sind nicht allein verantwortlich

Der Konsum von Alkohol, Tabak und anderen Drogen ist in unserer Gesellschaft weit verbreitet. Viele gesellschaftliche Anlässe sind geprägt vom Konsum dieser stimulierenden Substanzen. Vorneweg der Alkohol, der wie selbstverständlich z. B. bei festlichen Anlässen im privaten wie im beruflichen Bereich dazugehört und es schon förmlich einer Entschuldigung bedarf, wenn man auf Alkohol verzichten möchte. So ist es auch naheliegend, dass die Verantwortung des Erlernens eines bewussten Umgangs mit Alkohol und anderen Drogen nicht allein bei den Eltern liegen kann. Natürlich kommt den Eltern als direktes Vorbild für ihre Kinder eine zentrale Bedeutung zu, aber die alltägliche Konfrontation unserer Kinder und Jugendlichen damit, verlangt auch eine allgemein gesellschaftliche Verantwortung. Diese zeigt sich in den politischen

Entscheidungen für Präventionsmaßnahmen struktureller Art wie z. B. Nichtraucherschutzgesetz und in kommunikativer Form wie z. B. direkter Präventionsangebote in Kita und Schule. Insofern können Eltern sich zwar nicht zurücklehnen in puncto Erziehung zum verantwortungsbewussten Umgang mit Alkohol und Drogen, aber sie sind auch nicht allein gelassen und können Unterstützung einfordern, um sich diesen weitreichenden Aufgaben zu stellen.

## 1.1 Gesellschaftlicher Umgang mit Alkohol und Drogen

Der Gebrauch von Substanzen erfüllt viele Funktionen wie z. B. Genuss, Zugehörigkeit, Entspannung oder auch Belohnung. Darüber hinaus kann mit dem Konsum auch ein bestimmter Lebensstil ausgedrückt werden, der sich häufig im Jugendalter entwickelt und im Erwachsenenalter manifestiert. Um hier im Sinne eines gesundheitsbewussten Lebensstils die Heranwachsenden zu begleiten, sollten der gesamtgesellschaftliche Einfluss sowie die multifaktoriellen Entstehungsbedingungen von Verhaltensweisen bedacht werden, auf die im Laufe des Buches eingegangen wird.

Der gesellschaftliche Umgang lässt sich anhand aktueller Konsumzahlen sehr gut ablesen. Entsprechend des Drogen- und Suchtberichts der Bundesregierung von 2019 konsumieren in Deutschland 7,8 Millionen Menschen Alkohol in gesundheitsschädigender Form, ca. 25 % der Erwachsenen sind episodische Rauschtrinker_innen, 1,3 Millionen gelten als alkoholabhängige und 73.000 Menschen sterben jährlich an den Folgen von Alkoholmissbrauch. Dazu kommen nach Schätzungen der Weltgesundheitsorganisation (WHO) jährlich ca. 150.000 Menschen, die vorzeitig an den direkten Folgen des Tabakrauches sterben sowie 3300 an den Folgen des Passivrauchens, während ungefähr ein Viertel der Erwachsenen in Deutschland raucht. Bezogen auf den übermäßigen Konsum illegaler Drogen werden jährlich 150.000 Menschen stationär behandelt, und im Jahr 2016 starben 1333 Menschen durch illegale Drogen.

## 1.2 Umgang mit Alkohol

Nahezu täglich werden wir in unserer westeuropäischen Gesellschaft mit dem Alkohol konfrontiert. In vielen sozialen und kulturellen Anlässen ist der Alkoholkonsum so integriert, dass ein abstinentes Verhalten als abweichend erlebt wird und einer besonderen Begründung bedarf. Neben dem Genuss wird der Alkohol auch häufig zum Stressabbau konsumiert und das in allen Bevölkerungsschichten und nicht nur im Jugendalter, sondern gerade auch im höheren Erwachsenenalter. So stellte das Robert Koch-Institut im Jahr 2017 fest, dass insbesondere die Altersgruppe der 45- bis 64-Jährigen regelmäßig zu viel trinkt. Der riskante Alkoholkonsum liegt in dieser Gruppe bei einem Anteil von 19,2 %, während bei den über 65-Jährigen 15 % riskant konsumieren und bei der Gruppe der 33- bis 44-Jährigen 12,3 % regelmäßig zu viel trinken. Diese Zahlen zeigen die Akzeptanz von Alkohol bis ins höhere Alter, trotz der bekannten gesundheitlichen Folgen. Kinder und Jugendliche wachsen also in einer Gesellschaft heran, die den Alkoholkonsum vorlebt. Auch die Alkoholwerbung spricht insbesondere junge Menschen an und »gibt sich betont jugendlich« (Seitz, 2018, S. 111). Nach dem Motto »jung, schön und frei« investierte die Alkoholindustrie allein im Jahr 2015 544 Millionen Euro (ebd., S. 106) und verwendete dabei jugendorientierte Musik, lebhafte Handlungen und effektvolle Farben. Die Gesundheitsrisiken und Gefahren werden dabei komplett ausgeblendet, obwohl zahlreiche Studien darauf hinweisen. Mediziner_innen belegen, dass über 200 Krankheiten durch einen riskanten Alkoholkonsum ausgelöst werden können: von Herz-Kreislauf-Problemen über psychischen Erkrankungen bis zu verschiedenen Arten von Krebs. Allein für Deutschland zeigt die Global Burden-of-Disease-Studie rund 47.000 Todesfälle im Zusammenhang mit Alkohol. Darüber hinaus ist ein Viertel aller Gewaltdelikte von alkoholisierten Täter_innen im Jahr 2018 begangen worden, während 13 % aller Unfälle mit tödlichem Ausgang aufgrund von übermäßigem Alkoholkonsum erfolgten. Entsprechend der Angaben der Deutschen Hauptstelle für Suchtfragen (DHS) liegt die »risikoarme Schwellendosis« für Männer bei 24 Gramm Alkohol pro Tag, das ist ca. ein halber Liter Bier bzw. ein Viertel Liter Wein. Für Frauen gilt die Hälfte, da der Alkohol aufgrund des niedrigen Wasseranteils im Körper der Frau schneller eine höhere Konzentration erreicht und gleichzeitig das für den Alkoholabbau erforderliche Enzym in geringerer Menge produziert wird, d. h. der Alkohol länger im Körper bleibt (ebd., S. 53). Die DHS ergänzt die Angaben für einen risikoarmen Konsum noch mit dem Hinweis, dass man wöchentlich wenigstens zwei alkoholfreie Tage einlegen sollte.

Aufgrund jahrelanger Arbeit im Bereich der Alkoholprävention ist meine persönliche Empfehlung folgende: Versuche es als »Dunkel- und Wochenendtrinker«! Das bedeutet genussvoller Konsum am Abend und möglichst nur am Wochenende, idealerweise auch nicht jedes Wochenende, sondern am ehesten bei Feierlichkeiten oder besonderen Anlässen. Natürlich gibt es auch mal Ausnahmen wie z. B. im Urlaub. Wobei es wichtig ist, den Unterschied zwischen Genuss und Trunkenheit zu erkennen und zwischendurch auch Wasser zu trinken. Dazu mehr in Kapitel 4 »Weniger Alkohol – mehr Genuss«. Dort wird es dann auch um Jugendliche gehen, denn die Empfehlung hier ist für Erwachsene gedacht (▸ Kap. 4).

Einen bewussten Umgang mit Alkohol zu pflegen, bleibt jedem bislang selbst überlassen. Gleichwohl gibt es eine Reihe weiterer Empfehlungen im Sinne der ›Punktnüchternheit‹. Das bedeutet, in folgenden Situationen sollte man ganz auf Alkohol verzichten:

- auf der Arbeit,
- im Straßenverkehr,
- beim Bedienen von Maschinen,
- beim Sport/beim Schwimmen,
- bei Krankheit bzw. bei Einnahme von Medikamenten,
- bei Konfliktgesprächen in der Partner- bzw. Freundschaft,
- während der Schwangerschaft.

Es ist immer wieder überraschend, dass werdende Mütter überhaupt noch Alkohol trinken, obwohl die Risiken für das ungeborene Kind seit Jahrzehnten bekannt sind. Die Gefahr, dass ein Embryo gravierende Entwicklungsstörungen davonträgt, ist sehr hoch und zeigt sich im verzögerten Wachstum, kleinem Kopf, geringerem Geburtsgewicht, verringerten motorischen und geistigen Entwicklungen, Herzfehlern oder später auftretenden Verhaltensstörungen wie auch Epilepsie. Das fötale Alkoholsyndrom (FAS) wird auch als pränataler Minderwuchs bezeichnet und kann sich vom ersten Moment der Befruchtung anfangen auszubilden. D. h. Frauen, die gerne schwanger werden möchten, sollten ab dem Zeitpunkt der aktiven Entscheidung für eine Schwangerschaft auf den Alkohol verzichten. Dabei sollten Frauen, die gewohnt sind, regelmäßig viel zu trinken, versuchen einen ausschleichenden Prozess des Alkoholverzichts zu wählen und sich etwas Zeit lassen, bevor sie mit dem Schwanger-Werden starten.

Bruce Lipton ruft zu einer »bewussten Elternschaft« auf, die sogar schon vor der Befruchtung beginnt. Elternsein ist also von Beginn an mit einer hohen Verantwortung verbunden, bei der die gesellschaftlichen Rahmenbedingungen eine große Unterstützung bieten können. Inwieweit die deutsche Politik hier ihren Beitrag leistet, bleibt fraglich. Denn betrachtet man die Vorgabe nach dem von der WHO gesetzten Ziel zur Senkung des Alkoholkonsums um 10 % bis 2025, zeigt es sich als unwahrscheinlich, dass Deutschland das Ziel erreicht. Dabei ist längst bekannt, was die Politik tun könnte. Nach der WHO gelten Steuererhöhungen, Werbeverbote und restriktive Verkaufshürden als wirksame Maßnahmen. Aber mit Forderungen nach strengeren Regeln macht man sich nicht beliebt und die Wirtschaftsinteressen der Alkoholindustrie stehen dem auch entgegen, die ja mit entsprechender Lobby politischen Einfluss nimmt. Nach einer Analyse des Fachmagazins Lancet werden die Vorgaben der WHO beispielsweise von den osteuropäischen Ländern besser umgesetzt. Sie konnten den Alkoholkonsum so deutlich reduzieren. Anders in Deutschland! Nach dem Drogen- und Suchtbericht der Bundesregierung im Jahr 2019 trinkt jeder sechste Erwachsene zu viel, weshalb der Satz des Suchtforschers Heino Stöver »Wir als Gesellschaft haben eine Alkoholstörung« treffend formuliert ist.

## 1.3 Umgang mit Tabak

Seit Jahrhunderten wird in unserer Gesellschaft Tabak geraucht, obwohl die gesundheitlichen Schädigungen bekannt sind. Die meisten Menschen erleben beim Erstkonsum einer Zigarette sogar häufig unangenehme Körperreaktionen wie Husten, Übelkeit oder Schwindelgefühl. Da stellt sich natürlicherweise die Frage, weshalb trotzdem geraucht wird. Hier gibt es unterschiedlichste Erklärungsmodelle: von genetischen Prädispositionen, die den Einstieg und das Aufrechterhalten des Rauchens begünstigen, über das Lernen am Modell, bei dem rauchende Eltern oder andere Erwachsene als Modell die angenehme Wirkung des Rauchens vorleben, bis hin zum sozialen Lernen, bei dem schon Kleinkinder das Rauchverhalten imitieren und zigarettenähnliche Gegenstände in den Mund nehmen.

Studien belegen, dass Kinder von rauchenden Eltern häufiger selbst zu Raucher_innen werden, dieser Einfluss wird insbesondere in Kapitel 3.2 genauer beleuchtet (▸ Kap. 3.2). Über diesen elterlichen Einfluss hinaus ist auch der Zusammenhang zwischen Tabakkonsum in Kinofilmen und der Initiierung des Rauchens von Jugendlichen nachgewiesen (Morgenstern et al., 2011). Je häufiger die Jugendlichen Tabakrauchereignisse sehen, desto höher ist der Experimentierkonsum. Zielführende Tabakprävention setzt demzufolge auf eine Denormalisierung des Rauchens, indem eine Beeinflussung sozialer Normen erfolgt, die das Rauchen als nicht mehr gesellschaftsfähig darstellen. Die seit 2007 eingeführten Nichtraucherschutzgesetze haben diesbezüglich einen großen Anteil am Imagewandel von Tabakrauchen bewirkt. Die Konsumverbote in öffentlichen Gebäuden und Verkehrsmitteln sowie in Schulen, Krankenhäusern und gastronomischen Betrieben reduzieren die Berührungspunkte mit dem Rauchen und sie senken die Toleranz, sich dem Passivrauchen auszusetzen. Auch das Inkrafttreten des Tabakverbots in Printmedien und im Internet sowie in Rundfunk und Fernsehen reduzieren den Tabakkonsum in der Bevölkerung. Diese und andere Maßnahmen der Tabakkontrollpolitik konnten der KiGGs-Studie zufolge die Rauchquote bei den 11- bis 17-jährigen Jugendlichen bis zum Jahr 2012 von rund 20 % auf 12 % senken. Entsprechend der Drogenaffinitätsstudie der Bundeszentrale für gesundheitliche Aufklärung (BZgA) rauchten im Jahr 2015 nur 8 % der 12- bis 17-jährigen Jugendlichen. Allerdings zeigt eine altersdifferenzierte Betrachtung, dass der rückläufige Trend beim Rauchen insbesondere bei den jungen Erwachsenen zutrifft, im mittleren und höheren Lebensalter ist dies nicht so ausgeprägt. So bleibt abzuwarten, wie sich der Umgang mit Tabak allgemeingesellschaftlich weiterentwickeln wird, denn die Tabakindustrie hat ja eine Reihe neuerer Produkte auf dem Markt eingeführt wie z. B. E-Zigarette und E-Shisha. Entsprechend der Studie der BZgA haben 12 % der 12- bis 17-jährigen Jugendlichen im Jahr 2015 schon mal eine E-Zigarette geraucht, bei den 18- bis 25-Jährigen sogar schon 21 %. Die E-Shishas sind bei Jugendlichen noch mehr im Trend, das haben 14 % der 12- bis 17-Jährigen schon einmal probiert. Diese Bewegung könnte eine Renormalisierung des Rauchens in der Bevölkerung nach sich ziehen, weshalb spezifische Präventionsstrategien entwickelt werden sollten.

Denn E-Zigaretten und E-Shishas werden als Lifestyle-Produkte und gesunde Alternative zum Tabakrauchen beworben, und die aromatischen Liquids mit den trendigen Geschmacksrichtungen könnten insbesondere für Kinder und Jugendliche attraktiv sein. Zwar wurde der Verkauf von elektronischen Inhalationsprodukten an Minderjährige 2016 verboten, aber Eltern sollten hier sehr aufmerksam sein und nicht dem Irrglauben verfallen, wenn die Liquids kein Nikotin enthalten, könnten sie ja keinen negativen Einfluss nehmen. Gerade die E-Shisha kann zum gemeinsamen Rauchen verführen und in der Peergroup einen erheblichen sozialen Druck auslösen, weshalb sich Jugendliche dann zum Rauchen verleiten lassen, um in der Gruppe anerkannt zu werden.

In dieser frühen Phase besteht die Funktion des Rauchens in der Unterstützung bei der Identitätsfindung und Zugehörigkeit. Damit kann auch eine Abgrenzung gegenüber anderen Peergroups oder den Erwachsenen erfolgen, um sich z. B. ein eigenes Gruppenimage zu geben. Die Raucherquote in der Peergroup beeinflusst das Rauchverhalten der einzelnen Gruppenmitglieder genauso wie der elterliche Einfluss. Studien belegen, dass Kinder rauchender Eltern weit häufiger selbst mit dem Rauchen beginnen als Kinder aus Nichtraucherelternhäusern. Welche Möglichkeiten rauchende Eltern haben, trotzdem positiven Einfluss zu nehmen, wird in Kapitel 3.2 aufgegriffen (▸ Kap. 3.2). Denn Tabak wird als eigentliche Einstiegsdroge in den Konsum psychotroper Substanzen angesehen, d. h. rauchende Jugendliche konsumieren auch eher Alkohol oder Cannabis, weshalb es umso wichtiger ist, möglichst zum Nichtrauchen zu erziehen (DHS, 2013, S. 57).

## 1.4 Umgang mit Cannabis

Zweifelsohne ist Cannabis in Deutschland die am häufigsten konsumierte illegale Droge. Trotzdem lässt sich in unserer Gesellschaft keine klare Position für oder gegen den Konsum feststellen. Im Gegenteil! Häufig wird ideologisch diskutiert und sich in gespaltenen Lagern positioniert. So ist es heute keine Überraschung, dass sich die Jugend eine eigene Meinung bildet und zunehmend Cannabis ausprobiert. Solange es keine Einigung gibt bzw. keine klaren Strategien verfolgt werden, wird die Jugend ihren eigenen Weg gehen, wie nachfolgende Zahlen nahelegen. Entsprechend der Drogenaffinitätsstudie der Bundeszentrale für gesundheitliche Aufklärung (BZgA) von 2019 haben 10,4 % der 12- bis 17-Jährigen und 46,4 % der 18- bis 25-Jährigen schon einmal Cannabis konsumiert, was einen erneuten Anstieg bedeutet. Der Konsum im Jugendalter birgt besondere Risiken für die Heranwachsenden, die von Kurzzeitfolgen wie Bewusstseinsstörungen, verzögerten Reaktionszeiten bis hin zu Panikattacken reichen können. Langzeitfolgen sind bei regelmäßiger Einnahme durch Jugendliche Wahnvorstellungen/Psychosen, Depressionen, vermindertes Erinnerungsvermögen und veränderte Hirnstruktur sowie erhöhtes Infarkt- oder Schlaganfallrisiko bis hin zur Abhängigkeit. Letzteres tritt umso zügiger ein, je jünger der_die Konsument_in ist! Denn in jungen Jahren lernt das Gehirn noch schneller. So auch hier. Drogen aktivieren das Belohnungszentrum des Gehirns, d. h. durch die Einnahme erfolgt eine Dopaminfreisetzung. Das sind Botenstoffe, die dem_der Konsument_in ein positives Gefühl vermitteln. Insofern lernt das Gehirn des_der jugendlichen Konsument_in schneller die positive Wirkung und möchte dieses Gefühl wieder herbeiführen, weshalb dann erneut Cannabis konsumiert wird. Dieser Mechanismus lässt sich aber nicht unbegrenzt wiederholen und bleibt nicht ohne Folgen, wie im Verlauf des Buches noch deutlich werden wird.

Die Verbreitung des Cannabiskonsums verzeichnet in den letzten Jahrzehnten große Schwankungen. Während bis vor der Jahrtausendwende maximal ein Viertel der 18- bis 25-Jährigen schon mal Cannabis konsumiert hat, sind es 20 Jahre später nach Angaben der BZgA fast doppelt so viele. Gesellschaftliche Diskussionen und politische Debatten beispielsweise um die Legalisierung oder den Einsatz von Cannabis als Heilpflanze werden auch von Jugendlichen wahrgenommen und z. B. in Präventionsveranstaltungen heiß diskutiert. Beliebte Annahmen wie »Cannabis ist gesünder als Alkohol« oder auch »Cannabis macht nicht abhängig« halten sich hartnäckig und müssen immer wieder geschickt hinterfragt bzw. widerlegt werden. Eine kurze Antwort wäre beispielsweise »Am gesündesten ist es, den Konsum von Cannabis und Alkohol zu unterlassen« oder »Cannabis macht psychisch abhängig«. Gleichwohl ist das »Gesetz zur Verwendung von Cannabis als Medizin« für viele schwererkrankte Menschen ein großer Gewinn und verspricht z. B. bei Multipler Sklerose, Krebs, Epilepsien, Morbus Parkinson oder auch ADHS Linderung. Gesellschaftlich betrachtet wäre eine klare Haltung zum Umgang mit Cannabis für Jugendliche eine wichtige Orientierung. Auch für Eltern wäre eine zentrale Botschaft für den Erziehungsalltag relevant. Allerdings werden ohne gesetzliche Veränderungen im Bereich Cannabis voraussichtlich Ideologiedebatten kein Ende finden, weshalb Eltern nur durch ihr eigenes Vorbildverhalten bezüglich des bewussten Umgangs mit Konsummitteln von Anfang an positiven Einfluss auf die Entwicklung ihrer Kinder nehmen können, wie es in Kapitel 3 ausgeführt werden wird (▸ Kap. 3).

## 1.5 Umgang mit illegalen Drogen

In großen Teilen der deutschen Gesellschaft werden Menschen, die illegale Drogen konsumieren, verachtet, ausgegrenzt und stigmatisiert. Häufig wird angenommen, dass der Konsum Ausdruck einer schwachen Persönlichkeit sei und in die Kriminalität führe.

Letzteres ist insofern zutreffend, als es in jedem Fall eine illegale Handlung ist und gegen das Betäubungsmittelgesetz (BtMG) verstößt. Inwieweit es zutrifft, dass der Gebrauch illegaler Drogen mit einer schwachen Persönlichkeit zusammenhängen könnte, ist wesentlich komplexer zu beantworten und wird im Rahmen der Identitätsbildung aufgegriffen. Festzuhalten bleibt, dass der gesellschaftliche Umgang mit einer Droge im kulturellen Kontext zu betrachten ist. Während in Deutschland Cannabis illegal und Alkohol legal ist, trifft dies auf andere Länder so nicht zu. Das bedeutet, eine Droge ist nicht automatisch illegal, sondern wird in Deutschland durch die Aufnahme in die Liste des BtMG so eingeordnet. Genau genommen wird der Begriff der Droge mit einer bestimmten Bedeutung verbunden, die mit der Erwartung einer Wirkung verknüpft ist. In Bezug auf die Wirkungsweisen werden illegale Drogen in drei Gruppen unterteilt: Sedativa, Halluzinogene und Stimulanzien. Während Sedativa als dämpfende und beruhigende Mittel bekannt sind, bewirken Stimulanzien eher das Gegenteil, indem sie eine anregende Wirkung erzielen. Halluzinogene beeinflussen die Sinneswahrnehmung, das Denken und Fühlen. Sie werden auch als Psychedelika bezeichnet und verändern die Sinneseindrücke. Am bekanntesten ist Cannabis.

In der Regel erwartet jede_r Konsument_in von illegalen Drogen eine positive Wirkung im Sinne der Verbesserung der Stimmung, des Wunsches nach Entspannung, der Stimulierung und Intensivierung des Erlebens oder des Abbaus von Hemmungen, Ängsten und Schmerzen. Die positiv wahrgenommene Veränderung des psychischen Erlebens wird dadurch erzeugt, dass mit der Drogenwirkung im Gehirn gezielt in den biochemischen Übertragungsprozess der Impulse von einer Nervenzelle zur anderen eingegriffen wird. An den Verknüpfungspunkten, den sogenannten Synapsen, werden durch elektrische Impulse Botenstoffe freigesetzt, die an den Rezeptoren anderer Nervenzellen andocken und so die Informationen weitergeben. Durch das Andocken von psychoaktiven Substanzen an die Rezeptoren wird die eigene Kontrolle der Nervenzellen über die angemessene Menge an Botenstoffen, auch Neurotransmitter genannt, gestört. So wird den Nervenzellen vorgespielt, dass eine gewisse Transmittersubstanz genug bzw. nicht genug vorhanden sei. Dadurch wird die natürliche Wirkung der körpereigenen Botenstoffe verstärkt bzw. ersetzt, bis der Körper die konsumierte Substanz wieder abgebaut hat. Dass dieser Eingriff in die körpereigenen Prozesse nicht ohne gesundheitliche Gefährdungen verläuft, ist hinreichend bekannt und führt zur Frage nach den Ursachen des Konsums, die sich bei Frauen und Männern oft unterscheiden. Während Männer durch den Konsum illegaler Drogen insbesondere Stärke, Macht und eine Unverletzlichkeit demonstrieren wollen, um in ihrer Peergroup eine Statusverbesserung zu erzielen, versuchen Frauen eine Form von Unabhängigkeit, Coolness und Selbstbewusstsein auszudrücken. Bei beiden Geschlechtern stellt sich der Konsum als eine Möglichkeit von Identitätsfindung und Persönlichkeitsentwicklung dar, die bei längerfristiger Anwendung Gesundheitsschäden bewirkt und eine Suchtgefahr beinhaltet.

In Deutschland ist die Konsumprävalenz – das ist, einfach formuliert, die Konsumhäufigkeit – jeder illegalen Droge bei Männern deutlich höher als bei Frauen. Nach dem Epidemiologischen Suchtsurvey aus dem Jahr 2018 liegt der Anteil erwachsener Männer bei 4,9 % und erwachsener Frauen bei 2,6 % (Piontek et al., 2018, S. 4ff.). Bei den Jugendlichen stehen die Zahlen in der gleichen Relation, während die 12-Monats-Prävalenz im Alter von 18 bis 24 Jahren am höchsten ist. Hochrechnungen zufolge liegt die Lebenszeitprävalenz von Erwachsenen bei ca. 32 %, d. h., ca. ein Drittel aller Erwachsenen hat irgendwann einmal in ihrem Leben eine illegale Droge konsumiert. Doch ein einmaliger Gebrauch illegaler Drogen wird nicht zu einem gesamtgesellschaftlichen Problem. Das Spannungsfeld des Umgangs mit dem Thema Drogen ergibt sich aus der Betrachtung problematischen Konsums illegaler Substanzen mit bio-psycho-sozialen Folgen der Konsument_innen und ihres Umfeldes. Mit dem bio-psycho-sozialen Ansatz lässt sich erklären, wie eine Sucht entsteht. Das multifaktorielle Bedingungsgefüge bezieht die drei großen Faktoren Droge, Individuum und Gesellschaft ein, die in einer Wechselwirkung zueinanderstehen und auf eine dynamische Entwicklung des Prozesses hinweisen. Ein Störungsbild im Sinne eines problematischen Substanzkonsums entsteht dann, wenn die Wechselwirkung der biologischen, sozialen und psychologischen Wirkfaktoren nicht zum Gleichgewicht für die Person führen, sondern sie durch eine Überlagerung von Problemen beeinträchtigen. Hervorzuheben ist, dass die Gesellschaft diesbezüglich einen großen Anteil hat und Einfluss darauf nimmt, wie jede_r Einzelne mit Drogen umgeht. Selbstverständlich liegt ein erheblicher Teil bei der Person selbst, wie gesundheitsbewusst oder risikoreich sie konsumiert. Ebenso wichtig ist die individuelle Wirkung der Droge auf die Person im biologischen wie im psychischen Bereich, die sich bei allen Menschen unterscheidet. Von der Droge an sich geht keine Gefährlichkeit aus, solange sie nicht eingenommen wird. Und Letzteres wird maßgeblich von dem Sozialisationsprozess der Person beeinflusst.

# 2

## Erziehung ist die beste Prävention

Erziehung ist wissenschaftlich betrachtet die zielgerichtete Einflussnahme auf die Verhaltensweisen des Kindes, um es auf das gesellschaftliche Leben vorzubereiten. Die Einflussnahme erfolgt dabei in der Regel von Menschen mit einem Vorsprung an Lebenserfahrung, also Eltern oder Erzieher_innen und anderem pädagogischen Fachpersonal. Die Erziehungsziele, die dabei verfolgt werden, dienen der Förderung der kindlichen Kompetenzen und seiner Autonomie sowie der Steigerung des Selbstvertrauens und Selbstwertgefühls, um ein eigenständiger, verantwortungsvoll handelnder Mensch zu werden. Dabei werden verschiedene Erziehungsstile genutzt, die sich grob in vier Stile unterteilen lassen: den autoritären, den vernachlässigenden, den nachgiebigen und den autoritativen. Da letzterer sich nachweislich am positivsten auf die kindliche Entwicklung auswirkt, wird er folgend etwas genauer beleuchtet.

Der autoritative Erziehungsstil lässt sich mit drei relevanten Aspekten beschreiben: Befriedigung kindlicher Bedürfnisse durch positiven Kontakt, Autonomieentwicklung durch Übernahme altersangemessener Aufgaben sowie moderate elterliche Kontrolle mit konsistentem Erziehungsverhalten. Der positive Kontakt beinhaltet Fürsorge und Wärme, d. h., die Eltern fühlen sich mit ihren Kindern emotional stark verbunden, fördern sie in ihren Interessen und zeigen wertschätzende Anerkennung. Der zweite Punkt der realistischen Erwartungen an das Kind trägt zu einem harmonischen Familienleben bei und ermöglicht zugleich dem Kind, ein wichtiger Teil der Familie zu werden, indem es z. B. Aufgaben im Haushalt übernimmt und sich dafür auch verantwortlich zeigt. Im Weiteren thematisieren die Eltern explizit ihre normativen Überzeugungen und Wertvorstellungen, indem sie mit ihren Kindern – abhängig vom Alter – sachlich verbale Aushandlungsprozesse führen, klare Regeln aufstellen und deren Umsetzung konsequent verfolgen. Mit zunehmendem Alter der Kinder erlauben und ermutigen die Eltern die Heranwachsenden eigene Meinungen und Überzeugungen zu entwickeln, um die Autonomie der Kinder zu fördern (Wild, Möller, 2015, S. 238) und die Verantwortung für das eigene Handeln zu tragen. Kurzgefasst lässt sich der autoritative Stil als liebevoller, strenger, konsistenter Erziehungsstil beschreiben, der sich, wie sich in den folgenden Kapiteln zeigen wird, auch als wirkungsvoll im Sinne der Suchtprävention herausstellt.

Prävention bedeutet vorbeugen bzw. zuvorkommen. Bezogen auf den Inhalt des Buches konzentrieren sich die Ausführungen auf die Suchtprävention, also das Vorbeugen eines gesundheitsgefährdenden Konsumverhaltens. Studien belegen: Je früher die Vorbeugung einsetzt, desto zielführender ist sie.

Deswegen sollte Eltern bewusst sein, dass eine konsequente Prävention nicht erst im Jugendalter einsetzt, sondern möglichst von Beginn an erfolgt und sich in der Haltung und dem Konsumverhalten der Eltern zeigt; denn gute Erziehung ist die beste Prävention und setzt zunächst am Verhalten der Eltern an.

## 2.1 Konsumverhalten: Die Familie im Säuglings- und Kleinkindalter

Im ersten Lebensjahr, bevor Kinder erlernt haben sich mit Worten zu verständigen, steht die nonverbale Kommunikation im Vordergrund. Nicht nur die Eltern beobachten die Signale des Kindes, sondern der Säugling beobachtet sehr intensiv alle nonverbalen Kommunikationsformen der Bezugsperson. Minimale Veränderungen der Mundwinkel oder Augenbrauen lassen das Kind Stimmungen der Erwachsenen erahnen. Durch Versuch und Irrtum gewinnt der Säugling eine untrügliche Sicherheit im Lesen der nonverbalen Signale. Sie lernen, dass die Körpersprache ein verlässlicherer Ausdruck der Stimmung der Eltern ist als die verbale Kommunikation (Kessler, 2005, S. 33). Ein Baby spürt die Gefühle der Mutter auch schon durch den Körperkontakt, d. h., fühlt sich die Mutter oder der Vater z. B. ausgeglichen, überträgt sich diese entspannte Stimmung auf das Kind. Demzufolge können beispielsweise Stressempfindungen der Mutter beim Kind zur Nervosität führen.

Gerade in den ersten Lebensmonaten ist ein intensiver Körperkontakt fürs Baby sehr wichtig, und kann auch nie zu viel sein im Sinne von Verwöhnen. Durch die Haut kann sich der Tastsinn durch Berührungen weiterentwickeln und gleichzeitig zum Wohlbefinden des Babys beitragen und beim Ausbau des Urvertrauens mitwirken. Genauso verhält es sich auch mit dem Blickkontakt zwischen der Bezugsperson und dem Säugling. Nach einigen Lebenswochen gelingt es dem Baby, den Eltern ein erstes Lächeln zu schenken, der Beginn einer positiven Wechselbeziehung zur Steigerung des Wohlbefindens und der Geborgenheit. Gleichzeitig ist es der Beginn der Kooperation zwischen Eltern und Kind. Z. B. kann ein Baby durch ein leichtes Wegdrehen des Kopfes beim Stillen signalisieren, dass es satt ist. Von den Eltern ist also volle Aufmerksamkeit gefordert, um die feinen Botschaften des Babys zu verstehen. Genauso können geringfügige Veränderungen in der Gestik und Mimik, in der Körperhaltung oder im Tonfall vonseiten der Eltern in Verbindung mit den einzelnen Worten vom Kind richtig gedeutet werden. So überrascht es auch nicht, dass schon Säuglinge und Kleinkinder z. B. den Sog der digitalen Medien, der auf die Eltern ausgeübt wird, wahrnehmen und nach kürzester Zeit bestimmte Handbewegungen wie das Wischen auf dem Handy imitieren. Da liegt es nahe, dass jegliche Konsumverhaltensweisen der Eltern vom Kind genau beobachtet und erlernt werden. Zeigt sich dem Kind wiederkehrend beispielsweise in Stresssituationen, dass seine Eltern ein bestimmtes Konsumverhalten anwenden und regelmäßig darauf mit Entspannung reagieren, kann das Kind dieses Reiz-Reaktions-Verhalten unbewusst abspeichern. Darüber hinaus ist es auch wichtig, dass Eltern bewusst darauf achten, das Baby nicht in Situationen durch Nahrungsaufnahme zu beruhigen, in denen es aufgrund anderer Unruhezustände stressvolle Äußerungen gemacht hat. Nach Brisch können Fehlinterpretationen der Bezugsperson in Form von Füttern zwar zur Reduktion der Erregung beim Baby führen, aber aufgrund wiederholter Fehlinterpretationen kann früh ein sogenanntes »Suchtgedächtnis« aktiviert werden (Brisch, 2015, S. 280). Das Kind lernt, dass jegliche Unwohlzustände durch das Zuführen von Ersatzstoffen überwunden werden können. Gerade im Bereich der Nahrungsaufnahme ist besondere Aufmerksamkeit geboten, um von Anfang an den präventiven Gedanken ins Familienleben zu integrieren. Jegliche Formen problematischen Essverhaltens werden in der Regel früh gelegt. Essen dient der Nahrungsaufnahme und dem Genuss, sollte aber nicht zum Trost oder als Belohnung eingesetzt werden.

## 2.2 Bindungsverhalten: Frühe Einflüsse der Bezugspersonen

Vonseiten der Eltern ist wichtig ihre wohlwollende Grundhaltung gegenüber dem Kind zum Ausdruck zu bringen. Wohlwollen und Liebe verstehen sich als Grundpfeiler der Beziehung zwischen Eltern und Kind. Liebevolle Gefühle müssen in liebevolles Handeln umgesetzt werden, damit der Säugling die Liebe auch spüren kann. So ist bei einem Säugling die prompte Reaktion der Eltern auf seine existenziellen Bedürfnisäußerungen notwendig, um eine sichere Bindung aufbauen zu können. Dieses sichere Bindungsverhalten ist im Sinne einer gesunden Entwicklung des Kindes anzustreben. Die anderen drei zu unterscheidenden charakteristischen Bindungsmuster, das unsicher-vermeidende, das unsicher-ambivalente und das desorganisierte, entstehen aufgrund ungünstiger Interaktionserfahrungen zwischen Eltern und Kind. Eine prompte Reaktion ist positiv, da sie einen erhöhten Erregungszustand beim Kind verhindert und ihm zeigt, dass es von seinen Eltern verstanden wird. So können die Eltern bei kontinuierlicher Bedürfnisbefriedigung des Säuglings für diesen zu einem ›sicheren Hafen‹ werden. Erst dadurch wird dem Kind die notwendige Sicherheit vermittelt, um explorieren zu können, also ›die Welt zu erkunden‹ und Autonomie zu entwickeln. Häufig äußern Eltern Unsicherheit in puncto ›prompter Reaktionen‹ und befürchten sich zum ›Sklaven des Kindes‹ zu machen. Diese Gedanken sind aber im Säuglingsalter unberechtigt, da ein Säugling nicht berechnend handeln kann, sondern nur seine existenziellen Grundbedürfnisse wie Liebe, Nähe, Nahrung und Pflege einfordert.

Eltern, die entsprechend dem humanistischen Menschenbild vom Guten im Menschen ausgehen, gelingt eine ausgewogenere Grundhaltung ihrem Kind gegenüber. Die humanistische Haltung beinhaltet darüber hinaus den Selbstbestimmungsgedanken und fordert die Akzeptanz der Einzigartigkeit eines jeden Menschen. Eltern, die dieses Menschenbild verinnerlicht haben, können in der Regel eine bessere Eltern-Kind-Beziehung aufbauen und wohlwollender mit ihrem Kind kommunizieren.

Als zentrale Botschaft ist hervorzuheben, dass die Feinfühligkeit der Eltern ihrem Kind gegenüber als Grundvoraussetzung für eine gut funktionierende Kommunikation gilt und diese wiederum ausschlaggebend für eine gute Eltern-Kind-Beziehung ist. Feinfühligkeit bedeutet sich in das Kind hineinzuversetzen und zu versuchen, aus der Perspektive des Kindes die Situation zu denken und die Welt zu betrachten. Im Säuglings- und Kleinkindalter bedeutet dies häufig, die eigenen Gefühle und Bedürfnisse zurückzustellen, um prompt reagieren zu können. Der medienüberlagerte und stressige Alltag lässt da junge Eltern auch an ihre Grenzen kommen. Feinfühlige Bezugspersonen nehmen Aspekte beginnender Belastungen des Kindes rechtzeitig wahr und reagieren adäquat, um die Erregung des Kindes zu reduzieren. Erfolgt hingegen keine Reaktion der Eltern auf die Stresssignale des Babys, kann eine Übererregung beim Säugling bis zum Zustand der Dissoziation führen. Das bedeutet, dass beim Kind ein Abschalten von Körpersignalen, Gefühlen und Affekten erfolgt, um diese nicht mehr wahrnehmen zu müssen.

Brisch bezeichnet dies als evolutionär bedingten Überlebensmechanismus (Brisch, 2015, S. 279). Geht hingegen die Bezugsperson auf die Gefühle und Affekte des Kindes mit Empathie ein, kann es diese wieder regulieren, und es erfährt zugleich ein Gefühl von Sicherheit. Die emotionale Unterstützung des Kindes durch die Bezugsperson wirkt sich positiv auf die kindliche Entwicklung aus.

Das Kind kann mit der Zeit lernen mit kleinen Belastungen selbstständig umzugehen, was sich positiv auf das Selbstbewusstsein auswirkt. Wenn das Kind sich seiner selbst bewusst ist, kann es seine eigenen Stärken und Schwächen besser wahrnehmen, wodurch es mehr Selbstvertrauen gewinnen kann.

Neben dem Selbstvertrauen, das sich durch ›das Können‹ aufbaut, gibt es das Selbstwertgefühl. Dieses ist die Fähigkeit, sich selbst wahrzunehmen und sich entsprechend zu verhalten, es drückt sich als ›das Sein‹ aus. Kinder, die den Unterschied nicht richtig gelernt haben, versuchen im späteren Leben durch mehr Leistung ihre Zufriedenheit zu steigern. Diese Zufriedenheit hält aber nur kurz an und steigert nicht das Selbstwertgefühl. Eltern können ein gesundes Selbstwertgefühl ihrer Kinder fördern, indem sie die Integrität ihres Kindes zulassen, das bedeutet, dass sie die Versuche ihres Kindes, sich abzugrenzen, respektieren (Juul, 2009, S. 52). Wenn beispielsweise das Baby den Löffel beim Füttern wiederholt zurückweist und den Kopf wegdreht, ist es ein Zeichen, das es satt ist. Studien belegen, dass Kinder sich besser entwickeln, wenn sie frühzeitig über die Menge der Nahrung selbst entscheiden dürfen (ebd., S. 60). Gleichzeitig kann sich eine bessere Eltern-Kind-Beziehung aufbauen, da die Eltern dem Kind zeigen, dass sie die Signale des Kindes verstehen. Die Entwicklung eines stabilen Bindungsmusters dient dem Kind als sichere Basis und schafft das nötige Urvertrauen, um später zu anderen Menschen Beziehungen aufbauen zu können (Brisch, 2015, S. 110). Gelingt es den Eltern, eine gute Bindung zum Kind aufzubauen, trägt diese unsichtbare Verbindung auch in späteren ggf. problematischen Lebensphasen wie der Pubertät der Kinder. Hingegen gelten Bindungsstörungen als Risikofaktor bezüglich des Konsumverhaltens von Alkohol und Drogen im Jugendalter sowie für Kompensationsverhaltensweisen allgemeiner Art.

## 2.3 Kompensationsverhalten: Umgang mit unangenehmen Gefühlen

Unangenehme Gefühle entstehen beim Säugling und Kleinkind auf vielfältige Art und Weise. Da für einen Säugling bzw. ein Kleinkind noch viele äußere Faktoren wie Geräusche, Gerüche, Lichtreflexe, Temperaturveränderungen oder auch innere Veränderungen wie Blähungen, Völlegefühl o. Ä. unbekannt sind bzw. nicht richtig zugeordnet werden können, können sie unangenehme Gefühle bewirken und zu hilferufenden Lebensäußerungen führen. Gelingt es den Eltern, die Situation richtig einzuordnen und prompt zu reagieren, indem sie ihr Kind z. B. auf den Arm nehmen, um es zu trösten, lässt es sich meistens schnell beruhigen. Schätzen die Eltern hingegen die Situation nicht richtig ein und reagieren z. B. mit Nahrungszufuhr, kann das Kind bei wiederholten Fehlinterpretationen lernen, dass Unwohlsein am ehesten durch einen Ersatzstoff reguliert werden kann. Wächst ein Kind so heran, lernt es, dass es bei dem Bedürfnis nach Nähe zu einer Bezugsperson, z. B. aus Angst wegen eins unbekannten Geräuschs, sich durch den Griff zu einem Lebensmittel selbst beruhigen kann. Gerade bei Kindern, die keine gute Eltern-Kind-Beziehung aufbauen konnten, ist dies natürlich eine charmante Lösung: Sie sind unabhängig davon, ob eine Bezugsperson ihnen den erwünschten Körperkontakt bereitwillig zur Verfügung stellt, da der Konsum der Lebensmittel als Ersatz ein vergleichbares Gefühl bewirkt. Dieses Verhalten erfolgt unbewusst und kann vom Kind noch nicht verstanden werden. Es entspricht aber nach Brisch dem Mechanismus des sogenannten Suchtgedächtnisses, dass bei nicht tolerierbarer Stressbelastung mit dem Rückgriff auf ein Konsummittel Entlastung ermöglicht wird (Brisch, 2015, S. 280).

Wie lässt sich die Ausbildung derartiger Kompensationsverhaltensweisen vermeiden? Was können Eltern konkret tun, um ihre Kinder zu unterstützen, ihre emotionalen Grundbedürfnisse auf adäquate Weise zu befriedigen? Im Kleinkindalter stellt der Umgang mit Süßigkeiten häufig ein großes Thema dar. Viele Eltern kennen die unangenehmen Situationen im Kassenbereich eines Supermarktes, wenn das Kind unbedingt eine bestimmte Süßigkeit haben möchte. Dem lässt sich frühzeitig vorbeugen. Eltern sollten von Anfang an darauf achten, in welchen Mengen und zu welchen Anlässen Süßigkeiten konsumiert werden. Im Säuglingsalter ist es den meisten Eltern noch sehr bewusst, und es werden ungesüßte Tees und Lebensmittel bevorzugt. Beginnt der Wirkungskreis des Kindes sich zu vergrößern, und Großeltern wie auch andere Erwachsene nehmen Einfluss, fühlen sich Eltern oft überfordert bewusst Grenzen zu ziehen.

Grundsätzlich sollte Essbares nicht zur Belohnung, zum Trost oder der Entzug dessen zur Strafe eingesetzt werden. Dies könnte sonst sehr schnell zu einem Verhalten führen, bei dem jede positive und vor allem auch jede negativ erlebte Situation im wahrsten Sinne des Wortes »versüßt« werden muss.

Noch allzu oft kommt es im Erziehungsverhalten vor, dass Lob und Anerkennung nicht direkt, sondern über etwas Essbares ausgedrückt werden, damit das Kind z. B. an der Kasse aufhört zu quengeln, damit es brav spielt, damit es die Eltern nicht bei anderen Tätigkeiten stört. Derartig häufig wiederkehrendes Verhalten schafft aber Erwartungshaltungen und Gewohnheiten, die schwer fallen sich wieder abzugewöhnen. Es entstehen Kompensationsverhaltensweisen, die eine unbewusste Koppelung von Essbarem und Anerkennung Ausdrücken miteinander verbindet. Ein Kind, dass an der Kasse quengelt, tut es in der Regel aufgrund von Langeweile, und der Ruf nach Süßigkeiten wird insbesondere durch das dortige Überangebot wach. Eltern sollten versuchen die Gefühle des Kindes zu erkennen und diese anzusprechen, so kann das Kind seine eigenen Gefühle lernen in Worte zu fassen und adäquat reagieren. Manche unangenehmen Gefühle muss das Kind auch einfach lernen auszuhalten, so auch die Langeweile beim Warten an der Kasse.

Eltern können Anerkennung für die Gefühle des Kindes zeigen und dadurch das Ausbilden des Selbstwertgefühls beim Kind unterstützen. Sie können das Lernen adäquater Reaktionen fördern, dass z. B. Hunger mit Essen, Durst mit Trinken und Anerkennung durch Worte, Gesten oder Zuwendung befriedigt wird. Wichtig bei dem Vermeiden der Entwicklung von Kompensationsverhaltensweisen ist es, zu erkennen, dass es sich nicht nur auf Essbares bezieht. Jegliche Form von Ersatz ist zu hinterfragen. Häufig weichen Eltern z. B. auf kleine Geschenke wie Spielzeug aus, um Lob und Anerkennung auszudrücken. Aber auch hier wird eine Erwartungshaltung gelernt, die immer eine materielle Entlohnung einfordert. Gelingt dem Kind eine tolle Leistung, reichen wertschätzende Äußerungen der Eltern völlig aus, denn dann lernen die Kinder die Freude zu empfinden, die die vollbrachte Leistung an sich schon bewirkt. Ansonsten würde wieder eine Koppelung von Leistung und materieller Entlohnung abgespeichert werden und das eigentliche Gefühl der Freude in den Hintergrund treten.

Der Umgang mit unangenehmen Gefühlen muss allerdings häufig nicht nur vom Kind erlernt werden. Gerade der stressige Alltag führt auch oft zu Konflikten zwischen Eltern und Kind. Inwieweit es Eltern gelingt, in Konfliktsituationen kommunikativ geschickt zu agieren, wird im folgenden Kapitel genauer beleuchtet. Abschließend ist noch zu den Kompensationsverhaltensweisen folgender Hinweis wichtig: Entsprechend der sozial-kognitiven Lerntheorie von Bandura ist das modellhafte Handeln von Bezugspersonen auch entscheidend für das Verhalten der Kinder. Elterliches Kompensationsverhalten wird von den Kindern genau beobachtet und bei regelmäßiger Anwendung durch die Eltern später häufig vom Kind übernommen.

## 2.4 Kommunikationsverhalten: Kontakte zwischen Eltern und Kind

Kommunikation zwischen Eltern und Kind bildet die Grundlage für das gesamte Bindungsgefüge und damit für die kindliche Entwicklung. Kommunikation ist nicht auf das Miteinandersprechen begrenzt, sondern bezieht alle visuellen, insbesondere mimischen, sowie taktilen und auditiven Austauschprozesse mit ein. Im Umgang mit dem Kind müssen sich die Eltern auch über ihre eigenen Grenzen bewusst sein, um dem Kind deutlich zu machen, was sie ablehnen und was nicht. Dabei ist es ab einem Alter von ca. 18 Monaten auch wichtig, auf eine persönliche Sprache zu achten und nicht zu sagen, was *man* tut. Je deutlicher die Eltern ihre Absichten zum Ausdruck bringen, desto mehr können die Kinder kooperieren. Eltern, die ihre persönlichen Bedürfnisse und Grenzen verleugnen, laufen Gefahr, sogenannte Helikopter-Eltern zu werden. Sie versuchen das Leben ihrer Kinder in ein Paradies zu verwandeln, ohne Schmerzen, Frustrationen oder Konflikte. Dabei sind auch diese negativen Erfahrungen für die Entwicklung der Kinder notwendig und bereiten sie auf die Unwägbarkeiten des Lebens und deren Bewältigung vor.

Ab einem Alter von ca. zwei Jahren beginnt das Kind sich als Individuum unabhängig von seiner Mutter wahrzunehmen und sein Selbstwertgefühl zu entwickeln. Damit geht einher, dass das Kind beginnt seine neugewonnene Unabhängigkeit mit dem Wort »Nein« auszudrücken. Einigen Eltern verlangt es sehr viel Geduld und Einsicht ab, diese Entwicklung des Kindes gutzuheißen. Andere, die allzu sehr um das Paradies bemüht sind, können dies besser ertragen, fördern ihr Kind dabei aber nicht in deren Entwicklung, wie man mit Konflikten umgeht. Wie so häufig ist der goldene Mittelweg richtig, der hier auf jeden Fall mit der Bewältigung von Konflikten einhergeht. Der Umgang mit Konflikten fördert das Kind in seiner kommunikativen Kompetenz und ermöglicht den Eltern ihre persönlichen Grenzen zu vermitteln.

> Konflikte entstehen, wenn die Ziele von Eltern und Kind nicht übereinstimmen oder sogar gegensätzlich sind. Als Grundsatz sollte gelten: So viel Freiheit wie möglich und so viel Grenzen wie nötig. Die Seite der Freiheit ermöglicht die notwendige Autonomieentwicklung des Kindes und die Grenzsetzung wahrt die elterlichen Bedürfnisse bzw. umgekehrt.

Die altersangemessene Bewältigung von Konfliktsituationen gehört zu den frühkindlichen Entwicklungsaufgaben, d. h., das Kind lernt die ersten Konfliktlösestrategien kennen. Dabei müssen die Eltern viel Unterstützung leisten, da es dem Kind noch nicht gelingen kann, sich verbal präzise auszudrücken. Bei einem »Nein« des Kindes sollte die Frage vonseiten der Eltern direkt und einfach formuliert sein, wie z. B. »Was möchtest du?«, um den Wunsch des Kindes zu erfahren und ein »Nein« einordnen zu können. Wichtig ist, dass die Eltern bei dem Konflikt entspannt sind und nicht emotional überreagieren. Denn natürlich haben sie die Entscheidung über Konfliktsituationen bei dem Alter des Kindes noch in der Hand. Aber ein häufiges einfaches Übergehen der Hintergründe einer Konfliktsituation kann die Familiensituation auf Dauer problematisch werden lassen und ausweichende Verhaltensweisen fördern. Der Begriff des ausweichenden Verhaltens beinhaltet alle Verhaltensweisen, die dazu dienen, Problemen aus dem Weg zu gehen, ohne Lösungen anzustreben (Kostrzewa, 2010, S. 20). Kurzfristiges Ausweichen kann dazu dienen, Energie zu tanken, um mit neuer Kraft eine Problemlösung anzustreben. Langfristiges Ausweichen bedeutet die Augen vor den bestehenden Konflikten zu verschließen und diese zu verdrängen. Die Erscheinungsformen des ausweichenden Verhaltens sind gesellschaftlich weit verbreitet und werden als *normale* Verhaltensweisen akzeptiert. Sie werden als Reaktionen auf Konflikte, Probleme, Streit, Ärger usw. angesehen und fallen nicht weiter auf, so das Rauchen, Alkohol trinken, am Handy spielen, Fernsehen usw. Diese ausweichenden Verhaltensweisen werden von den ausführenden Personen stark gesteuert, tragen aber nicht zur Konfliktlösung bei, sondern stellen eine Art Scheinlösung dar, die bei häufiger Anwendung negative Folgen hat und als Beginn einer Suchtentwicklung in einem banalen Suchtentstehungsmodell verstanden wird.

Das Kind kann sich bei wiederholter Beobachtung die ausweichenden Konfliktverhaltensweisen seiner Eltern aneignen. Die regelmäßige Anwendung von diesen Kompensationsverhaltensweisen kann zur Unzufriedenheit aller Beteiligten führen. Die eigenen Wünsche und Interessen auszusprechen sowie die Bedürfnisse der anderen zu verstehen und zu berücksichtigen, muss durch überstandene Konfliktsituationen erst gelernt werden. Dieser Prozess beginnt früh und geht bis ins Erwachsenenalter, weshalb das Entwickeln von Konfliktlösestrategien in weiteren Kapiteln inhaltsspezifisch bzw. altersadäquat aufgegriffen wird. In den gesamten Kommunikationsprozess zwischen Eltern und Kind sind auch die vier Ebenen nach Schulz von Thun einzubeziehen. Wenn Eltern sich selbst und untereinander besser verstehen, können sie auch eine gelungenere Kommunikation mit ihrem Kind herstellen und so eine gelingende Eltern-Kind-Beziehung aufbauen. Außerdem können Eltern bei einem guten kommunikativen Grundverständnis selbst den Aufbau unangenehmer Gefühle vermeiden: bei sich, bei der_dem Partner_in und beim Kind. Denn allzu oft entstehen unangenehme Gefühle aufgrund von Missverständnissen, Konflikten und Streitigkeiten innerhalb der Familie. Eltern tragen durch ihre kommunikative Kompetenz dazu bei, dass das Kind sich diese ebenfalls aneignen kann.

Nach Schulz von Thun enthält jede Äußerung eines Menschen vier Botschaften gleichzeitig: eine Sachinformation, einen Appell, eine Selbstkundgabe und einen Beziehungshinweis. Auf der Sachebene sollten die Informationen klar und verständlich formuliert werden, damit es dem_der Zuhörer_in gelingen kann, die Inhalte zu verstehen. Sagt eine Mutter z. B. zu ihrem Kind: »Bitte ziehe dich warm an, wenn du rausgehst!«, meint sie auf der Sachebene »Es ist kalt draußen«. Auf der Appellebene meint sie »Zieh eine Jacke an!«, möchte also eine Handlungsanweisung geben, während sie auf der Ebene der Selbstkundgabe über sich preisgibt, dass sie sich Sorgen um die Gesundheit ihres Kindes macht. Und auf der Beziehungsebene macht sie deutlich, dass sie dem Kind nicht zutraut, die richtige Entscheidung bezüglich der Kleidungswahl zu treffen. Eltern erwidern gerade an dem Punkt der Beziehungsebene häufig, dass sie es dem Kind schon zutrauen, die richtige Entscheidung zu treffen, dass sie aber annehmen, dass das Kind es in der Eile vergessen könnte, die Jacke anzuziehen. Dieser Gedanke ist nachvollziehbar, ändert aber nichts daran, dass es bei dem Kind wahrscheinlich so ankommen wird, dass die Mutter es noch für inkompetent hält, was derartige Entscheidungen anbelangt. Selbstverständlich muss man auch noch bedenken, dass das Kälteempfinden der Mutter ggf. ein anderes ist als das des Kindes.

> Meine eigenen Erinnerungen an die Kindheit unserer Tochter gehen in diese Richtung. Erst als unsere Tochter ihre Socken im Spielzeugbackofen im Kindergarten versteckte, war die Botschaft so eindeutig, dass sich mein mütterliches Verhalten änderte und ich die Form der kindlichen Bestrebungen zur Selbstregulation richtig einordnete. Während meine Füße immer leicht unterkühlt sind, sind die Füße meiner Tochter immer warm, weshalb sie auch heute noch gerne im Haus barfuß läuft. Diese Erfahrungen müssen Eltern oft erst machen, um das Bewusstsein für unterschiedliche Gefühlsregulationen zu gewinnen.

Dieses einfache Alltagsbeispiel zeigt die verschiedenen Aspekte, die bei der Kommunikation bedacht werden müssen. Innerhalb der Familie geschieht es häufig, dass auf der Beziehungsebene Missverständnisse entstehen, auch zwischen den Eltern.

> Grundsätzlich ist darauf zu achten, dass unterschiedliche Ansichten nicht vor dem Kind ausgetragen werden. Differenzen zwischen den Eltern verunsichern das kleine Kind und bieten ihm keine gute Orientierung für das richtige Verhalten.

Im Erziehungsalltag treten selbstverständlich auch Situationen auf, in denen vonseiten der Eltern agiert wird. Deshalb ist es wichtig, bestimmte Regeln vorab abzusprechen, um in der Erziehungssituation sicher zu handeln. Denn kontroverse Diskussionen oder sogar Streitigkeiten, die vor dem Kind ausgetragen werden und die um das kindliche Verhalten gehen, können dazu führen, dass das Kind mit zunehmendem Alter die Situation versucht für sich auszunutzen, um die eigenen Ziele zu erreichen. Konfliktlösestrategien und ausweichende Verhaltensweisen werden häufig vom elterlichen Vorbild gelernt, weshalb die bewusste Elternschaft sich als Grundstein einer guten Erziehung im Sinne bester Prävention erweist.

# 3

## Elternverhalten: Schlechtes Vorbild oder gutes Modell?

Schon Pestalozzi schrieb: Erziehung ist Vorbild und Liebe! Solange die Kinder klein sind, orientieren sie sich an den elterlichen Vorbildern. Trotzdem ist Nachahmung kein Automatismus, die Zuneigung des Kindes zu einem bestimmten Vorbild ist dabei entscheidend. Eltern, denen es gelingt, eine emotionale Bindung zu ihrem Kind aufzubauen, sind da klar im Vorteil. Wobei es Eltern natürlich nicht darum gehen kann, ein Abbild von sich zu schaffen, ganz im Gegenteil! Die Individualität eines jeden Menschen steht immer im Vordergrund. So repräsentieren Vorbilder zwar Werte, Haltungen und Verhaltensweisen und können Einfluss auf das Kind nehmen, aber sie drängen nicht darauf, nachgeahmt zu werden.

Vorbilder verfügen über einen Vorsprung an Erfahrung und Kompetenz und können bei dem beobachtenden Kind einen Anreiz schaffen bzw. motivierende Kräfte freisetzen, vergleichbar zu handeln. Der Begriff Vorbild ist im 20. Jahrhundert in Kritik geraten, da er häufig mit Autorität assoziiert wird. In unserer individualisierten Gesellschaft steht aber Selbstbestimmung und Selbsterfindung im Fokus, deshalb wird in wissenschaftlichen Theorien auch häufig von Modell gesprochen. Allen voran steht hier das sogenannte Modelllernen nach der Lerntheorie von Bandura. Demnach erweist sich das Modelllernen dann als besonders erfolgreich, wenn das Modell als positiv, beliebt und respektiert wahrgenommen wird.

Das Modelllernen beruht auf der Beobachtung von Verhalten und der gedanklichen Vorwegnahme einer gewünschten Wirkung: Wenn ich mich genauso verhalte, wie ich es bei meiner Mutter/meinem Vater beobachtet habe, werde ich die gleiche Wirkung erzielen. Das beobachtende Kind ist so in der Lage, sich auch komplexe soziale Handlungen anzueignen, d. h., es ahmt nicht willkürlich irgendwelche Verhaltensweisen nach, sondern kann diese Handlungsweisen auch zum passenden Zeitpunkt im richtigen Kontext anwenden, ganz unabhängig davon, ob es positive oder negative Verhaltensweisen sind. Insofern sollten sich Eltern immer wieder dieser beobachtenden Kontrolle ihres Kindes bewusst sein und ihr eigenes Verhalten gut reflektieren, um nicht ein schlechtes Vorbild zu sein.

Eine bewusste Elternschaft impliziert, als gutes Modell wirksam sein zu können, und bezieht eine gute Emotionsregulation mit ein. Besonders bedeutsam ist dabei der Umgang mit herausfordernden Alltagssituationen wie Stress, Ärger, Angst oder Trauer. Können Eltern in Stresssituationen ihre negativen Emotionen so regulieren, dass sie eine positive Grundstimmung in der Familie beibehalten, können sie für ihr Kind gute Modelle in der Emotionsregulation sein und die soziale Kompetenz ihrer Kinder fördern. Hingegen kann ein wiederkehrendes negatives emotionales Familienklima, das von Konflikten zwischen den Familienmitgliedern geprägt ist, dem Kind auch wenig angemessene Konfliktstrategien vermitteln. Kinder, die in einem negativen Familienklima aufwachsen, wird wenig Toleranz für die Äußerung eigener negativer Emotionen entgegengebracht. Sie lernen negative Emotionen innerhalb der Familie zu unterdrücken, zeigen dann aber häufig im Umgang mit Gleichaltrigen aggressives Verhalten und geringe soziale Kompetenz. Die negativen Emotionen haben sich beim Kind gleichsam innerhalb der Familie angestaut und werden dann in der Peergroup herausgelassen. Derartige negative Verhaltensweisen sind in der Regel ein Hinweis auf ein gestörtes Familienklima. Denn das schlechte Vorbild wirkt im doppelten Sinne: erstens durch das Beobachtungslernen, d. h., das negative Verhalten der Eltern wird gespiegelt, zweitens aufgrund eines Mangels an alternativen Konfliktlösungsstrategien, weshalb das Kind kein sozial kompetentes Verhalten in seiner Gleichaltrigen-Gruppe zeigen kann.

Das Erlernen von Konfliktlösestrategien zeigt sich auch hier als äußerst relevant. Dabei lassen sich grob vier Strategien unterscheiden: die konstruktive, die anpassende, die durchsetzende und die vermeidende. Letztere lässt keine direkte Auseinandersetzung zwischen den Konfliktpartner_innen zu, während die durchsetzende bedeutet, dass unter Einsatz von Machtmitteln um den Konfliktausgang ›gekämpft‹ wird. Die anpassende Strategie beinhaltet hingegen ein Nachgeben ggf. zugunsten eines übergeordneten Ziels und führt zum Konfliktende. Bei der konstruktiven Konfliktlösestrategie findet eine echte Auseinandersetzung statt, und es werden Kompromisse eingegangen bzw. ein Interessensausgleich wird angestrebt. Gelingt es den Eltern untereinander und in der Interaktion mit ihrem Kind Konflikten adäquat zu begegnen, kann das Kind in prosozialem Verhalten gefördert werden, und aggressiven Verhaltensweisen kann präventiv begegnet werden.

Schon Piaget hob die zentrale Rolle von Konflikten in der kognitiven, emotionalen und sozialen Entwicklung von Kindern hervor. Spätestens ab dem Grundschulalter nehmen die Kontakte außerhalb der Familie stetig zu, weshalb zum Aufbau zwischenmenschlicher Kontakte eine erfolgreiche Konfliktbewältigung der Kinder notwendig ist. Der Aufbau von Freundschaften hat gleichzeitig Einfluss auf den Schulerfolg, auf die kindliche Gesundheit und auf die soziale Akzeptanz. Andauernde und belastende Konflikte in der Familie und mit Freund_innen können Auslöserinnen von kompensierenden Konsumverhaltensweisen sein und den Beginn einer negativen Entwicklung hinsichtlich Genuss- und Suchtmitteln bedeuten.

Der frühe Einfluss elterlichen Vorbildverhaltens wurde beispielsweise im Bereich Ernährung festgestellt. Das explizite mütterliche Modellverhalten im Konsum gesunder Nahrungsmittel kann beim Kind zu deren erhöhtem Verzehr führen. Dabei hat die kindliche Eigenverantwortung einen steigernden Effekt auf den Verzehr gesunder Nahrungsmittel. Daran zeigt sich, dass die elterlichen Regeln zunehmend mit dem heranwachsenden Kind ausgehandelt werden sollten, damit die Umsetzung erfolgreich ist.

## 3.1 Elterliche Regeln zum Konsumverhalten bei Kindern im Grundschulalter

Bevor die elterlichen Regeln in den Mittelpunkt gerückt werden, soll der Begriff Konsumverhalten genauer betrachtet werden. Mit Konsum wird alles bezeichnet, was Menschen im Alltag verbrauchen. Im Kontext des vorliegenden Buches konzentrieren wir uns auf den Konsum von Genuss- und Suchtmitteln. Infolgedessen ist mit Konsumverhalten das Verbraucher_innenverhalten insbesondere bezogen auf Alkohol und Tabak gemeint. Beispielhaft werden auch die Erkenntnisse bezüglich Lebensmitteln aufgenommen, da das früh erlernte Ernährungsverhalten häufig Einfluss auf sonstige Kompensationsverhaltensweisen nehmen kann. Ein gesundes Konsumverhalten verlangt die Entwicklung von Konsumkompetenz und wird immer von Rahmenbedingungen beeinflusst. Insofern haben die Gesellschaft, Politik und Wirtschaft auch immer eine kollektive Mitverantwortung, da Familien sich mit ihren Kindern gesellschaftlichen Einflüssen wie z. B. Trends oder Werbung nicht gänzlich entziehen können. »Konsumkompetenz wird als Ressource gesehen, die zur Bewältigung von Konsumentscheidungen in Alltagssituationen dient und zu einer Aufgabe lebenslangen Lernens gehört« (Kostrzewa, 2019, S. 282).

Bezogen auf den Umgang mit bestimmten Substanzen und Verhaltensweisen, wird die Konsumkompetenz als ein Bündel von Kompetenzen gesehen und in drei verschiedene Konsumhaltungen unterteilt: vollständige Abstinenz, genussorientierter Konsum und kontrollierter Risikokonsum (ebd.). Bei Kindern im Grundschulalter verlangt die erzieherische Intention selbstverständlich die vollständige Abstinenz von Tabak und Alkohol.

Es stellt sich die Frage, wie Eltern die vollständige Abstinenz glaubwürdig vermitteln können, wenn sie selbst konsumieren. Häufig verlangt ein vorbildliches elterliches Verhalten ein Umdenken und eine Änderung der Haltung den Kindern gegenüber. Mit Kindern im Grundschulalter sollten Verhaltensregeln gemeinsam aufgestellt werden und in dem Zuge die entscheidenden Argumente besprochen werden, damit das Kind die Regeln nachvollziehen kann und es demzufolge auch sinnvoll findet sie umzusetzen. Studien belegen, dass ein Wertewandel in der Erziehung stattgefunden hat, von Erziehungswerten, die auf Anpassung ausgerichtet waren, zugunsten jener, die auf Selbstständigkeit und Mündigkeit abzielen. Diese vorherrschende Grundhaltung in unserer Gesellschaft spiegelt sich in Regeln, die auf ein Aushandeln und Freiräume geben ausgerichtet sind. Im Sinne des autoritativen Erziehungsstils ist es ebenfalls erforderlich, entsprechend der ausgehandelten Regeln Grenzen zu setzen und durch eine moderate elterliche Kontrolle ein konsistentes Erziehungsverhalten umzusetzen.

Es empfiehlt sich, schon früh damit zu starten, die Kinder in einen Aushandlungsprozess bezüglich des Konsumverhaltens einzubeziehen. Das eignet sich sogar schon im späten Kitaalter zu Themen wie Medienkonsum oder auch dem Konsum von Süßigkeiten. Als Faustformel lässt sich festhalten: Mit zunehmendem Alter der Kinder nimmt ihr Einfluss auf das Regelwerk zu! Kinder können so schon früh zu eigenverantwortlichem Verhalten erzogen werden, und durch das ›Begegnen auf Augenhöhe‹ kann sich Selbstvertrauen entwickeln – nachweislich ein wichtiger Schutzfaktor vor süchtigem Verhalten.

## 3.2 Vorbildverhalten am Beispiel Tabakkonsum

Nichtrauchende Eltern sehen sich hier klar im Vorteil, können sie doch authentisch vermitteln, dass das Rauchen ungesund ist, weshalb sie es selbst nicht tun bzw. damit aufgehört haben. Aber es kann auch rauchenden Eltern gelingen, den Kindern glaubwürdig zu vermitteln, dass es besser ist, nicht mit dem Rauchen anzufangen, nämlich dann, wenn sie sich selbstkritisch zeigen – was im Folgenden genauer betrachtet werden soll. Doch zuvor ist es notwendig, die Erkenntnisse diesbezüglich zu beleuchten, um einen Gesamteindruck von der Situation zu gewinnen.

Die Datenlage für den Tabakkonsum von Grundschulkindern ist sehr gering und bezieht sich vorwiegend auf Ergebnisse, die sich auf das bundesweit bekannte Präventionsprogramm Klasse 2000 beziehen. Dieses Programm versucht mittels interaktiver Methoden die Lebenskompetenz von Grundschulkindern zu fördern und sie zu einem gesunden Lebensstil zu erziehen. Die Lebenskompetenz wird in der Suchtvorbeugung als Ausgangspunkt der Konsumkompetenz (Kostrzewa, 2019, S. 282) gesehen. Die WHO definiert

Lebenskompetenz als diejenigen Fähigkeiten, die einen angemessenen Umgang sowohl mit unseren Mitmenschen als auch mit Problemen und Stresssituationen im alltäglichen Leben ermöglichen: Wie schon in den vorherigen Kapiteln beschrieben, nehmen Eltern durch ihr eigenes Verhalten früh Einfluss auf die Entwicklung von sozialen Kompetenzen bei ihren Kindern. Durch die Förderung der kindlichen Ressourcen kann die Lebenskompetenz gestärkt werden. Darauf aufbauend kann mit zunehmendem Alter der Kinder die Gesundheitskompetenz ausgebildet werden. Diese richtet sich auf die Verbesserung gesundheitsrelevanter Lebensbedingungen durch entsprechendes Wissen und Entscheidungsfähigkeit unter Berücksichtigung der Selbstregulation, um ein gesundes Leben zu führen. Das bedeutet, dass Eltern an ihre Kinder relevantes Gesundheitswissen weitergeben sollten, damit diese bezüglich ihres Konsumverhaltens im Sinne ihrer Gesundheit richtig handeln können.

Diese Erläuterungen der Zusammenhänge von Lebens-, Gesundheits- und Konsumkompetenz machen die Komplexität der Aufgabe einer gesundheitsbewussten Erziehung gut deutlich. Das Programm Klasse 2000 richtet sich nicht nur an die Kinder, sondern unterstützt auch Eltern bei dieser Aufgabe. Anhand einer Studie des IFT-Nord zeigen sich auch noch drei Jahre nach Beendigung des Klasse-2000-Programms positive Effekte bei den Kindern auf das Rauchverhalten. Demnach lag die Lebenszeitprävalenz der Interventionsgruppe um 7,5 % signifikant niedriger als in der Kontrollgruppe (Isensee, Maruska, Hanewinkel, 2015, S. 132). Drei Jahre nach Beendigung der Grundschule befinden sich die Kinder im Alter von ca. 13 Jahren, ein Alter, in dem das Rauchverhalten beginnt zuzunehmen. Nach der Drogenaffinitätsstudie Studie der BZgA von 2019 haben 17 % der Kinder und Jugendlichen im Alter von 12 bis 17 Jahren schon einmal geraucht, während in einem Alter von 12 bis 17 Jahren bereits 7,2 % regelmäßig konsumieren. Auch das LBS-Kinderbarometer (2001) belegt, dass der Anteil der Raucher_innen mit zunehmendem Alter steigt: Hatten in der vierten Klasse 4 % der Kinder Kontakt mit Zigaretten, liegt der entsprechende Wert für Siebtklässler_innen bei 29 %.

Darüber hinaus lieferte diese Studie auch Hinweise auf die Vorbildfunktion von Eltern. Kinder von rauchenden Eltern haben eine höhere Wahrscheinlichkeit später selbst zu Raucher_innen zu werden. Entsprechend des Modelllernens stellt sich dies jetzt nicht als Überraschung dar. Und trotzdem gibt es Studien, die zeigen, wie es rauchenden Eltern gelingen kann, ihre Kinder zu unterstützen nicht mit dem Rauchen zu starten. Es ist nachgewiesen, dass die elterliche Ablehnung des Rauchens stärkeren Einfluss auf das Nichtrauchen ihrer Kinder hat als das elterliche Rauchen selbst. Entscheidend hierfür ist das normative Signal der Eltern, dass den Kindern eine starke ablehnende Haltung gegenüber dem Rauchen vermittelt (Raschke et al., 2009, S. 34).

Gelingt es rauchenden Eltern, selbstkritisch ihren Kindern zu vermitteln, dass sie das Rauchen an sich ablehnen, sie es aber auch nicht geschafft haben, mit dem Rauchen aufzuhören, weil sie süchtig nach Zigaretten sind, hat dieses normative Signal eine größere Wirkung auf die Kinder als die Vorbildfunktion. Das erfordert selbstverständlich Einsicht, Ehrlichkeit und das Eingeständnis, eine Schwäche zu haben. Für einige Eltern sicher eine große Herausforderung, aber gleichzeitig erhöht es die Glaubwürdigkeit beim Aussprechen eines Rauchverbotes dem Kind gegenüber und damit die Chance auf Erfolg.

Gleichzeitig könnte es auch ein Schritt sein, selbst daran zu arbeiten, eventuell doch Strategien in Richtung Rauchstopp zu entwickeln. Viele Eltern haben schon von der treibenden Kraft ihrer Kinder berichtet, die Anstoß gaben mit dem Rauchen aufzuhören. Gelingt rauchenden Eltern das beschriebene normative Signal der Ablehnung des Rauchens ihrer Kinder nicht, greift die negative Vorbildfunktion. Das bedeutet, Kinder von rauchenden Eltern sehen eher eine Verbindung von Rauchen und Erwachsensein als Kinder von Nichtraucher_innen. Da Kinder das Ziel haben, möglichst schnell den Erwachsenenstatus zu erlangen – um dann vermeintlich frei über sich entscheiden zu können – kann dies dazu führen, dass sie entsprechend der Beobachtung des elterlichen rauchenden Modells, in gedanklicher Vorwegnahme der erwünschten Wirkung, annehmen, durch das eigene Rauchverhalten als erwachsen eingestuft zu werden. Im Vergleich zu Kindern nicht rauchender Eltern werden die Kinder, deren Elternteile beide rauchen, fast dreimal so häufig selbst zu Rauchern. Darüber hinaus zeigt sich die negative Vorbildfunktion von Eltern geschlechterabhängig: Während eine rauchende Mutter auf Töchter und Söhne gleichermaßen negativ wirkt, ist der Einfluss von rauchenden Vätern auf die Töchter nicht gegeben, aber Söhne werden 2,4-mal häufiger zu Rauchern, verglichen mit Söhnen nicht rauchender Väter (Ärztezeitung, 2009).

## 3.3 Familienregeln aufstellen

Seit der Einführung der Nichtraucherschutzgesetze hat sich das Bewusstsein in der Bevölkerung für die negativen Auswirkungen des Rauchens und auch die gesundheitlichen Schäden des Passivrauchens erhöht. Die Konsumverbote in öffentlichen Räumen haben auch im beruflichen wie im privaten Kontext zu Veränderungen geführt. In vielen Familien ist es zu einer Selbstverständlichkeit geworden, nur außerhalb der Wohnräume zu rauchen.

Studien belegen, dass häufig Regeln im Umgang mit dem Rauchen im familiären Kontext aufgestellt werden: Absolutes Rauchverbot im Wohnraum gibt es bei 31 % der befragten Eltern, bei ca. 43 % darf nur auf dem Balkon oder im Garten geraucht werden, während nur bei ca. 11 % das Rauchen überall im Haus erlaubt ist (Raschke et al., 2009, S. 23).

Entsprechend dieser Studie lassen sich Einflussfaktoren auf das Rauchverhalten der Kinder festhalten: das zunehmende Alter der Kinder, ein geringes Schulniveau, das normative Signal der Eltern, die Vorbildfunktion nichtrauchender Eltern, alltägliche Stressfaktoren, zunehmende Gelegenheiten zum Rauchen und das Rauchverhalten der Gleichaltrigen (ebd., S. 33). Nachweislich ist dabei der wichtigste Einfluss die konsequente Ablehnung des Rauchens der Kinder aufseiten der Eltern. Aber wie lässt sich die elterliche Ablehnung des Rauchens glaubwürdig vermitteln? Es handelt sich dabei um eine Vermittlungsaufgabe, in die viele Faktoren einfließen, die mit Regeln, Überzeugen-Wollen und Verbote-Aussprechen verbunden sind sowie einer grundsätzlich vertrauensvollen Kommunikation zwischen Eltern und Kind.

Hier zeigt sich einmal mehr, dass vorbeugende Ansätze in frühester Kindheit ihre Wurzeln haben. Klare Signale an die Kinder, gemeinsam besprochene Regeln und deren Einhaltung bei einer positiven familiären Grundstimmung sind erfolgreicher als strikte Verbote, die von den heranwachsenden Kindern als willkürlich und wenig nachvollziehbar empfunden werden. Folgende Empfehlungen für Familienregeln lassen sich aus der Studie ableiten:

1. Sprechen Sie mit Ihrem Kind über das Rauchen.
2. Hören Sie Ihrem Kind zu, um zu erfahren, welche Einstellung es zum Rauchen hat.
3. Reden Sie mit Ihrem Kind über die Probleme des Rauchens.
4. Vertreten Sie Ihre ablehnende Haltung zum Rauchen.
5. Setzen Sie Grenzen. Dulden Sie das Rauchen Ihres Kindes nicht in Ihrem Umfeld.
6. Seien Sie konsequent. Dulden Sie auch nicht, dass Freund_innen Ihres Kindes in Ihrem Umfeld rauchen.
7. Reagieren Sie klar und konsequent bei Regelverletzung.
8. Gehen Sie in Diskussionen mit Ihrem Kind, wenn es rauchen will oder woanders raucht.
9. Unterstützen Sie Ihr Kind, wenn es aufhören will zu rauchen.
10. Holen Sie sich professionelle Hilfe bei Problemen (ebd., S. 72).

Durch die Umsetzung dieser Regeln wird dem Kind die Wichtigkeit des Themas Nichtrauchen bewusst. Eltern können so aktiv das Nichtrauchverhalten ihres Kindes beeinflussen, auch wenn sie selbst rauchen.

Rauchende Eltern können darüber hinaus noch folgende Punkte beachten:

1. Seien Sie ehrlich, und erklären Ihrem Kind die Gründe fürs Rauchen.
2. Rauchen Sie nicht in der Gegenwart Ihres Kindes.
3. Rauchen Sie grundsätzlich außerhalb der Wohnung.
4. Halten Sie Ihre Wohnung rauchfrei, auch bei Gästen.
5. Rauchen Sie nicht im Auto (ebd., S. 71).

Durch diese zusätzlichen Regeln wird die ablehnende Haltung von rauchenden Eltern verstärkt und authentischer. Im Weiteren kann durch das konsequente Umsetzen dieser Regeln das gesundheitsschädigende Passivrauchen vermieden werden. Studien belegen, dass Kinder aus Raucher_innenhaushalten häufiger an Mittelohrentzündungen, Erkrankungen der Atemwege, Lungenentzündungen und Asthma leiden als andere Kinder. Darüber hinaus steigt das Krebsrisiko für Kinder durch das elterliche Rauchen (nach dem DKFZ, Deutsches Krebsforschungszentrum) ebenso wie die Gefahr für den plötzlichen Kindstod bei Säuglingen (Radon, 2017, S. 5). Diese Zahlen können nicht nur für rauchende Eltern erschreckend sein, sondern können auch gegenüber heranwachsenden Kindern als Argument dienen, nicht mit dem Rauchen zu beginnen. Allerdings hat man festgestellt, dass das Wissen allein über bestimmte Fakten zum Rauchen noch nicht zu einem gesundheitsbewussten Verhalten führt. Es stellt sich dann die Frage, wie Eltern diese Gespräche mit ihren Kindern richtig führen können.

### 3.3.1 Gespräche führen

Dass Kommunikation grundsätzlich, aber insbesondere auch innerhalb der Familie ein komplexes Phänomen darstellt, wurde u. a. schon in Kapitel 2.4 anhand der vier Ebenen von Schultz von Thun erläutert, die auch hier von großer Bedeutung sind (▸ Kap. 2.4). Und zwar nicht nur für den Dialog mit dem Kind, sondern auch zwischen den Eltern selbst. Hier sollten Gespräche stattgefunden haben, damit untereinander Einigkeit bezüglich des Verhaltens des Kindes und des elterlichen Verhaltens selbst herrscht.

Eine klare ablehnende Haltung der Eltern kann sich durch den Satz: »Ich möchte nicht, dass du rauchst!« gegenüber den Kindern ausdrücken. Rauchende Eltern können sich selbst als Beispiel nehmen und sagen: »An mir kannst du sehen, wie schwer es ist, wieder mit dem Rauchen aufzuhören, ich habe es noch nicht geschafft, davon loszukommen.« Der Zusatz »Ich möchte nicht, dass es dir später so geht wie mir, sondern dass du gesund bleibst« fällt sicher nicht jedem leicht auszusprechen, zeugt aber von Ehrlichkeit, Verantwortung und Interesse am Kind. Denn Kinder möchten von ihren Eltern wichtig genommen und verstanden werden. Nehmen Sie sich Zeit für ein Gespräch und hören Sie Ihrem Kind zu!

Das gelingt am besten durch »Aktives Zuhören«. Das bedeutet, dem Kind ohne Unterbrechung zuhören und es ausreden lassen. Eigene Reaktionen sind zurückzuhalten! Es geht um die Sicht des Kindes, wie es seine Lebenswelt wahrnimmt. Aufgrund der Entwicklung des Kindes ändert sich diese Sicht auf die Lebenssituation ständig, es kommen immer neue Erfahrungen hinzu. Deswegen ist es nicht mit einem Gespräch getan! Kontinuierliches Interesse am Kind und Gespräche, in denen mit viel Einfühlungsvermögen versucht wird, die Lebenswelt des Kindes zu verstehen, können zur Aufrechterhaltung einer guten Eltern-Kind-Beziehung auch im Übergang zur beginnenden Pubertät führen bzw. diese verbessern. Aktives Zuhören bedeutet aber nicht Aushorchen! Kinder merken schnell, ob echtes Interesse an ihnen gezeigt wird oder ob ein Gespräch geführt wird, um Kontrolle auszuüben. Dies führt meist zum Rückzug des Kindes, da es ja impliziert, dass ihm nicht vertraut wird. Das Gefühl von gegenseitigem Vertrauen ist aber eine wichtige Grundlage für vertrauensvolle Beziehungen. Dazu gehören Gespräche auf Augenhöhe, in denen Eltern ihr Kind als gleichwertigen Gesprächspartner sehen. Durch Nachfragen oder Wiederholen des Gehörten, um zu prüfen, ob man das Kind verstanden hat, kann Aktives Zuhören gelingen und der Kontakt zum Kind intensiviert werden. Ein gutes Gespräch verläuft nicht wie ein Pingpong-Spiel! Einer sagt was, der andere antwortet kurz, bevor die nächste Frage erneut zu einer kurzen Antwort führt. Dies passiert meistens dann, wenn Eltern mit Belehrungen und erhobenem Zeigefinger arbeiten. Auch wenn es gut gemeinte Ratschläge sein sollen, führt dies oft schnell zur Beendigung der Gesprächssituation. Eltern sollten hingegen in der Lage sein, sich präzise in die Welt des Kindes hinein zu fühlen und durch kleine Ermutigungen zum Sprechen zu motivieren, z. B. durch Kopfnicken, aufmunternde Worte, körperliche Zuwendung oder eine offene Sitzhaltung. Noch besser gelingen Gespräche zum Nichtrauchen, wenn Eltern sich inhaltlich darauf vorbereiten, um nicht falschen Aussagen oder Vorurteile zu äußern. Kinder sind in der Regel gut informiert und lesen im Internet schon vieles nach, was sie gerade interessiert. So werden sie Argumente sammeln, um die ablehnende Haltung der Eltern gegenüber dem Rauchen der Kinder zu entkräften.

> Als Beispiel möchte ich hier eine Anekdote aus der Kindheit unserer eigenen Tochter einbringen. Um sie zu unterstützen, nicht mit dem Rauchen zu beginnen, haben wir bei beginnender Pubertät einen Vertrag mit ihr geschlossen, der ihr am Ende des 17. Lebensjahres eine Belohnung versprach, wenn sie bis dahin nicht rauchte. Als dann zunehmend Shisha-Produkte in Umlauf kamen und ihre Freund_innen anfingen diese zu konsumieren,

> kam unsere Tochter auf uns zu und meinte, der Shisha-Tabak würde nur aus getrockneten Fruchtstückchen bestehen, weshalb sie ihn doch auch ausprobieren könnte. Tatsächlich war es zu dem Zeitpunkt gesetzlich noch nicht vorgeschrieben alle Bestandteile auf der Verpackung anzugeben, weshalb man Packungen erwerben konnte, auf der nur die Geschmacksrichtung angegeben war, kein Hinweis auf Nikotin, wodurch dieser Irrglaube bei unserer Tochter entstanden war. Hier war es wichtig, als Eltern gut informiert zu sein und diese Fehlinformation aufzudecken, um unsere Tochter zu überzeugen, dass auch Shisha-Produkte Tabak enthalten und der Konsum dann ein ›Vertragsbruch‹ wäre und nicht zur gewünschten Belohnung zum 17. Geburtstag führen würde.

Verträge und Vereinbarungen sind eine Empfehlung aus meiner Zeit als praktizierende Präventionsexpertin. Sie steigern die Verbindlichkeit von konkreten Vorhaben gesundheitsbewussten Lebens und erhöhen damit die Erfolgsaussichten.

Hier noch einige weitere kindliche Argumente, die Eltern kennen sollten, um inhaltlich gut für ein Gespräch vorbereitet zu sein:

1. Alle anderen rauchen auch! Das ist der Klassiker, den Kinder und Jugendliche äußern! Eine passende Gegenfrage ist: Wer ist alle? Meistens werden dann zwei, drei Namen fallengelassen, und es wird deutlich, dass es meist die Freund_innen sind, mit denen sich das Kind gerade häufiger trifft. Dadurch entsteht die selektive Wahrnehmung, es seien alle. In Wirklichkeit ist das Rauchen aber nicht ›in‹! Eine BZgA Studie (2019) zeigt, dass bei den 12- bis 13-Jährigen das Nie-Rauchen mit knapp 95 % überwiegt.
2. Ich kann jederzeit wieder aufhören zu rauchen! Welcher Raucher_innen kennt diesen Satz nicht!? Rauchende Eltern kön-

nen dies also sofort widerlegen, wenn sie ehrlich zugeben, dass dem nicht so ist. Hintergrund ist das hohe Suchtpotential von Nikotin. Studien belegen, dass Nikotin das höchste Suchtpotential hat, höher als Heroin! 68 % aller Menschen, die mal eine ganze Zigarette geraucht haben, entwickeln später eine Abhängigkeit. Genau genommen sind es also zwei von drei Menschen, die sich eine Zigarette angezündet haben, die davon abhängig werden (drugcom.de).

3. Rauchen hilft zu entspannen! Bei Raucher_innen führt der abgesenkte Nikotinspiegel zu einem Gefühl der Anspannung, dem dann durch das erneute Rauchen entgegengewirkt wird.

Es ist nachgewiesen, dass Raucher_innen ein höheres durchschnittliches Stresslevel haben als Nichtraucher_innen. Sie haben nämlich verlernt sich auf natürliche Weise zu entspannen und haben sich daran gewöhnt, in Stresssituationen zu rauchen, wodurch dieser Irrglaube entstanden ist.

### 3.3.2 Rahmenbedingungen bedenken

Ein gutes Gespräch erfordert gute Vorbereitungen! Folgende Faktoren sollten bedacht werden: richtiger Zeitpunkt, räumliche Atmosphäre, persönliche Stimmung, angemessenes Zeitfenster, Vermeidung äußerer Stressfaktoren sowie inhaltliche Vorüberlegungen.

- »Zum richtigen Zeitpunkt« bedeutet, dass Eltern es vorher dem Kind mitgeteilt haben sollten, wenn sie etwas Wichtiges mit ihm besprechen möchten. Nur dann kann das Kind sich darauf einstellen, kann sich gedanklich vorbereiten und fühlt sich nicht überrumpelt oder hat eigentlich gerade etwas anderes vor. Bei der Wahl des Zeitpunktes sollte die übliche Tagesplanung bedacht werden und ein Zeitpunkt gewählt werden, der in der Regel ohne Störungen und Spannungen verläuft, z. B. nach dem Abendessen oder am Wochenende. Hingegen sind Tür- und Angelgespräche zu vermeiden!

- »Die räumliche Atmosphäre« ist ein nicht zu unterschätzender Faktor. Ideal ist es, wenn es innerhalb der Wohnung einen neutralen Raum gibt, der auch sonst für ›Sitzungen im Familienrat‹ genutzt wird, wie das Wohn- oder Esszimmer. Auch die Sitzordnung nimmt Einfluss auf die Gesprächsatmosphäre. Wird ein Gespräch ›auf Augenhöhe‹ angestrebt, sollte der Sitzplatz am Kopf des Tisches gemieden werden, da dieser häufig vom_von der Ranghöheren gewählt wird und dies oft eine Hierarchie assoziieren lässt, die so unbeabsichtigt entstehen könnte.
- »Die persönlichen Stimmungen« nehmen unweigerlich Einfluss auf den Gesprächsverlauf. Deswegen sollte am Anfang ein kleiner Austausch zum bisherigen Tagesverlauf stehen, in dem wichtige Erlebnisse erzählt werden können. Es sollte eine Einschätzung aufseiten der Eltern stattfinden, ob vor dem eigentlichen Thema des Nichtrauchens andere Themen geklärt werden müssen, um Störungen nicht Vorrang zu geben, die sonst den Gesprächsablauf beeinflussen könnten. Dabei geht es nicht nur um die Stimmung des Kindes, sondern auch um die Stimmung der Eltern. Eltern sollten da auch auf ihre eigenen Gefühle achten, und wenn sie z. B. gerade Stress auf der Arbeit haben, ggf. einen neuen Gesprächszeitpunkt abmachen. Ideal ist eine beiderseitige unbelastete Stimmung!
- »Ein angemessenes Zeitfenster« meint, dass kein Zeitmangel herrschen sollte, d. h., es sollte nicht vorher oder direkt danach ein sehr wichtiger anderer Termin anstehen, der von vornherein das Gespräch zeitlich begrenzt und zu einem vorzeitigen abrupten Gesprächsende führen könnte. Wie lange Gespräche zwischen Eltern und Kind andauern, hängt ganz von der Kommunikationsstruktur der Familie ab. Aus Erfahrung von Elternberatungen können die hier angedachten Eltern-Kind-Gespräche von fünf Minuten bis über eine Stunde dauern, je nachdem, wie

gesprächig die Beteiligten sind und inwieweit es den Eltern gelingt, die zuvor erläuterten Kommunikationsregeln umzusetzen, wie z. B. das Aktive Zuhören.

- Mit »Vermeidung äußerer Stressfaktoren« ist gemeint, dass Vorkehrungen getroffen werden sollten, die denkbare Störungen verhindern können. Hier sind Faktoren wie z. B. der Klingelton an den Handys leise zu stellen (bzw. Haustürklingel, Festnetztelefon o. Ä.), digitale Geräte abzustellen (Fernseher, Computer, Radio etc.) oder auch kleine Geschwisterkinder vorab zu versorgen und um Ruhe zu bitten o. Ä., gemeint. Solche Vorkehrungen mögen beim ersten Mal noch ungewohnt sein, sie haben aber eine sehr wertschätzende Wirkung und signalisieren, dass die Eltern ihr Interesse ganz auf das Kind richten und keine Ablenkung zulassen wollen.
- »Inhaltliche Vorüberlegungen« implizieren zum einen den vorherigen Austausch zwischen den Eltern zum Thema Nichtrauchen und eine Einigung bezüglich des Vorgehens, zum anderen die Aneignung von Wissen zum Thema Rauchen, um auf Fragen des Kindes antworten zu können bzw. Argumente des Kindes zu entkräften oder Nachteile des Rauchens zu vermitteln. Grundschulkinder lassen sich in der Regel noch sehr gut von Argumenten gegen das Rauchen überzeugen. Zum Ende der Grundschulzeit und mit beginnender Pubertät nimmt der Einfluss der Gleichaltrigen stark zu, weshalb mit Appellen an die Vernunft und an das Gesundheitsbewusstsein schwer ins Gespräch zu kommen ist. Folgende Argumente gegen das Rauchen können je nach Interesse des Kindes trotzdem eine positive Wirkung haben:
  - Einschränkung der eigenen Freiheit – Nikotin führt zur psychischen Abhängigkeit.
  - Sportliche Leistungen werden beeinträchtigt – die Kondition und Ausdauer lassen nach.
  - Regelmäßiges Rauchen beeinflusst den Geschmacks- und Geruchssinn, führt zur vorzeitigen Hautalterung, stinkender Kleidung sowie Ablagerungen auf Zähnen und Fingern.

- Zigaretten sind teuer und entsprechend dem Jugendschutzgesetz für Kinder und Jugendliche verboten.

Diese Argumente sollten von Eltern nicht oberlehrerhaft vorgetragen werden, sondern im Gespräch bei Nachfragen des Kindes oder an passender Stelle einfließen. Entscheidend ist als Eltern glaubwürdig das Interesse am Wohlbefinden des Kindes zu vermitteln und den Dialog ohne Vorwürfe oder Prognosen zu führen.

# 4

## Weniger Alkohol – mehr Genuss

Dass weniger Alkohol mehr Genuss bedeutet, mag für viele zunächst widersprüchlich klingen – ist es aber keineswegs, wie im Laufe des Kapitels deutlich werden wird. Um sich diesem Zusammenhang zu nähern, soll zunächst der Begriff »Genuss« erklärt werden.

Als Genuss wird definiert, wenn ein Mittel zwar nicht benötigt wird, bei Gebrauch aber als angenehm empfunden wird. Bei Genuss assoziieren die meisten Menschen den Konsum von Essen oder Trinken, aber es können auch Verhaltensweisen genossen werden wie z. B. Fahrrad fahren oder gemeinsam Spiele spielen. Darüber hinaus wird der Urlaub genossen oder die frische Luft. Es wird schnell deutlich, dass Genuss sehr subjektiv empfunden wird und somit individuelle Unterschiede bzw. Vorlieben vorhanden sind. Schon Goethe schrieb: »Kein Genuss ist vorübergehend, denn der Eindruck, den er zurücklässt, ist bleibend.« Daran zeigt sich, dass Menschen, wenn sie einmal etwas genossen haben, dieses positive Gefühl in Erinnerung behalten und es gerne wiederholen möchten. Grundsätzlich steht dem auch nichts entgegen, wenn der Konsum maßvoll und bewusst erfolgt. Solange dies der Fall ist, wird das Gefühl von Genuss bei Gebrauch eintreten. Wird das Maß überschritten, kann sich eine Gewöhnung entwickeln und ein problematischer Konsum entstehen.

Im Kontext des Alkoholkonsums bei Erwachsenen lässt sich einfach formuliert festhalten, dass ein gelegentlicher Konsum gesellschaftlich akzeptiert ist, aber ein regelmäßiger oder wiederholt exzessiver Konsum problematisch ist. Weshalb ist das so? Was passiert in unserem Gehirn, wenn wir Alkohol trinken? In unserem Gehirn halten sich normalerweise einzelne Botenstoffe gegenseitig in einer Balance. Alkohol gehört zu den Substanzen, die dieses Gleichgewicht manipulieren und dafür sorgen, dass einige Neurotransmitter die Oberhand bekommen, während andere stummgeschaltet werden. Alkohol lässt den Körper eine Extraportion Endorphine ausschütten; dies sind positive Botenstoffe, die Glücksgefühle auslösen. Zusätzlich bewirkt der Alkoholkonsum die Ausschüttung des Botenstoffes Dopamin, das ein Gefühl von Zufriedenheit und Belohnung bewirkt sowie zugleich den Lernprozess auslöst. Demzufolge speichert das Gehirn ab: Alkohol macht glücklich (Guzek, 2020, S. 26ff.). Dies mag zunächst positiv klingen, kann allerdings bei langfristigem Konsum problematisch werden und den angestrebten Genuss mindern bzw. ganz verhindern. Denn Genuss ist durch Bedürfnisbefriedigung geprägt und wird durch Selbstkontrolle gekennzeichnet. »Genuss ist also ein sinnliches Erlebnis und erfordert vollste Hingabe. Gleichzeitig bedarf es eines guten Umgangs mit dem Maß« (Bläsing, 2012, S. 20).

Die gesellschaftliche Akzeptanz von Alkoholkonsum bezieht sich auf einen genussvollen Umgang mit diesem. Eltern können ihre Kinder darin unterstützen, einen gesundheitsbewussten Umgang mit Alkohol zu erlernen, der den Genuss nicht ausschließt. Auch hier kommt den Eltern eine zentrale Vorbildfunktion zu! Studien belegen, dass Kinder, deren Eltern angeben, mehr als einmal wöchentlich zu trinken, zu späterem Rauschtrinken neigen (DAK, Glasklar, o. J.). Häufig wird neben dem Modelllernen als Ursache für diese Entwicklung nach genetischen Faktoren gesucht. Jahrelang haben Forscher_innen um das sogenannte »Alkoholgen« gestritten, das in dieser Form nicht nachweisbar ist. Allerdings spricht man heute von epigenetischen Narben, die den Nervenbotenstoff-Haushalt beeinträchtigen und zum einen den Serotoninspiegel senken, wodurch die Stimmung negativ beeinflusst wird, zum anderen das Dopamin-System verändern, wodurch die Andockstellen für Dopamin nicht ausreichend entwickelt werden. Alkohol kann bei den Betroffenen kurzfristig positiv auf den gestörten Botenstoff-Haushalt Einfluss nehmen und Glücksgefühle auslösen. Langfristig führt es zum Gegenteil! Erstens kann sich dadurch eine Abhängigkeit entwickeln, zweitens schwächt sich die positive Botenstoffausschüttung mit der Zeit ab und führt zum gegenteiligen Prozess, nämlich einem immer größer werdenden Verlangen nach der Substanz. Entsprechend der Opponent-Prozess-Theorie muss die Alkoholmenge immer weiter erhöht werden, um die positiven Gefühle kurzfristig zu erleben und die negativen Auswirkungen zu unterdrücken (Güntürkün, 2019, S. 209ff.). Einfach formuliert, kann dies als Dosissteigerung bezeichnet werden. Wichtig für das Verständnis, warum weniger Alkohol mehr Genuss bedeutet! Denn ein eingetretener Gewöhnungsprozess, der sich unreflektiert zu einem immer stärker werdenden Verlangen bis hin zur zwanghaften Sucht entwickelt, lässt keinen Raum mehr für Genuss. Alkoholabhängige Menschen konsumieren den Alkohol nicht mehr, um zu genießen, sie konsumieren, um dem zwanghaften Verlangen nachzukommen. Während Genuss zum Wohlbefinden beiträgt und das Maß hält, neigt Sucht zu Maßlosigkeit, die keine Befriedigung mehr ermöglicht. Es zeigt sich sogar, dass Menschen, die gleichzeitig Zigaretten und Alkohol konsumieren, sich einem erhöhten Risiko der Entwicklung problematischer Konsummuster und Abhängigkeit aussetzen (Maruska, Isensee, Hanewinkel, 2011, S. 302). Das bedeutet, dass der exzessive Konsum einer Substanz Einfluss auf den Konsum weiterer Substanzen hat.

Dieses Phänomen wird auch als sogenannter »Suchtstammbaum« bezeichnet. Sobald die Schwelle überschritten wird, eine psychotrope Substanz zu konsumieren, fällt die Entscheidung, weitere Substanzen auszuprobieren, leichter. Eltern haben oft die Sorge, dass ihre Kinder zu früh beginnen könnten, Alkohol zu konsumieren. Diese Sorge ist verständlich! Denn das Angebot an alkoholischen Getränken ist in den letzten Jahren um ein Vielfaches angestiegen und bietet auch für ›Einsteiger_innen‹ eine reiche Anzahl von wohlschmeckenden Mischgetränken. Da ist für jeden Geschmack etwas dabei! In großen Supermärkten gibt es heutzutage reihenweise Alkoholregale, im Gegensatz zu früher, als es eine geringe Auswahl von Bier, Wein, Sekt und Schnaps gab. So ist Alkohol in unserer Gesellschaft das meistverbreitete legale Rauschmittel geworden und wird wie selbstverständlich in den Alltag integriert. Für die Jugendlichen wird es zu einer Entwicklungsaufgabe, mit Alkohol als Genussmittel umgehen zu lernen. Eltern können sie dabei unterstützen, ihre Genussfähigkeit zu erhalten und eine Genusskompetenz zu erreichen. Genussfähigkeit schafft Lebensfreude und maßvoller Genuss regt sogar unser Immunsystem an, da der Immunglobin-A-Spiegel erhöht wird. Nach Bencsik sind Menschen nach einem genussvollen Wochenende vier bis fünf Tage gegen eine Erkältung geschützt. Darüber hinaus können Genießer_innen Alltagsstress besser bewältigen und fühlen sich insgesamt wohler und gesünder (Bencsik, 2002, S. 14ff.). Dieser positive Effekt für die Gesundheit erweist sich als zusätzliches Argument für eine genussfördernde Erziehung.

Im Kontext der Konsumkompetenz wurde dargelegt, dass sich diese in die Bereiche der vollständigen Abstinenz, den genussorientierten Konsum und den kontrollierten Risikokonsum unterteilt.

Während für den Tabakkonsum eine vollständige Abstinenz als erzieherisches Ziel empfohlen wird, sollte bezüglich Alkohol ein genussorientierter Konsum angestrebt werden. Selbstverständlich sollen Eltern ihre Kinder nicht zum Alkoholkonsum drängen, frei nach dem Motto: Man muss ausprobieren, wie es schmeckt, damit man lernt es zu genießen. Kindern sollte grundsätzlich kein Alkohol angeboten werden! Bei Jugendlichen ist es ideal, den ersten Konsum soweit wie möglich hinauszuzögern. In unserer Gesellschaft wird dies häufig mit dem Konfirmationsalter von 14 Jahren verbunden. Dann kommen oft die jugendlichen Kinder auch auf ihre Eltern zu und fragen nach. Wenn nicht, sollten die Eltern in die Offensive gehen und das Kind ansprechen, um sicherzustellen, dass es nicht heimlich beginnt zu konsumieren. Wie in den vorherigen Kapiteln schon deutlich wurde, ist die direkte Kommunikation mit dem Kind notwendig, damit es eine Orientierung bezüglich eines verantwortungsvollen Umgangs mit Alkohol erhält, der auf den Genuss ausgerichtet ist. Dabei ist es relevant, auch klare Grenzen zu setzen, Regeln zu erstellen und Vereinbarungen zu treffen.

## 4.1 Elterliche Regeln zum Konsumverhalten in der beginnenden Pubertät

Allen Eltern ist sicher der Spruch bekannt »Pubertät ist, wenn die Eltern schwierig werden«. Dies entspricht wohl der Sicht der heranwachsenden Kinder. Aus der Perspektive der Eltern habe ich im Rahmen der Elternarbeit immer meinen klassischen Satz verwendet: »Pubertät führt zu einer Großbaustelle im Gehirn.« Beide Sätze haben ihre Berechtigung und werden im Folgenden anhand wissenschaftlicher Erkenntnisse beleuchtet.

Zunächst ist es notwendig, dass häufig synonym genutzte Begriffspaar Pubertät und Adoleszenz zu unterscheiden. Nach Remschmidt ist Pubertät ein primär biologischer Begriff, der die physiologischen Veränderungen im Körper beschreibt, die in Verbindung mit der körperlichen und sexuellen Reifung stehen. Hingegen bezieht sich die Adoleszenz mehr auf die psychologische Bewältigung dieser Reifungsprozesse und wird nach Bernfeld als »die Anpassung der Persönlichkeit des Kindes an die Pubertät« umschrieben (Stolle, 2001, S. 15). So umfasst die Pubertät mehr die körperliche Reifung, während die Adoleszenz die psychische Entwicklung in den Vordergrund stellt. Im Volksmund wird vereinfacht von Pubertät gesprochen, weshalb in den weiteren Ausführungen vorwiegend dieser Begriff verwendet wird.

Der_die pubertierende Jugendliche befindet sich in einer Übergangsphase zwischen Kindheit und Erwachsenenalter, dem sogenannten Jugendalter. Diese Lebensphase ist geprägt von vielfältigen Veränderungen im physischen, psychischen sowie sozialen Bereich und bewirkt bei den Heranwachsenden eine extreme Rollenunsicherheit und erfordert die Bewältigung einer Reihe von Entwicklungsaufgaben. Um Verständnis für deren Komplexität zu gewinnen, sollen sie hier kurz erläutert werden. Nach Dreher und Dreher werden zehn altersspezifische Aufgaben der Jugend aufgestellt:

- Akzeptieren der eigenen körperlichen Erscheinung,
- Übernahme der Geschlechtsrolle,
- Aufnahme intimer Beziehungen zum_zur Partner_in,
- Aufbau eines Freund_innenkreises mit Gleichaltrigen,
- Bildung eines Selbstkonzeptes bzw. einer Identität,
- Treffen beruflicher Entscheidungen,
- Loslösung vom Elternhaus,
- Entwicklung einer eigenen Weltanschauung,
- Entwicklung der eigenen Vorstellung von Ehe und Familie sowie
- Entwicklung von Zukunftsperspektiven (Kostrzewa, 2010, S. 51).

Grob lassen sich diese Entwicklungsaufgaben den verschiedenen Phasen der Pubertät - die sich in die frühe, mittlere und späte Adoleszenz unterteilen lässt - zuordnen. Die fünf zuletzt genannten Aufgaben fallen eher in die mittlere und spätere Adoleszenz, also ab einem Alter von ca. 15 bis 24 Jahren, während die fünf zuerst genannten in die Vorpubertät ab elf Jahren bis in die Pubertät mit ca. 15 Jahren fallen (Kostrzewa, Rade, 2015, S. 17). Für das vorliegende Kapitel sind die fünf zuerst genannten von Relevanz, die anderen fließen in Kapitel 5 ein (► Kap. 5).

Allein das Akzeptieren der eigenen körperlichen Erscheinung stellt für viele Jugendliche große Herausforderungen dar. So verändern sich nicht nur die Proportionen des Körpers, sondern es müssen neue geschlechterspezifische Funktionen in das sich entwickelnde neue Körperbild integriert werden. Dies erfolgt im Kontext der Auseinandersetzung mit soziokulturellen Normen und Idealen in Bezug auf das Geschlecht und den gesellschaftlichen Wandel. Im Zuge der Diversity-Diskussion entstand eine große Vielfalt von Optionen, die allerdings zugleich die Orientierung bei der Entwicklung einer sexuellen Orientierung erschweren kann. Insbesondere dann, wenn die Eltern noch entsprechend der klassischen Heterosexualität erziehen, die heranwachsenden Kinder sich aber ggf. homosexuell entwickeln. Eine Studie des Deutschen Jugendinstituts (DJI) zeigt, dass das Aufwachsen von homosexuellen Jugendlichen nach wie vor problematisch ist und 82 % der Befragten Diskriminierungserfahrungen aufgrund ihrer sexuellen Orientierung oder geschlechtlichen Identität gemacht haben (Krell, Oldemeier, 2015, S. 29).

Dem Prozess der inneren Bewusstwerdung der sexuellen Orientierung oder geschlechtlichen Zugehörigkeit kommt große Bedeutung zu. Die Mehrheit der Jugendlichen stellt sich die belastende Frage, wie sie in der Zukunft mit ihrem sexuellen und geschlechtlichen Erleben umgehen will. Diese innere Unklarheit und Belastung tragen die Jugendlichen bis zum äußeren Coming-out mit sich allein aus. Bei den meisten Jugendlichen umfasst die Spanne zwischen der Bewusstwerdung und der Offenlegung mehrere Jahre. So werden wesentliche Jahre der Adoleszenz durch die innere Auseinandersetzung mit der eigenen sexuellen Orientierung oder Identität geprägt (Kostrzewa, 2016, S. 2).

Für die Ausbildung einer eigenen Identität spielt der Umgang mit Gefühlen eine herausragende Rolle, da gerade im Verlauf der Adoleszenz neue emotionale Erfahrungen gemacht werden, die mit dem Selbst verbunden bzw. in das Selbst integriert und von ihm organisiert werden müssen. Insofern hat die Herausbildung der eigenen Identität sehr viel mit der Regulierung auch widersprüchlicher oder negativer Gefühle zu tun (Oerter, Dreher, 2008, S. 316). Eine weitere wichtige Funktion zur Herausbildung der Identität und somit der Orientierung sowie der emotionalen Stabilisierung stellt die Peergroup dar, da hier stärker als bei Erwachsenen die Verwirklichung von Gleichheit und Souveränität im Vordergrund stehen. Autonomie kann so erreicht werden, ohne dass Sozialbeziehungen aufgegeben werden müssen. Daher können innerhalb der Peergroup neue Möglichkeiten im Sozialverhalten erprobt werden (ebd., S. 321).

Eine Form der riskanten Verhaltensweisen kann der erste Konsum von Alkohol und Drogen sein. Das Durchschnittsalter bei der ersten Rauscherfahrung liegt bei 15,2 Jahren (Seitz at al., 2016, S. 9). Häufig kann der jugendliche Alkoholkonsum bis zum Rausch, der alterstypischen Suche nach Risiko, dem sogenannten »Sensation Seeking« zugeordnet werden (Petermann, Roth, 2006, S. 97). Mit Sensation Seeking geht eine erhöhte Risikobereitschaft einher, die die Wahrscheinlichkeit eines Substanzkonsums im Jugendalter verstärkt. Problematisch daran ist, dass Jugendliche organisch stärker gefährdet sind, alkoholbedingte Schäden zu erleiden. Das hängt insbesondere mit der eingangs salopp formulierten »Großbaustelle im Gehirn« zusammen. In der Jugendphase durchläuft das Gehirn wesentliche Reifungsprozesse. So werden zwischen den Hirnarealen Verschaltungen aufgebaut und verfeinert. Während dieser Reifungsphase erfolgt die Myelinisierung der Nervenfasern, d. h., die Myelinscheide wird sozusagen ummantelt, um eine störungsfreie Weiterleitung elektrischer Nervenimpulse zu bewirken. Dieser Bereich des Gehirns wird auch als weiße Substanz bezeichnet, da die Myelinscheide weiß ist. Die Entwicklung der weißen Substanz kann jedoch durch häufigen oder exzessiven Alkoholkonsum beschädigt werden, was nachteilige Auswirkungen auf kognitive Funktionen haben kann (Tapert, 2007, S. 58). Substanzkonsum während der jugendlichen neuronalen Entwicklung wird mit verschiedenen Schädigungen des Gehirns in Verbindung gebracht:

- Verminderung des Gehirnvolumens,
- Schädigung der weißen Substanz,
- Verschlechterung des räumlichen Vorstellungsvermögens,
- reduzierter Abruf von Gedächtnisinhalten sowie
- schlechter Konzentrations- und Aufmerksamkeitsfähigkeit (ebd.).

Diese teils irreversiblen Schädigungen des Gehirns haben weitreichende Folgen für die weitere Entwicklung des_der Jugendlichen. Darüber hinaus können Jugendliche schon nach sechs bis 18 Monaten exzessiven Trinkens abhängig werden (Institut Suchtprävention, 2019, S. 9). Insofern sind die Bedenken der Eltern gegenüber jugendlichem Alkoholkonsum völlig berechtigt. Allerdings helfen rigide Verbote bei den meisten Jugendlichen nicht bzw. können sogar kontraproduktive Auswirkungen haben. Aus diesem Grund ist es für Eltern hilfreich, sich ein umfängliches Wissen anzueignen, um ihr Kind durch die herausfordernde Zeit der Pubertät zu begleiten. Folgende Zahlen sollen dabei dramatisierenden Gedanken entgegenwirken und klassische Sprüche wie »Die Jugend von heute trinkt viel mehr als früher« entkräften: Während die Repräsentativerhebung der BZgA im Jahr 1979 bei den 12- bis 17-Jährigen einen regelmäßigen Alkoholkonsum von mindestens einmal pro Woche mit 25 % ermittelten, ist dieser Wert im Jahr 2015 auf 10 % gesunken (BZgA, 2016, S. 9).

> Das Augenmerk der Eltern sollte im Wesentlichen auf das Verhindern des Rauschtrinkens gelegt werden. Rauschtrinken, auch Binge Drinking genannt, bedeutet, dass Frauen mehr als drei Gläser und Männer mehr als vier Gläser bei einer Gelegenheit trinken. Rauschtrinken ist besonders riskant, da es bei Kindern und Jugendlichen neben den oben beschriebenen neuronalen Gefahren auch schneller eine lebensbedrohliche Alkoholvergiftung nach sich ziehen kann.

Bei den 12- bis 15-Jährigen betreiben ein Prozent an vier oder mehr Tagen im Monat Rauschtrinken, während es bei den 16- bis 17-Jährigen immerhin schon 8 % sind (ebd.).

> Es lässt sich festhalten: Je jünger die heranwachsenden Kinder sind, desto schwerwiegender wirkt der Alkoholkonsum. Ein noch im Reifungsprozess befindlicher jugendlicher Körper kann Alkohol schwerer verkraften und schon geringe Mengen können zur Vergiftung führen. Ein Rausch im Jugendalter ist immer ein größeres gesundheitliches Risiko als bei einem Erwachsenen. Ein exzessiv anhaltender Konsum kann schon nach sechs bis 18 Monaten zur Abhängigkeit führen. Bzw. ein regelmäßiger Konsum mit dem Ziel schwierige Alltagssituationen zu kompensieren, birgt die Gefahr von Missbrauch und Abhängigkeit.

Einerseits sind es also die Sorgen, die die Eltern dazu bringen ›schwierig zu werden‹, wenn die Pubertät ihrer Kinder beginnt. Andererseits sind es oft Gefühle von ›nicht mehr gebraucht werden‹ oder ›zunehmende Geheimnisse und Abgrenzungen‹ vonseiten der Kinder, die dazu führen können, dass Eltern anfangen, ihre Kinder zu kontrollieren. Sobald die Kinder dies spüren, kann ein Teufelskreis der sich selbst erfüllenden Prophezeiung entstehen.

Dazu ein klassisches Fallbeispiel aus der Elternberatung: Ein 13-jähriger Jugendlicher möchte zu einer Geburtstagsfeier eines Freundes gehen und hat bereits einige Getränke im Rucksack verstaut. Die sich unbeobachtet fühlende Mutter kontrolliert den Rucksack auf alkoholische Getränke, entdeckt keine, wird aber vom Sohn überrascht. Sie entschuldigt sich und sagt: »Ich wollte ja nur sichergehen, dass du keinen Alkohol dabeihast.« In der Folge kann der Sohn sich sagen »Sie vertraut mir ja sowieso nicht, also kann ich künftig ja wirklich Alkohol dabeihaben, dann hat sie wenigstens einen Grund mir nicht zu vertrauen.« Denn wer sich kontrolliert fühlt, dem wird gleichzeitig vermittelt, dass man ihm nicht traut. Vertrauen beruht immer auf Gegenseitigkeit, und somit zeigt sich hier auf der Beziehungsebene ein Problem.

Bei dem Fallbeispiel wäre es wichtig, dass die Mutter ihrem Sohn in einem vorherigen Gespräch die Bedenken zum Alkoholkonsum vermittelt und sie Vereinbarungen treffen, ab wann wie viel Alkohol konsumiert werden darf.

Das Fallbeispiel könnte aber auch noch weitergehen: Der Junge könnte daraufhin tatsächlich bei der Party im Sinne der selbsterfüllenden Prophezeiung Alkohol trinken und würde von den Eltern des Freundes nach Hause gebracht werden. Die Eltern des Jungen sollten dann keine Panik verbreiten und die ersten Erfahrungen mit Alkohol nicht dramatisieren. Wichtig ist allerdings, mit dem Jungen im nüchternen Zustand ein Gespräch zu führen und die dargestellten Risiken des Alkoholkonsums zu erläutern. Ganz zentraler Punkt dabei ist, dass dem Jungen weiterhin Vertrauen entgegengebracht wird. Er muss spüren, dass seine Eltern auch in schwierigen Situationen verständnisvolle Ansprechpartner_innen für ihn sind.

Wie bei den Entwicklungsaufgaben dargestellt, gehört der Aufbau eines Freund_innenkreises in die Phase der Pubertät. Eltern müssen also akzeptieren, dass Jugendliche zunehmend allein unterwegs sind und mehr Zeit mit ihren Freund_innen verbringen, wodurch der elterliche Einfluss sinkt. Trotzdem werden die Eltern noch von ihren jugendlichen Kindern gebraucht, nicht nur um sich abzugrenzen. Sie brauchen die Eltern nach wie vor zur Orientierung. Allerdings wechseln die Jugendlichen ständig zwischen verschiedenen Orientierungen, um Anerkennung und Wertschätzung zu erlangen von ihrem Freund_innenkreis, von ihren Eltern, von ihren Lehrer_innen usw. Immer wieder müssen sie sich den Erwachsenen gegenüber behaupten und wollen, auch wenn dies teilweise nicht so aussieht, von ihnen anerkannt werden (Kostrzewa, 2010, S. 53). Grundsätzlich hängen diese Bestrebungen damit zusammen, den Status der Erwachsenen erlangen zu wollen, da dieser das Bedürfnis nach Autonomie zu befriedigen verspricht. Das Autonomiebestreben eines jeden Menschen beginnt schon im Kleinkindalter, während der Pubertät nimmt es allerdings ganz neue Dimensionen an. Daraus entwickeln sich häufig Konflikte zwischen Eltern und Kind, da die Jugendlichen ihre Sozialkontakte zunehmend selbst wählen und viele Dinge als ihren persönlichen Bereich ansehen. Dabei de-idealisieren sie ihre Eltern und relativieren deren Status, um die Ablösung vom Elternhaus voranzutreiben. Insbesondere im Alter zwischen elf und 15 Jahren nehmen diese Konflikte zu, wobei die zuvor aufgebaute Qualität der Eltern-Kind-Beziehung auf den Prüfstand gestellt wird. Ist es den Eltern im Kleinkindalter ihres Kindes bereits gelungen eine sichere Bindung aufzubauen, wird diese auch während der Pubertät tragfähig sein. Studien belegen, dass es auch während des Jugendalters günstig ist, den autoritativen Erziehungsstil beizubehalten, ihn aber gleichzeitig zu modifizieren. Das bedeutet, dass die elterliche Unterstützung in Verbindung mit einer moderaten Kontrolle in Richtung eines egalitären Systems überführt wird. Gekennzeichnet ist dieses von einem Angebot an Unterstützung und Wärme sowie der Verhandlung über die Reglementierung bestimmter Verhaltensweisen und der elterlichen Kontrolle (Lohaus, Vierhaus, 2015, S. 225). Was heißt das konkret?

Bezogen auf das Fallbeispiel des 13-jährigen Jungen lässt sich fragen, weshalb das kontrollierende Verhalten der Mutter als ungünstig beschrieben wurde, obwohl die Kontrolle ein Bestandteil des autoritativen Erziehungsstils ist. Kontrolle ist nicht mit »Herumschnüffeln und Hintergehen« zu verwechseln. Die Mutter hätte nicht ungefragt an den Rucksack des Jungen gehen dürfen, dadurch hat sie ihn hintergangen. Mit Kontrolle im Sinne des autoritativen Erziehungsstils ist gemeint, dass die Mutter den Jungen darauf anspricht, welche Getränke er im Rucksack hat. Sicher ist es möglich, dass der Junge, wenn er doch alkoholische Getränke im Rucksack gehabt hätte, dann nicht die Wahrheit sagt. Allerdings hat der Junge dann mit der Lüge zu leben und müsste auch mit dem schlechten Gewissen leben. An diesem Punkt kommen die Normen und Werte ins Spiel, die innerhalb der Familie von klein auf vermittelt werden.

In der Regel wird zur Ehrlichkeit erzogen, weshalb der Junge mit großer Wahrscheinlichkeit die Wahrheit sagen würde. Falls er sich in dem Moment unter Druck fühlen sollte, weil er vielleicht seinem Freund versprochen hatte, Alkohol mitzubringen, und er deswegen seine Mutter anlügt, würde er sich später sicher entschuldigen, da ihn sein schlechtes Gewissen quälen würde. Im beschriebenen Fallbeispiel hat allerdings wohl die Mutter ein schlechtes Gewissen, weil sie sozusagen etwas Verbotenes gemacht hat, indem sie den Rucksack ohne zu fragen durchwühlt hat. Dieses Verhalten der Mutter könnte zu einem Vertrauensverlust zwischen ihr und dem Sohn führen, weshalb von derartigen Handlungen abzuraten ist. Studien belegen, dass die elterliche Kontrolle über die gesamte Adoleszenz kontinuierlich abnimmt, während die elterliche Unterstützung in der Pubertät ebenfalls abnimmt, sich aber danach stabilisiert. Darüber hinaus vertiefen sich die Eltern-Kind-Konflikte, wenn die elterliche Führung gleichbleibt oder zunimmt. Es zeigt sich, dass die Eltern-Kind-Beziehung in der Pubertät zunehmend eine Gleichberechtigung und Gegenseitigkeit der Beteiligten verlangt (ebd.). Auch wenn das Motiv der Mutter im Fallbeispiel nur von elterlicher Sorge geprägt sein mag, wird es keine positiven Auswirkungen haben, selbst dann nicht, wenn der Sohn sie dabei nicht ertappt hätte. Hintergrund dafür ist, dass das Gefühl, das die Aktion bei der Mutter hinterlässt, immer ein Unrechtsbewusstsein in ihr wecken würde und wieder nach einem Ausgleichsstreben verlangt. D. h., die mütterliche Sorge mag zwar durch die Rucksack-Aktion behoben sein, aber ein Bedürfnis nach Wiedergutmachung könnte aufkeimen. Das wiederum könnte negativen Einfluss auf weitere erzieherische Situationen haben, z. B. Nachgiebigkeit in einem sonst nicht zu verhandelten Punkt. Insofern zeigt sich, dass es immer besser ist, ehrlich ins Gespräch zu gehen und gemeinsam mit dem heranwachsenden Kind Regeln zu besprechen und Vereinbarungen zu treffen.

Wie schon bei den elterlichen Regeln zum Tabakkonsum zählt auch hier das Vorbildverhalten der Eltern ebenso wie die klare ablehnende Haltung zum frühen Einstieg in den Alkoholkonsum. Mit einem Unterschied: Es geht nicht um ein abstinenzorientiertes, sondern um ein genussorientiertes Erziehungsverhalten bei Alkohol. Wobei einschränkend angemerkt werden muss, dass offiziell bis zu einem Alter von 16 Jahren empfohlen wird, vonseiten der Eltern möglichst keinen Alkohol (oder nur in Ausnahmefällen) zu erlauben. Hintergrund sind die beschriebenen gesundheitlichen Schäden bei Kindern und Jugendlichen durch den Alkoholkonsum. Zugleich ist aber bekannt, dass die ersten Konsumerfahrungen im Alter von 14 Jahren liegen. Diese Grauzone im Alter zwischen 14 und 16 Jahren bereitet vielen Eltern Argumentationsschwierigkeiten gegenüber ihren heranwachsenden Kindern. Diese Grauzone hängt mit dem Jugendschutzgesetz zusammen, das in § 9 vorgibt, dass an unter 16-Jährige keine alkoholischen Getränke abgegeben werden dürfen bzw. auch der Verzehr nicht gestattet ist, außer, wenn der_die Jugendliche von einer sorgeberechtigten Person begleitet wird. So liegt bei 14- bis 16-Jährigen die Entscheidung bei den Eltern, ob ihre jugendlichen Kinder Alkohol konsumieren dürfen oder nicht. Auf jeden Fall bezieht sich das Jugendschutzgesetz nur auf Jugendliche ab 14 Jahren, weil sie davor noch den Status

Kinder haben. Auf Elternabenden wurde dies oft heiß diskutiert, denn viele Eltern sehen ihre heranwachsenden Kinder oft mit zwölf Jahren schon als Jugendliche an, weil ja nachweislich die Pubertät immer früher startet. Viele Eltern muss man direkt darauf hinweisen, dass das Jugendschutzgesetz erst für Jugendliche ab 14 Jahren gilt und nicht schon vorher, d. h., dass der Alkoholkonsum unter 14 Jahren also laut Gesetz ganz tabu ist! So kommt zu der Grauzone für das Alter zwischen 14 und 16 Jahren, in der die Verantwortung noch bei den Eltern liegt und diese Zeitspanne zum Erlernen eines verantwortungsvollen Umgangs mit Alkohol dienen sollte, auch noch die vorpubertierende Phase vom elf bis 13 Jahren dazu. Grundsätzlich sind Kinder in diesem Alter noch zu jung für den Alkoholkonsum! Trotzdem ist bekannt, dass in Einzelfällen doch Probierkonsum vorliegt. So streiten sich oft schon Expert_innen, was sie empfehlen sollten. Striktes Alkoholverbot bis zum Alter von 14 oder 16 Jahren? Oder Erarbeiten individueller Vereinbarungen je nach Entwicklungsstand des Kindes, entsprechend einem realistischen Alltagsverständnis, um nicht Gefahr zu laufen, dass strikte Verbote zur Grenzüberschreitung provozieren und so eher kontraproduktiv wirken? Das Erarbeiten individueller Vereinbarungen wird in Kapitel 4.3 vorgestellt (▸ Kap. 4.3). Zuvor folgen noch allgemeine Grundhaltungen und elterliche Regeln zum Alkoholkonsum ihrer Kinder.

> Wichtige Grundhaltungen: Erwachsene sollen Kinder nie zum Trinken auffordern! Setzen Sie klare Grenzen! Wenn Sie selbst Alkohol konsumieren, denken Sie an die Vorbildfunktion. Trinken Sie im Beisein des Kindes möglichst wenig und nur zu bestimmten Anlässen, z. B. bei Familienfeiern. Achten Sie darauf, keine halbvollen Gläser oder Flaschen stehen zu lassen, die ihr Kind verleiten könnten zu probieren. Setzen Sie sich mit ihrem Kind zum Gespräch zusammen, sobald sie bemerken, dass das Kind selbst Interesse daran zeigt, Alkohol ausprobieren zu wollen.

Folgende Regeln entstanden im Rahmen des bundesweiten Projekts »Elterliche Regeln für den Alkoholkonsum ihrer Kinder« (LSSH, 2012, Projektflyer), das im Auftrag der BZgA durchgeführt und anhand des internationalen Forschungsstandes entwickelt wurde:

- Eltern achten darauf, dass bis zu einem Alter von 15 Jahren auf Partys kein Alkohol getrunken wird.
- Eltern unterstützen ihre Kinder dabei, einen sicheren Heimweg von Partys zu organisieren.
- Eltern achten strikt darauf, dass ihre Kinder vor und während der Schulzeit und beim Sport keinen Alkohol trinken.
- Eltern kaufen zusammen mit ihren Kindern alkoholische Getränke, um sie kontrolliert an dieses Thema heranzuführen.
- Eltern achten darauf, wie in Vereinen und Sportclubs, in denen ihre Kinder aktiv sind, mit Alkohol umgegangen wird.
- Eltern verbieten den eigenen Kindern das Trinken alkoholischer Mixgetränke.
- Eltern achten darauf, dass ihre Kinder nicht bei Freund_innen mitfahren, die Alkohol getrunken haben (ebd., S. 22).

Die Anwendung dieser Regeln fand bei den am Projekt beteiligten Eltern zwischen 54 % und 79 % statt, außer der Regel zum gemeinsamen Kauf alkoholischer Getränke, die nur von 13 % der Eltern umgesetzt wurde. Im Weiteren konnte das Projekt der »Elterlichen Regeln« noch folgende Empfehlungen für Eltern festhalten:

- Bleiben Sie im Gespräch mit Ihrem Kind auch über die Motive seines Alkoholkonsums.
- Wenn Ihr Kind angemessen und verantwortungsvoll mit Alkohol umgeht und sich an entsprechende Regeln hält, zeigen Sie ihm Ihre Freude und Wertschätzung durch positive Rückmeldungen, Belohnungen, zunehmende Freiheiten und mehr Verantwortungsübergabe.

- Wenn Ihr Kind beginnt, problematisch zu konsumieren, holen Sie sich Unterstützung durch professionelle Beratungskräfte.
- Wenn Sie feststellen, dass Ihrem Kind der verantwortungsvolle Umgang mit Alkohol schwerfällt, treffen Sie gemeinsam mit ihm Vereinbarungen zum Umgang mit Alkohol. Legen Sie auch Konsequenzen fest, die erfolgen, wenn Ihr Kind die Regeln bricht, (LSSH, 2012).

## 4.2 Verzicht fördert Genuss – Gemeinsam geht es besser!

Während der Begriff Genuss positive Assoziationen auslöst, empfinden Menschen beim Begriff Verzicht eher negative Gefühle. Oben in diesem Kapitel wurde bereits aufgegriffen, dass der Verzicht eine Notwendigkeit ist, um den Genuss zu erhalten. Epikur plädierte für eine reflektierte Genussfähigkeit und verlangte Askese in Verbindung mit Genuss. Dabei meinte er aber keinen radikalen Verzicht, sondern ein kluges Abwägen (Bläsing, 2012, S. 20). Genuss bezieht den ganzen Menschen mit seinen Sinnen ein und erfordert Achtsamkeit. Ein achtsames sich Einlassen auf den Genussmoment gelingt leichter, wenn vorherige Verzichtsphasen eingeschoben worden sind. Die Wahrnehmung wird geschärft, wenn die Gegenpole Verzicht und Genuss im Spiel sind. In der Prävention ist die »Initiierte Abstinenz« eine beliebte Methode, um die Wahrnehmung im beschriebenen Sinne zu schulen. Das Institut für Interdisziplinäre Sucht- und Drogenforschung (ISD) hat in ihrer Studie »Weniger ist mehr« nachgewiesen, dass diese Maßnahme zu kurz- und mittelfristigen Einstellungs- und Verhaltensänderungen bei Jugendlichen führt sowie ein erhöhtes Problembewusstsein bezüglich ihres Konsumverhaltens bewirkt (Frahm, 2011, S. 4). Die

Selbsterfahrungsübung initiiert einen Verzicht von Genuss- und Suchtmitteln für einen Zeitraum von zwei Wochen. »Durch die Initiierte Abstinenz soll die Möglichkeit gegeben werden, das eigene Verhalten sinnlich zu erfahren, es zu hinterfragen und gegebenenfalls zu verändern« (ebd., S. 3). Auf welches Genussmittel verzichtet wird, entscheidet der_die Jugendliche selbst. Auch das Ausmaß, ob ein kompletter Verzicht oder nur ein eingeschränkter Konsum erfolgt, liegt in der Hand des_der Jugendlichen. Die Freiwilligkeit ist wichtig, damit eine Bereitschaft besteht es umsetzen zu wollen und ein Erfolg erzielt werden kann. Diese Initiative ist vergleichbar mit der Fastenzeit, die viele Menschen aus dem religiösen Kontext kennen. Während der Abstinenzphase wird dem_der Durchführenden bewusst, wann der Verzicht Schwierigkeiten bereitet, wann er besonders leichtfällt oder auch, wann es zu einem ›Rückfall‹ bzw. Abbruch kommt. Diese Erfahrungen können zu einer erhöhten Sensibilisierung im Umgang mit dem Genussmittel führen, Gewohnheiten aufdecken und die Entwicklung alternativer Verhaltensweisen fördern. Die Initiierte Abstinenz kann dadurch die Erweiterung des Verhaltensrepertoires oder auch eine Verhaltensänderung bewirken. Abhängig vom sozialen Umfeld kann die Umsetzung erschwert sein, wenn einem z. B. Verständnislosigkeit entgegengebracht wird. Oder die Umsetzung kann unterstützt und begrüßt werden, zum Nachdenken anregen oder sogar zum Mitmachen animieren.

Eltern können ihre jugendlichen Kinder unterstützen, wenn sie als erwachsene Vorbilder selbst die Initiierte Abstinenz umsetzen und beispielsweise Problemlösestrategien vorleben. Manchmal entsteht innerhalb der Familie ein regelrechter Wettbewerb der Verzichtsübungen, und die Mitglieder entwickeln immer neue Ideen, auf etwas Bestimmtes zu verzichten, woran man sich eigentlich gewöhnt hat: von den abendlichen Chips auf dem Sofa, der Schokolade zum Kaffee, vom Feierabendbier bis hin zu einer bestimmten Fernsehserie, einem spannenden Computerspiel oder dem ständigen Chatten, um nur ein paar Alltagsdinge zu nennen, über die es sich lohnt nachzudenken, mal auf sie verzichten zu wollen. Im Kontext des vorliegenden Kapitels empfiehlt es sich, über den Alkoholkonsum nachzudenken und zu überlegen, an welchem Punkt eine Reduktion erfolgen kann. Grundsätzlich geht es gemeinsam immer besser!

Den meisten Menschen fällt es nicht leicht, z. B. auf eine angebrochene Schokolade zu verzichten, wenn sie auf dem Tisch liegt. Hingegen fällt es vielen nicht so schwer, wenn die Schokolade gar nicht erst im Haus ist. Sich abends auf den Weg zu machen, um extra eine Schokolade einzukaufen, ist vielen zu unbequem. So verhält es sich meistens auch mit dem Bier oder dem Wein! D. h., die Disziplin ist dann beim Einkaufen erforderlich.

Insofern ist es wichtig, sich den Zeitpunkt des Verzichts gut zu überlegen. Vielen Menschen fällt es im Urlaub besonders schwer, auf Genussmittel zu verzichten, da sie gerade dann die Zeit genießen wollen und Genuss eben auch mit dem Konsum von alkoholischen Getränken verbinden. Ähnlich verhält es sich bei anstehenden Feierlichkeiten wie Geburtstagen, Hochzeiten o. Ä. Der zweiwöchige Verzichtszeitraum sollte gut gewählt sein, damit er zum Erfolg führt. Viele starten das neue Jahr damit und sehen es zugleich als guten Vorsatz. Was auch immer die Motivation stärken könnte, ist eigentlich egal, wichtig ist eine freiwillige Entscheidung, um nicht von vornherein einen Widerstand auszulösen.

Wenn Eltern ihre Kinder motivieren wollen, gemeinsam eine Verzichtsphase umzusetzen, sollten sie mit ihren heranwachsenden Kindern ein Gespräch führen. Herrscht in der Familie eine entspannte Atmosphäre, wird es für die Eltern sicher leichter sein, eine Verzichtsphase zu initiieren, als wenn die Stimmung gerade aufgrund von erhöhtem Konsumverhalten des_der Jugendlichen angespannt ist. Aufgrund dessen ist zu empfehlen, mit dem Einführen von Verzichtsphasen schon vor dem Jugendalter zu starten. Für die Verzichtsübung sollten vonseiten der Eltern Ideen genannt werden, die sie sich vorstellen können, auch selbst umzusetzen – sozusagen als Anregungen! Die Kinder sollten eigene Ideen entwickeln und äußern können. Vor der Entscheidung sollten sich alle gegenseitig beraten, welches Ausmaß der Abstinenz bei welchem Genussmittel oder welcher Verhaltensweise geeignet ist. Darüber hinaus sollten alternative Verhaltensvorschläge überlegt werden. Wichtig ist, dass keine komplette Abstinenz erforderlich ist, sondern auch ein reduzierter Konsum (geringere Menge oder zeitliche Begrenzung) erfolgen kann. Ganz zentral ist, dass die Entscheidung freiwillig erfolgt! Beginnen Eltern erst später im Jugendalter der Kinder eine Verzichtsphase einzuführen, wenn sich abzeichnet, dass der Aufbau von Regeln notwendig wird, ist es umso wichtiger, mit einer guten Gesprächsführung vorzugehen. Folgende Grundsätze der »Motivierenden Gesprächsführung« sind sinnvoll, ebenso bestimmte Techniken wie das Aktive Zuhören. Zu den Grundsätzen zählen: Empathie zeigen, Widersprüchlichkeiten herausarbeiten, Widerstände abbauen und Selbstwirksamkeit fördern.

1. *Empathie zu zeigen* bedeutet, dem_der Jugendlichen mit viel Einfühlungsvermögen zu begegnen und zu versuchen ihn_sie zu verstehen, wie es ihm_ihr in seiner_ihrer Lebenswelt gerade geht. ›Verstehen‹ bedeutet nicht unbedingt ›einverstanden sein‹. Eltern versuchen zu verstehen, warum der_die Heranwachsende Rauschtrinken begangen hat. D. h. aber nicht, dass sie damit einverstanden sein müssen. Sie müssen es akzeptieren, dass es passiert ist, sollten aber im Gespräch daran arbeiten, wie es das nächste Mal verhindert werden könnte. Das kann gelingen, wenn der_die Jugendliche motiviert wird, über seine_ihre Konsumverhaltensweisen nachzudenken, was durch den zweiten Grundsatz angestoßen werden kann.
2. Mit *Herausarbeiten von Widersprüchen* ist gemeint, dass Jugendliche häufig berichten, dass sie sich eigentlich vorgenommen hat-

ten ›nicht so viel zu trinken‹, dann aber in der Situation ›nicht nein sagen konnten‹. Aufgabe der Eltern wäre es, diese Diskrepanz zu benennen und im weiteren Verlauf des Gesprächs mit dem Heranwachsenden Ideen zu entwickeln, wie es gelingen könnte »nein« zu sagen. An diesem Punkt zeigt sich oft, ob schon eine Veränderungsbereitschaft hervorgerufen werden konnte oder ob es zu Widerstand geführt hat. Häufig entsteht der Widerstand dadurch, dass dem_der Jugendlichen für seine_ihre Probleme bestimmte Lösungen präsentiert werden. Wichtig ist, dass der Jugendliche selbst Lösungen entwickelt und darin bestärkt wird.

3. Der *Abbau von Widerständen* wird im Verlauf des Gespräches wiederholt notwendig sein, da das Finden von Lösungsansätzen oft nicht so einfach ist. Denn häufig kommen verschiedene Faktoren zusammen, die zunächst herausgearbeitet werden müssen, bevor Lösungen sichtbar werden. Eltern können ihr heranwachsendes Kind bestärken und darin anerkennen, dass es sich eigenverantwortlich mit dem Thema auseinandersetzt. Sind alle Widersprüche abgeschmolzen, kann der vierte Grundsatz erfolgen.
4. Durch das *Fördern der Selbstwirksamkeit* entsteht eine Hoffnung auf Erfolg bzw. der Glaube daran, dass ein Veränderungsversuch auch gelingen kann. Die Jugendlichen müssen in ihrem Selbstvertrauen gestärkt werden und sich selbst als jemand wahrnehmen, der_die die Aufgabe meistern kann, selbst wenn es Hindernisse geben sollte. »Dabei ist es von zentraler Bedeutung, dass eine allgemeine Stärkung des Selbstvertrauens – die durch eine empathische Grundhaltung gefördert wird – heruntergebrochen wird auf konkret zu lösende Aufgaben« (Pittrich, Rometsch, Sarrazin, 2000, S. 25). Die Stärkung des Selbstvertrauens zeigte sich schon im Kleinkindalter als elterliche Aufgabe. Eltern können im Jugendalter, in dem der_die Heranwachsende durch viele Rollenunklarheiten verunsichert ist, durch empathische und motivierende Gespräche eine große Unterstützung sein. Zugleich liefern Eltern das Rollenmodell. »Wie sich Eltern gegenüber ihren Kin-

dern verhalten, so verhalten sich diese auch sich selbst gegenüber« (Juul, 2009, S. 59). Damit ist gemeint, dass ein intaktes Selbstgefühl Selbststeuerung ermöglicht, da die Jugendlichen sich selbst akzeptierend betrachten können. Die Entscheidung, ob Jugendliche Alkohol trinken, liegt bei ihnen selbst. Wenn die Jugendlichen zuhause gelernt haben, dass sie, wenn sie etwas nicht trinken möchten, sich durchsetzen können und so von den Eltern akzeptiert werden, fällt es ihnen in der Gruppendrucksituation auch leichter, »nein« zu sagen. Die Jugendlichen konnten als Kind ihr Selbstgefühl entwickeln und Selbstvertrauen aufbauen. Wichtige Schutzfaktoren im Sinne der Suchtprävention!

Die hier beschriebenen Grundsätze der Motivierenden Gesprächsführung umzusetzen, wird sicher vielen Eltern nicht leichtfallen, das ist aber ganz normal. Eine gelungene Gesprächsführung erfordert immer viel Übung, deswegen ist es gut, früh damit zu starten und nicht erst im Jugendalter, sondern von Anfang an diese Grundsätze zu beherzigen. Denn im Jugendalter kommt erschwerend hinzu, dass der Widerstand der heranwachsenden Kinder den Eltern gegenüber ganz natürlich gegeben ist. Dabei geht es den Jugendlichen nicht darum, ihre Eltern vor den Kopf zu stoßen oder sie zu verletzten, sondern zu üben, ihren eigenen Standpunkt einzunehmen und diesen gegenüber anderen Meinungen zu vertreten. Jeder Mensch möchte einzigartig sein und sich von anderen unterscheiden! So möchten Jugendliche ihre Andersartigkeit demonstrieren, sich eigenständig fühlen und unabhängig von ihren Eltern bestehen können. Dabei befinden sie sich in einem Prozess des Ausprobierens, bei dem sie selbst oft noch gar nicht wissen, ob es eigentlich für sie das Richtige ist, das müssen sie ja erst herausfinden. Dieser Prozess ist häufig mit Widerständen verbunden, die die Eltern aushalten müssen. In dieser Entwicklungsphase sollten sie einerseits standfest bei den erstellten Regeln bleiben, die gemeinsam zum Wohle der Jugendlichen entwickelt wurden, und anderseits den Widerstand der Jugendlichen akzeptieren und die Bestrebungen nach Eigenständigkeit anerkennen und unterstützen. Oft ist es eine Gratwanderung und Herausforderung, nicht immer Recht haben zu wollen oder auf sein Recht zu pochen. Eltern sollten sich bewusstmachen, dass dieser Ablösungsprozess eine Entwicklungsaufgabe der Jugendlichen ist, die bewältigt werden will. So wie Eltern ihr Kind im Kindesalter fördern, z.B. Freundschaften zu Gleichaltrigen aufzubauen, ist es im Jugendalter wichtig, die heranwachsenden Kinder im Ablösungsprozess zu unterstützen, auch wenn dieser mit Widerstand verbunden ist. Dieser ›natürliche‹ Widerstand gegenüber den Eltern vermischt sich mit dem Widerstand, der sich im Gesprächsverlauf des beschriebenen Veränderungsprozesses entwickelt, weshalb es für die Eltern eine doppelte Herausforderung sein kann.

Nichtsdestotrotz lohnt sich jedes Gespräch mit seinem heranwachsenden Kind, wenn Eltern es mit einer empathischen Grundhaltung und den weiteren drei Grundsätzen versuchen. Es geht dabei nicht um den Anspruch eines professionell geführten Beratungsgesprächs, wie es ausgebildete Fachkräfte führen. Denn ganz klar bleiben die Eltern auch im Moment des Gesprächs Eltern und können nicht ihre Emotionen abschalten, die unweigerlich Einfluss auf das Gespräch nehmen. Es geht bei den hier dargestellten Gesprächsempfehlungen darum, Eltern aufzuzeigen, welche Punkte sie beachten sollten, um während der Phase der Pubertät nicht von vornherein mit ihrem Kind in Konfrontation zu gehen und sich so mögliche Zugänge zu verwehren bzw. unnötige Widerstände zusätzlich aufzubauen, die dann schwer zu überwinden sind und die Erreichbarkeit des heranwachsenden Kindes reduzieren.

Um die Erreichbarkeit zu erhöhen und die Gesprächsbereitschaft zu fördern, hilft die Anwendung der Techniken der Motivierenden Gesprächsführung. Das Aktive Zuhören wurde schon vorgestellt. Folgend wird als weitere relevante Technik das »Offene Fragen stellen« erläutert: Diese können nicht mit »ja« oder »nein« beantwortet werden, sondern bewirken, dass die Jugendlichen umfängliche Ausführungen machen müssen. Das bedeutet, dass der Redeanteil der Jugendlichen mindestens doppelt so hoch sein sollte wie der der Eltern.

Zum Thema Alkohol eignen sich folgende offene Fragen: Welche Erwartungen hast du, wenn du Alkohol konsumierst? Was möchtest du damit bewirken? Welche Wirkungen hat der Alkoholkonsum bei dir? Welche Erfahrungen hast du bisher gemacht? Welche Gründe gibt es für dich, Alkohol zu trinken? Durch diese und ähnliche Fragen kann eine Atmosphäre von Akzeptanz und Vertrauen hergestellt werden, was sich positiv auf den Gesprächsverlauf auswirken wird.

Gelingt es den Eltern im Sinne der beschriebenen Grundsätze und Techniken, das Gespräch mit ihrem heranwachsenden Kind zu führen, kann die Bereitschaft des_der Jugendlichen entstehen, auch eine gemeinsame Verzichtsphase umzusetzen. Diese erfährt durch schriftliche Vereinbarungen eine Verstärkung.

## 4.3 Vereinbarungen treffen

Schriftliche Vereinbarungen erhöhen die Verbindlichkeit bei einem Vorhaben und steigern damit die Erfolgsaussichten. Es gibt verschiedene Formen von schriftlichen Vereinbarungen. Sie können von mehreren ›Vertragspartner_innen‹ oder auch von einer Einzelperson unterschrieben werden. Im Fall der Verzichtsübung ist es völlig ausreichend, wenn der_die Jugendliche sie allein unterschreibt, denn er_sie entscheidet sich für den Verzicht auf etwas und legt selbst die Rahmenbedingungen fest. Es ist eine Form der Selbstverpflichtung, die der_die Jugendliche sich selbst auferlegt, und er_sie schließt mit sich selbst einen ›Vertrag‹. Als Familie kann man sich gegenseitig bestärken und es als gemeinsamen Akt vornehmen.

Darüber hinaus gibt es im Feld der Suchtvorbeugung die Empfehlung, dass Eltern auch Vereinbarungen zum Konsumverhalten von Alkohol gemeinsam mit ihren heranwachsenden Kindern verschriftlichen und dann beiderseits unterschreiben. Folgende Faktoren sollten dabei beachtet werden:

1. Treffen der Vereinbarung zu einem idealen Zeitpunkt: Dies ist meistens die Zeit vor der Konfirmation bzw. dem 14. Lebensjahr.
2. Festlegen einer gültigen Zeitspanne: Bis zur Volljährigkeit sollte die Vereinbarung jährlich, z. B. zum Geburtstag, aktualisiert werden.
3. Festlegen der Menge und Art des alkoholischen Getränks.
4. Regelung bei Nicht-Einhaltung bzw. Belohnung bei Einhaltung.

Weitere wichtige Aspekte für eine Vereinbarung sind im Kapitel 8.3 zu finden (▸ Kap. 8.3).

Sicher werden einige Eltern skeptisch sein, schriftliche Vereinbarungen mit ihren eigenen Kindern vorzunehmen. Allerdings zeigt die Präventionspraxis viele positive Erfahrungen.

Eine kleine Anekdote aus der Jugendzeit unserer Tochter kann dies bestätigen: Einige Monate vor ihrer Konfirmation haben wir gemeinsam eine Vereinbarung bezüglich ihres Alkoholkonsums getroffen. Die Regelung lautete, am Konfirmationstag durfte sie mit einem halben Glas Sekt anstoßen. Im Weiteren durfte sie nach Absprache mit uns bei besonderen Feierlichkeiten bis zu ihrem 15. Geburtstag ebenfalls immer ein halbes Glas Sekt trinken. In den folgenden Jahren wurden jeweils neue Regelungen bezüglich der Menge und der Häufigkeit bis zur Volljährigkeit getroffen. Als Reaktion ihrer Freundinnen erzählte sie uns oft, dass sie beneidet wurde, diesen ›Vertrag‹ zu haben, weil sie ja so wenigstens eine Orientierung hatte und eine Erlaubnis, eine kleine

Menge zu trinken. Freundinnen, die keine Vereinbarungen mit ihren Eltern getroffen hatten, meinten, wenn grundsätzlich alles verboten sei, müsste man es als Jugendliche ja automatisch überschreiten, und dann sei es ja auch egal, ob man viel oder wenig trinkt, Ärger würde man ja sowieso bekommen. Infolgedessen könnte die getrunkene Menge auch mehr sein, dann hätte es sich wenigsten gelohnt, Ärger zu bekommen.

Darüber hinaus hat uns unsere Tochter, als sie etwas älter wurde, in Einzelfällen auch mal angerufen, wenn sie auf einer Party war, um nachzufragen, ob sie noch ein weiteres halbes Glas Sekt trinken dürfe, da sie ja schon viele Stunden da sei und noch einige Stunden bleiben würde. Wir haben unsere Tochter für ihre Ehrlichkeit belohnt und es selbstverständlich erlaubt.

Dieses persönliche Beispiel entspricht auch den Rückmeldungen von anderen Eltern und zeigt, dass Vereinbarungen ein gutes Instrument sind, um den Jugendlichen zunehmend die Verantwortung für ihr Verhalten zu übergeben.

Nach Juul ist das Übergeben der Verantwortung weder ein Trick noch eine Strategie, sollte aber nach gewissen Spielregeln ablaufen (Juul, 2009, S. 92). Diese ›Spielregeln‹ lassen sich sehr gut in einem Vertrag festhalten. Das besonders Positive daran ist, dass es so nicht nur Vorgaben für die Jugendlichen gibt, sondern dass es automatisch Vorgaben für die Eltern gibt. Erstens ist dann jede Willkür hinfällig, d. h., Eltern können nicht plötzlich etwas verbieten, wenn die Regeln eingehalten werden. Zweitens ist es gerade für Eltern, die sich schwertun, die Verantwortung abzugeben, eine gute Möglichkeit, loszulassen und den Jugendlichen die Eigenverantwortung zu übergeben. Verträge und Vereinbarungen sind also auch eine Hilfe für die Eltern, um nicht nur die zunehmende Selbstständigkeit des heranwachsenden Kindes zu fördern, sondern die Selbstständigkeit auch zuzulassen. Um den Jugendlichen ein gutes Vorbild zu sein, können die Eltern selbst auch eine Vereinbarung bezüglich ihres eigenen Alkoholkonsums treffen. Dies ist häufig ein guter Ansporn für die Jugendlichen und verstärkt die Glaubwürdigkeit bezüglich des Interesses an einem verantwortungsvollen Umgang mit Alkohol.

Was verstehen Expert_innen eigentlich unter verantwortungsvollem Umgang mit Alkohol? Und welche Alkoholmenge lässt sich bei Jugendlichen im Sinne eines verantwortungsvollen Umgangs empfehlen? Entsprechend der BZgA-Kampagne »Na toll« versteht man unter verantwortungsvollem Umgang mit Alkohol »einen eigenverantwortlichen, sozial verträglichen und situationsangemessenen Gebrauch [...], bei dem Alkohol so konsumiert wird, dass die gesundheitlichen Gefahren auf ein Minimum reduziert werden« (BZgA, 2009, S. 9). Der Erwerb des verantwortungsvollen Umgangs mit Alkohol wird als Entwicklungsaufgabe der Jugendlichen angesehen, die die Eltern fördern können, indem sie selbst verantwortungsvoll mit Alkohol umgehen. Gelingt den Eltern dies nicht oder formulieren sie gar das Motto »Mein Kind darf das nicht, aber ich mache das trotzdem so«, entsteht eine Doppelmoral, die sich mit großer Wahrscheinlichkeit kontraproduktiv auf das Konsumverhalten der Heranwachsenden auswirken wird (Kostrzewa, 2010, S. 76).

Hintergrund dafür ist, dass die Eltern dadurch ihre Glaubwürdigkeit verlieren, wenn sie einfach rigide Verbote aussprechen und selbst ein schlechtes Vorbild sind. Wichtig wäre, ihren jugendlichen Kindern genau zu vermitteln, warum man als Eltern selbst Alkohol trinkt, und die unterschiedlichen Wirkungen von Alkohol auf einen jugendlichen und einen erwachsenen Körper zu erläutern. Die Frage, welche Alkoholmenge bei einem risikoarmen Konsum Jugendlicher zu vertreten ist, lässt sich nicht so leicht beantworten, da es bislang keine allgemeingültigen Empfehlungen gibt. Für Erwachsene wurde eine Empfehlung von der BZgA formuliert.

Danach unterscheidet sich die Trinkmenge nach Geschlecht, d.h., für Frauen wird die Hälfte der Menge von der der Männer angegeben. Bei Letzteren liegt die Menge bei 20 Gramm reinen Alkohols pro Tag, dies sind ca. 0,4 Liter Bier bzw. 0,2 Liter

Wein bei einer Häufigkeit von maximal fünf Tagen pro Woche. »Frauen müssen beim Alkoholkonsum noch vorsichtiger sein als Männer, weil der Alkohol sich bei ihnen auf weniger Körperflüssigkeit verteilt als bei Männern« (BZgA, 2011, S. 13).

Diese Angaben sollen hier nur dazu dienen, den Eltern für sich eine Orientierung zu bieten. Sicherlich mögen jetzt einige überrascht sein, weil ihnen die Trinkmengen zu niedrig erscheinen. Das hängt mit den Wirkungen auf den Körper zusammen, die hier kurz erläutert werden.

Grundsätzlich ist dabei zu beachten, dass alle Angaben nur als Orientierung für Erwachsene gelten und dass die Alkoholauswirkungen immer individuell von der Person abhängig sind. Entscheidend dabei sind folgende Punkte: die Menge des getrunkenen Alkohols, die Häufigkeit des Alkoholkonsums, die Art des getrunkenen Alkohols, das Körpergewicht, die momentane körperliche und seelische Verfassung, die Trinkgeschwindigkeit sowie das Geschlecht. »Frauen vertragen weniger Alkohol als Männer, weil ihr Körper im Durchschnitt mehr Körperfett und weniger Wasser besitzt. Da sich der Alkohol in Wasser besser verteilt als im Fett, ist der Promillewert bei Frauen höher als bei Männern, wenn sie die gleiche Menge Alkohol trinken« (ebd., S. 20). Diese Erkenntnis spiegelt sich in den unterschiedlichen Promilleberechnungsformeln wider:

Bei Frauen lautet sie:
$$\frac{\text{getrunkener Alkohol in Gramm}}{\text{Körpergewicht in Kilogramm x 0,6}}$$

Bei Männern:
$$\frac{\text{getrunkener Alkohol in Gramm}}{\text{Körpergewicht in Kilogramm x 0,7}}$$

Die Promillezahl gibt Auskunft darüber, wie viel Alkohol im Blut ist und gibt damit den Grad der Betrunkenheit an. Folgende

Wahrnehmungsskala lässt sich anhand des Promillegehalts festhalten:

- Ab 0,2 ‰ tritt eine enthemmende Wirkung ein sowie eine Redseligkeit und Appetitanregung.
- Ab 0,3 ‰ nehmen Aufmerksamkeit, Konzentration, Kritik- und Urteilsfähigkeit ab, und erste Beeinträchtigungen des Sehfeldes und der Entfernungseinschätzung erfolgen.
- Ab 0,5 ‰ lässt die Reaktionsfähigkeit nach und die Bereitschaft, etwas Riskantes zu tun, steigt. Ein sogenannter Tunnelblick entsteht, d. h. das äußere Sehfeld ›verschwimmt‹.
- Ab 0,8 ‰ treten Gleichgewichtsstörungen auf, die Muskeln werden weniger kontrollierbar, und es ist eine deutliche Enthemmung bemerkbar.
- Ab 1,0 ‰ setzt das Rauschstadium ein, d. h., Sprachstörungen, Risikobereitschaft, Gleichgewichtsstörungen und Enthemmung steigen an und die Kritikfähigkeit sinkt
- Ab 2,0 ‰ setzt das Betäubungsstadium ein, d. h., extreme Koordinations-, Konzentrations- und Gleichgewichtsstörungen führen zu schwankendem Gang. Erbrechen setzt ein.
- Ab 2,5 ‰ setzt das Lähmungsstadium ein, d. h., es kommt zur Bewusstseinstrübung, zum Verlust des Erinnerungsvermögens mit der Gefahr von Erfrierungen, da kein Temperaturempfinden mehr vorhanden ist.
- Ab 3,5 ‰ besteht ein lebensbedrohlicher Zustand mit der Gefahr von Atemstillstand, Koma oder Tod (ebd., S. 22ff.).

Die beschriebenen Auswirkungen des Alkoholkonsums auf den erwachsenen Körper können zum einen als Wissen genutzt werden, das durch die Eltern an die Jugendlichen weitergegeben wird, zum anderen auch als Orientierung bzw. zur Einschätzung des_der Jugendlichen im Falle des Konsums. In jedem Fall ist es wichtig, dass Eltern bei einem Gespräch mit ihrem jugendlichen Kind die beschriebenen Gesprächsregeln beherzigen und sich nicht besserwisserisch mit erhobenem Zeigefinder verhalten. Gemeinsame Vereinbarungen sollten auf der Grundlage der dargelegten Erkenntnisse ausgehandelt werden. Dabei können Eltern auch individuelle Wege ausprobieren, die altersspezifisch auf ihr Kind zugeschnitten sind.

Ab einem Alter von 14 Jahren können sie ihr Kind auch bei einem Trinkexperiment begleiten. Dieses Trinkexperiment bedeutet nicht, dass grenzenlos getrunken wird, sondern dass Mädchen maximal zwei bzw. Jungen maximal drei Trinkeinheiten Alkohol trinken (Lindenmeyer, Rost, 2008, S. 51). Eine Trinkeinheit entspricht ca. 0,1 ‰, das sind ca. 100 Milliliter Wein, 200 Milliliter Bier oder 20 Milliliter Schnaps. Letzterer ist für ein Trinkexperiment für Jugendliche ungeeignet, da laut Jugendschutzgesetz Spirituosen erst ab der Volljährigkeit erlaubt sind. Die Ziele eines Trinkexperimentes sind in der Verringerung von alkoholbedingten Risiken für die Jugendlichen sowie einem verantwortungsbewussten Handeln in Notfällen zu sehen. Die Verringerung alkoholbedingter Risiken hängt mit der Entwicklung einer realistischen Wirkungserwartung zusammen. Das bedeutet, das Verhalten eines_einer Jugendlichen orientiert sich an der erwarteten Wirkung von Alkohol. Jugendliche, die eine positive Wirkung erwarten, neigen zu einem höheren Alkoholkonsum als Jugendliche, die negative Wirkungen erwarten. In der Regel haben Jugendliche und junge Erwachsene bis zu einem Alter von 25 Jahren eine unrealistisch hohe Wirkungserwartung. In Studien wurde festgestellt, dass Jugendliche fast ausschließlich wegen der positiven Wirkungserwartung Alkohol trinken. Allerdings hält die positive Alkoholwirkung maximal eine Stunde an, im Anschluss tritt eine unangenehme Nachwirkung ein. Bei starkem Alkoholkonsum ist dies unter der Bezeichnung ›Kater‹ bekannt, aber auch bei geringem Alkoholkonsum empfinden viele Menschen eine verstärkte Unlust, Gereiztheit oder auch eine Verringerung der körperlichen und kognitiven Leistungsfähigkeit. »Man bezahlt somit die positive Alkoholwirkung immer mit einer unangenehmen Nachwirkung« (ebd., S. 33). Aus diesem Grund versucht das Trinkexperiment eine realistische Wirkungserwartung zu erzielen.

Eltern können im Gespräch mit ihren jugendlichen Kindern auch über ihre eigenen Alkoholerfahrungen berichten. Dabei sollte immer auf den Unterschied zwischen dem risikoarmen, verantwortungsvollen Alkoholkonsum und dem riskanten Konsum hingewiesen werden. Unrealistische Wirkungserwartungen können korrigiert werden und unmittelbare Gefahren von Alkoholexzessen können erläutert werden. Eine konsequente ablehnende Haltung von Alkoholexzessen, die bei mehr als vier Trinkeinheiten vorliegt, ist notwendig, um schwerwiegende Folgen zu vermeiden. Ein Trinkexperiment im Sinne des risikoarmen Alkoholkonsums sollte von Eltern nur vorgeschlagen werden, wenn die heranwachsenden Kinder das Thema Alkoholkonsum von selbst ansprechen. Eltern sollten keineswegs ihre Kinder zum Alkoholkonsum provozieren oder drängen. Als angemessene Trinkmenge wird maximal ein Glas bei Mädchen bzw. zwei Gläser bei Jungen ab 14 Jahren angesehen (ebd., S. 21).

Das hier propagierte Trinkexperiment entspringt Erfahrungen aus Präventionsprogrammen, die eine Form der Trinkschule empfehlen, wie z.B. das Programm »Lieber schlau als blau«. Studien belegen, dass Eltern das Risiko von Alkoholexzessen bei ihren Kindern senken können, wenn sie einen risikoarmen Umgang mit Alkohol zum Alltagsthema mit ihren Kindern machen. »Eine klare Haltung gegenüber Alkoholexzessen, eindeutige Regeln im Umgang mit Alkohol und der regelmäßige Austausch über die gemachten Alkoholerfahrungen haben sich als wirkungsvoll erwiesen« (ebd., S. 13ff.).

In Präventionsveranstaltungen ist vielfach die Unsicherheit der Eltern zu erkennen: Wie sollen sie einen verantwortungsvollen Umgang mit Alkohol zum Alltagsthema machen? Sollen sie gemeinsam mit ihrem jugendlichen Kind Alkoholika kaufen gehen? Besteht dann die Gefahr, dass man ihnen hinterhersagt, sie würden ihr Kind zum Trinken verleiten? Wann ist der richtige Zeitpunkt, sich mit seinem Kind zum Thema Alkohol auszutauschen? Wie Diese klassischen Fragen zeigen die Verunsicherung der Eltern, die leider häufig dazu führt, dass Eltern nichts tun, außer abzuwarten, bis etwas passiert, im Glauben und in der Hoffnung, dass es schon gut gehen wird. Häufig ist es ja so, aber allzu häufig eben auch nicht. Besonders gefährlich ist dabei das sogenannte Rauschtrinken, ›Flatrate-Trinken‹ oder auch ›Komasaufen‹. Die oben aufgeworfenen Fragen entstehen aus einer gestörten Trinkkultur in unserer Gesellschaft. Es gibt keine klaren Normen hinsichtlich des Umgangs mit Alkohol! Es herrscht eine ambivalente Haltung! Ein Alkoholrausch wird als legitime Auszeit betrachtet, in der der Verlust der Selbstkontrolle entschuldigt wird. Lediglich grenzüberschreitende Übergriffe sexueller Art, aggressive Handlungen oder sonstige Gesetzesüberschreitungen werden eindeutig abgelehnt. Bei diesen unklaren Trinkregeln entwickeln Jugendliche ihre eigenen Trinknormen durch konkrete Alkoholerfahrungen in der Gleichaltrigen-Gruppe.

Gelingt es Eltern, das Thema Alkoholkonsum offen anzusprechen und altersangemessen in den Alltag zu integrieren, können eigenverantwortliche Kriterien zum risikoarmen Umgang mit Alkohol innerhalb der Familie entstehen und kommuniziert werden. Um individuelle Trinknormen für Jugendliche zu entwickeln, müssen drei Aspekte betrachtet werden: die Trinkmenge, die Trinkhäufigkeit und die Trinksituation. Zur Trinkmenge wurde schon dargelegt, welche Faktoren Einfluss darauf nehmen, wieviel eine Person ›verträgt‹. Als Empfehlung gilt für Mädchen maximal eine Trinkeinheit und für Jungen maximal zwei Trinkeinheiten. Zur Trinkhäufigkeit ist zu empfehlen, dass Jugendliche zwischen dem 14. und 16. Lebensjahr nur bei besonderen Feierlichkeiten maximal einmal pro Woche konsumieren sollten. Bezüglich der Trinksituation sind eine Reihe von Punkten zu beachten: Es sollte ein »sicherer Trinkrahmen« sein (z. B. zuhause, bei Freund_innen), die körperliche Befindlichkeit sollte positiv sein (keine Erkrankung oder psychisch belastete Stimmung) und es sollte grundsätzlich kein Konsum im Straßenverkehr (auch nicht mit dem Fahrrad), beim Sport, beim

Schwimmen, in der Schule, auf der Arbeit, während der Schwangerschaft oder unter Medikamenteneinfluss stattfinden.

So können Eltern ihre heranwachsenden Kinder bei der Entwicklungsaufgabe, einen verantwortungsvollen Umgang mit Alkohol zu erlernen, begleiten. Grundsätzlich sollten Vereinbarungen gemeinsam entwickelt werden. Es empfiehlt sich, dass die Jugendlichen und die Eltern zunächst für sich Regelentwürfe formulieren und dann gemeinsam schauen, welche Regeln sinnvoll sind und in die Vereinbarung aufgenommen werden sollen. Dabei können auch familiäre Besonderheiten oder individuelle Aspekte für einen Notfallplan bedacht werden. Entscheidend ist es, eine Einigung über die Regeln in der Vereinbarung zu erzielen.

### 4.3.1 Positives Loben

Loben fällt den meisten Menschen schwer. Denn häufig sind die Fehler offensichtlicher und werden in der Regel gleich benannt. Aus meiner Praxiserfahrung in Gesprächsführungsseminaren gibt es eine Reihe von Beispielen, die deutlich machen, dass viele Menschen ›Fehlerfahnder_innen‹ und nicht ›Schatzsucher_innen‹ sind. Doch Letzteres ist der Blick auf die Ressourcen des_der Einzelnen, die bei Benennung zur Stärkung führen können. So ist es auch in der Familie. Eltern können ihre Kinder gerade in der von vielen Unsicherheiten begleiteten Phase der Pubertät unterstützen, indem sie ihnen positive Rückmeldungen geben und ihre Stärken benennen. Etwas zu loben ist aber auch nicht ganz einfach. Denn ein Lob kann auch negativ ankommen, wenn es nicht authentisch ist. Es sollte auf keinen Fall als Geste der Überheblichkeit gewertet werden können, mit der der_die Lobende sich auf eine höhere Stufe stellt. Echtes Loben sollte aus dem Standpunkt der Gleichwertigkeit im Sinne der Anerkennung erfolgen. »Jemand der anerkennt, vollzieht die Freude über einen Erfolg erlebend mit und spricht sein positives Erleben aus« (Kessler, 2005, S. 94). Anerkennung versteht sich als Schlüssel eines gesunden Selbstwertgefühls. Wichtig ist es, Lob und Anerkennung in der richtigen Dosis anzuwenden. Beginnen Eltern alles zu loben, sinkt der Wert des Lobens.

> Es geht vielmehr darum, den Kindern zu vermitteln, dass sie eine konstruktive Bedeutung für das Leben ihrer Eltern haben. Auch und gerade im Jugendalter entstehen Konflikte zwischen Eltern und Kind, die ausgetragen werden müssen. Und wenn man als Eltern in der Lage ist, sie anschließend zu reflektieren, wird einem oft bewusst, dass man selbst dadurch einiges über sich gelernt hat. Genau genommen hat man etwas Wertvolles durch den Konflikt erfahren und sollte später auf sein Kind zugehen und dies deutlich machen. Die jugendlichen Kinder erleben sich dann auch weniger als Last, wenn ihnen bewusst ist, dass es zwar anstrengend sein kann, den Konflikt auszutragen, er aber danach für alle Beteiligten einen lehrreichen Effekt haben kann.

Grundsätzlich wollen alle Menschen für andere wertvoll sein, dieses Gefühl kann insbesondere in der Familie vermittelt werden. Füreinander eine wichtige Bedeutung zu haben, stärkt nicht nur die Beziehung zwischen Eltern und Kind, sondern auch das Selbstwertgefühl. Juul bezeichnet das Lob als ein Vitamin für das Selbstvertrauen, sieht aber auch die Gefahr, das Kind süchtig nach Lob zu machen (ebd., S. 64). Wie können Eltern Letzteres vermeiden? In der Elternberatung beschreiben Eltern häufiger, dass ihr Kind immer wieder fragt, ob es etwas gut gemacht hat. Dieses Verhalten entsteht, wenn Eltern immer ein Verhalten loben und damit eine Bewertung erteilen. Dadurch kann eine Art Wettbewerb entstehen, immer am besten sein zu wollen. Und wenn dies nicht gelingt, entstehen Selbstzweifel. Deshalb ist es wichtig, dass Eltern die Sache an sich loben, also die Bemühungen, und nicht nur, wenn ein sehr gutes Ergebnis vorliegt. So bleibt die Freude an der Handlung beim Kind erhalten.

Natürlich kann man auch über das Vollbrachte ins Gespräch gehen und genauer nachfragen, allerdings sollte darauf geachtet werden, nicht die Leistung hervorzuheben. Übertriebenes oder auch ein zu häufig eingesetztes Lob kann also einen gegenteiligen Effekt haben.

> Bezogen auf das Thema Alkoholkonsum bzw. das Einhalten von Vereinbarungen oder das Umsetzen der Verzichtsübung ist das Loben ebenfalls von Bedeutung. Setzen sich Eltern frühzeitig mit ihrem Kind zusammen, um offen über das Thema Alkoholkonsum zu sprechen, bevor der erste Konsum stattgefunden hat, können sie mit dem positiven Hervorheben dieser Tatsache starten. Frühzeitig meint hier ein Alter von ca. elf Jahren, je nach Entwicklungsstand des Kindes, meistens wenn es in die weiterführende Schule kommt und häufiger ältere Jugendliche beobachtet.

Dann wächst das Interesse daran und es ist günstig, wenn die Eltern nachfragen, welche Beobachtungen ihr Kind macht. Werden regelmäßig von klein auf offene Gespräche in der Familie geführt, lenkt so ein Gespräch auch nicht die Aufmerksamkeit auf etwas, das das Kind noch gar nicht interessiert. Sollte dies doch der Fall sein, sollten die Eltern das Gespräch einfach in eine andere Richtung lenken und zu einem späteren Zeitpunkt darauf zurückkommen. Wurde eine Verzichtsübung vereinbart, idealerweise eine gemeinsame, können Eltern zunächst von sich erzählen und dann nachfragen, wie das Vorhaben des Kindes gelingt. Offene Fragen und Aktives Zuhören sind hier wieder erforderlich. Beschreibt das jugendliche Kind seine Probleme mit der Umsetzung, kann die Offenheit der Ansprache des Problems gelobt werden, z. B. durch Sätze wie »Schön, dass du es offen erzählst« und mit Nachfragen wie z. B. »Welche Ideen hast du, woran es liegen könnte bzw. welche Alternativen fallen dir ein?« kann das Gespräch fortgesetzt werden. Wenn allgemeine Alkoholkonsumregeln vereinbart wurden, wie z. B. eine Trinkeinheit am Abend, und am folgenden Tag sitzen die Familienmitglieder zusammen, und der_die Jugendliche erzählt vom Vorabend z. B., dass es schwer war, sich daran zu halten, es aber trotzdem gelungen ist, kann dies ebenfalls von den Eltern gelobt werden durch Sätze wie z. B. »Klingt super, wie hast du das geschafft?«. Solche Nachfragen führen oft dazu, dass Jugendliche selbst Ideen und Argumente für das nächste Mal sammeln und sich selbst darin bestärken, sich weiter daran zu halten.

### 4.3.2 Gesprächsführung bei Regelverstößen

Grundsätzlich gelten die vorgestellten Aspekte der Gesprächsführung auch bei Regelverstößen.

Regelverstöße machen deutlich, dass eine vereinbarte Regel nicht eingehalten bzw. verletzt wurde. Entscheidend ist, dass eben auch nur diese verletzt wurde und nicht die Eltern ›verletzt‹ wurden. Damit ist gemeint, dass Eltern sich häufig schwertun dies auseinanderzuhalten, indem sie eine Regelverletzung so persönlich nehmen, als ob sie selbst verletzt worden wären. Gerade während der Pubertät ist es aber notwendig, dass Eltern dies trennen können. Denn ein Regelverstoß hat in erster Linie etwas mit dem Jugendlichen selbst zu tun, der in der Situation keine andere Handlungsmöglichkeit sehen konnte.

Einige Eltern erwidern, dass sie annehmen, dass die Jugendlichen bewusst den Regelverstoß begangen haben, um sich von den Eltern abzugrenzen bzw. um sie bewusst zu verletzten. Diese Annahme kann aufgrund eines nicht intakten Familienverhältnisses entstehen. Aufseiten der Eltern würde so eine Annahme deutlich machen, dass sie ihrem heranwachsenden Kind eine bewusste negative Handlung zutrauen, was gleichzeitig ihr Vertrauensverhältnis infrage stellt. Aufseiten von Jugendlichen würde eine bewusste gegen die Eltern gerichtete Regelverletzung zeigen, dass eine angespannte Eltern-Kind-Beziehung vorherrscht oder die Regeln nicht gemeinsam erstellt bzw. nicht in gegenseitigem Einvernehmen aufgestellt worden sind, weshalb sie gezielt bzw. wiederholt überschritten worden sind. Wenn sich abzeichnet, dass derartige Probleme bestehen, sollte grundsätzlich an der Verbesserung der Eltern-Kind-Beziehung gearbeitet werden bzw. bei anhaltenden Problemen professionelle Hilfe aufgesucht werden. Bei einem Regelverstoß in einem intakten Familienverhältnis sollte zeitnah nach der Ausnüchterung ein Gespräch stattfinden. Dabei sind die dargestellten Regeln sowie die Empfehlungen zu den Rahmenbedingungen zu beachten. Am Anfang des Gesprächs sollten die Eltern durch offene Fragen den_die Jugendliche_n motivieren, über den Vorfall zu erzählen, z. B. durch Fragen wie »Wie geht es dir heute?«, »Was ist denn vorgefallen?« Das Aktive Zuhören der Eltern ist notwendig, damit der_die Jugendliche bereitwillig erzählen mag. Dabei sind Vorwürfe, Prognosen oder andere unsachliche oder emotionale Reaktionen zu vermeiden. Sie würden schnell zum Gesprächsende führen können und keine positive Perspektive hinterlassen. Hingegen ist es vonseiten der Eltern immer sinnvoll, dass sie ihre Sorgen und Ängste ansprechen: nicht dramatisierend, sondern der eingetretenen Regelverletzung angemessen. Liegt eine Alkoholvergiftung mit Einweisung ins Krankenhaus vor, haben Eltern natürlich berechtigte Sorgen um das Leben des eigenen Kindes. Trifft eher eine geringe Regelverletzung zu, z. B. wenn eine Trinkeinheit zu viel konsumiert wurde, dann könnte nach den körperlichen Auswirkungen gefragt werden, damit der_die Jugendliche eine bessere Einschätzung der Wirkung auf seinen_ihren Körper realisiert und erkennt, dass zu viel Alkohol weniger Genuss bedeutet.

Wenn Eltern mit ihrem Kind im Vorfeld Vereinbarungen getroffen haben, in denen festgehalten wurde, dass eine Regelverletzung eine bestimmte Konsequenz nach sich zieht, dann sollte diese konsequent umgesetzt werden. Meistens hat die Überschreitung einer Regel bezüglich des Alkoholkonsums zur Folge, dass am darauffolgenden Wochenende keine Party o. Ä. aufgesucht werden darf. Grundsätzlich sollten die Sanktionen altersadäquat erfolgen und im Bezug zur Regelverletzung stehen. Ein abschließender Satz könnte sein: »Ich kann nachvollziehen, wie es dazu gekommen ist, dass du zu viel getrunken hast. Damit du deine eigenen Grenzen besser wahrnehmen kannst, ist es wichtig, dass du dich an die sinnvoll erstellten Regeln hältst. So kannst du zeigen, dass du verantwortungsvoll mit Alkohol umgehen kannst, und wir können zu deinem nächsten Geburtstag die Regeln etwas lockern. Nächstes Wochenende kannst du entsprechend unserer Abmachung dann auf keine Party gehen.«

Der_die Jugendliche erlebt so entsprechend der autoritativen Erziehung das Einhalten von Regeln als positiv sowie den positiven Kontakt zu seinen_ihren Eltern. Auch wenn einige Eltern annehmen, sie könnten bei Einhaltung der Konsequenzen ›uncool‹ erscheinen, zeigt sich, dass eine klare Haltung bei Regelverstößen wirkungsvoll ist. Die heranwachsenden Kinder spüren, dass es den Eltern wichtig ist, sich für ihre Gesundheit einzusetzen und nicht nur der Bequemlichkeit halber nachgeben, um ihre Ruhe zu haben. An diesem Punkt wird auch der Umgang mit Konflikten deutlich und die konstruktive Konfliktlösestrategie kommt zum Tragen. Denn es wird eine Perspektive aufgezeigt, die es bei Einhaltung der Regeln geben wird. So kann der_die Heranwachsende es richtig einordnen und sich daran orientieren.

# 5

## Loslassen statt Fallenlassen

Welche Eltern von heranwachsenden Jugendlichen kennen den Satz nicht: »Du musst dein Kind loslassen.« Klingt ganz einfach, aber was bedeutet es konkret? Und wo ist der Unterschied zum Fallenlassen? Letzteres wollen Eltern in der Regel unbedingt vermeiden, aber wie kann das gelingen? Jan-Uwe Rogge schreibt dazu: »Eltern müssen ihre Kinder in der Pubertät loslassen. Nur wer sich aus den Augen verliert, kann sich neu finden. Loslassen und Ablösung sind mit wachsenden Freiheiten für die Heranwachsenden verbunden« (Rogge, 2019, S. 18). Als Entwicklungsaufgabe der Pubertät wurde ja schon die Ablösung vom Elternhaus benannt.

Es wird deutlich, dass es ein gegenseitiger Entwicklungsprozess ist, und um nicht gleich von Loslassen sprechen zu müssen, empfiehlt es sich, in der Elternarbeit von »Lockerlassen« als erstem Schritt zu reden.

Insbesondere die im vorherigen Kapitel beschriebenen Vereinbarungen haben ein Lockerlassen angedeutet, um die zunehmende Eigenverantwortung dem Kind Schritt für Schritt zu übergeben. Denn zu der von den Jugendlichen sehnsüchtig erwarteten Freiheit gehört auch, die Verantwortung für das eigene Handeln zu übernehmen, was selbstverständlich nicht von heute auf morgen möglich ist. »Freiheit und Verantwortung gehören untrennbar zusammen. Freiheit ohne Verantwortung endet im Chaos und lässt überdies nicht zu, dass sich eine autonome Persönlichkeit ausbildet« (ebd.). Dieses Bewusstsein müssen die Jugendlichen erst entwickeln, wie sich in einem generationsübergreifenden Projekt Eltern-Schülerabend immer wieder zeigte.

Die Jugendsicht auf die Übernahme von Verantwortung zog Aspekte in Betracht wie eigene Entscheidungen treffen zu können bezüglich Alkoholkonsum oder Sozialkontakte, während die Elternsicht bei der Übernahme von Verantwortung den Fokus auf das eigenverantwortliche Erfüllen von Pflichten legt. Hier ist es notwendig, eine Annäherung zwischen den unterschiedlichen Sichtweisen anzubahnen und einen Perspektivwechsel zu erzielen, um beiderseitiges Verständnis zu erreichen.

Denn Eltern können wesentlich eher loslassen, wenn sie den Eindruck gewinnen, dass ihr jugendliches Kind dem auch gewachsen ist. Selbstverständlich bleibt immer ein Restrisiko, denn sogar bei positiven äußeren Rahmenbedingungen wie einem intakten Elternhaus kann Unvorhergesehenes sich entwickeln oder passieren.

Nach Rogge können vier Bedingungen formuliert werden, die den Heranwachsenden in der Pubertät die notwendige Orientierung vermitteln:

1. Eine haltgebende Umwelt, die ernsthaftes Interesse an den Bedürfnissen des_der Heranwachsenden hat,
2. Bezugspersonen wie Eltern, Lehrer und Lehrerinnen, Verwandte und Freunde bzw. Freundinnen, die ein gutes Vorbild vorleben,
3. Bezugspersonen, die den Heranwachsenden mit Achtung und Respekt begegnen und Autonomie zulassen,
4. Bezugspersonen, die konsequent und verlässlich ohne Willkür handeln und die Persönlichkeit des_der Jugendlichen achten (ebd., S. 19ff.)

Diese haltgebenden Faktoren unterstützen den Jugendlichen in seinem Entwicklungsprozess und ermöglichen eine beiderseitige Ablösung ohne fallen zu lassen.

Hingegen kann ein abruptes Fallenlassen passieren, wenn Eltern allzu sehr klammern und zunehmend die Abwehrhaltungen des_-der Jugendlichen zu spüren bekommen. Dann kann es sein, dass Eltern aus Verzweiflung die Heranwachsenden fallenlassen. Dadurch können beiderseitige Verletzungen entstehen. Eltern, die zu sehr klammern, trauen ihren Kindern in der Regel nicht und trauen ihnen auch nicht zu, dass sie es schon gut machen werden. Im Sinne der selbsterfüllenden Prophezeiung erfüllt das Kind dann in der Regel das, was die Eltern erwarten. Denn wie soll ein Kind lernen sich etwas zuzutrauen, wenn die eigenen Eltern es ihm nicht zutrauen bzw. ihnen nur etwas Schlechtes zutrauen. Aus derartigen schwierigen Eltern-Kind-Beziehungen können verschiedenartige Probleme entstehen, u. a. ein riskanter Substanzkonsum.

## 5.1 Umgang mit riskant konsumierenden Jugendlichen

Ab wann spricht man von »riskantem Konsum« bei Jugendlichen? Wie lässt sich dieser vermeiden? Und was können Eltern tun, wenn das eigene Kind riskant konsumiert? Grundsätzlich lautet die Empfehlung bei allen Substanzen, egal ob Tabak, Alkohol oder Cannabis etc.: Je später ein Kind mit dem Substanzkonsum anfängt, desto besser ist es für seine gesamte Entwicklung. In den vorherigen Kapiteln wurde aufgezeigt, welchen Einfluss der frühe Tabakkonsum hat und dass durch jede konsumierte Substanz wie z. B. Alkohol die Bereitschaft zu zusätzlichem Substanzkonsum wächst. Aufgrund dessen ist zu empfehlen, den Konsum von Substanzen so lange wie möglich hinauszuzögern. Denn das Risiko, den Konsum später beizubehalten, einen problematischen Konsum wie Missbrauch oder Abhängigkeit zu entwickeln und auf andere Substanzen umzusteigen, ist im jungen Alter besonders hoch. Darüber hinaus schadet ein unkontrollierter Konsum jungen Menschen bei ihrer Persönlichkeitsentwicklung, da sie der Bearbeitung von Entwicklungsaufgaben nicht gerecht werden können (Hurrelmann, Quenzel, 2016, S. 104). Nach Rohr lässt sich eine Einordnung des jugendlichen Alkoholkonsums in fünf Risikodimensionen vornehmen: das Einstiegsalter, die Konsummenge und -frequenz, die Konsummotive, die Konsumsituation sowie die physische, psychische und soziale Vorbelastung (Rohr, 2013, S. 24ff.). Die Dimension des frühen Einstiegsalters erklärt sich anhand der Wirkungen des Alkohols auf den heranwachsenden Körper.

Je jünger die alkoholkonsumierende Person, desto schwerwiegender sind die Folgen für den jugendlichen Körper. Bezüglich der Konsummenge und -frequenz wurde in Kapitel 4.3 eine Empfehlung für risikoarmen Konsum erarbeitet, die hier eine Orientierung geben soll (▶ Kap. 4.3): Ab der beginnenden Pubertät bis zum Alter von 14 Jahren möglichst keinen Alkoholkonsum, allenfalls Probierkonsum im Beisein der Eltern, zwischen 14 und 16 Jahren eine Trinkeinheit bei Mädchen und zwei Trinkeinheiten bei Jungen zu einem besonderen Anlass maximal einmal pro Woche und keinen Konsum von Spirituosen. Letzteres betrifft auch die Altersphase von 16 bis 18 Jahren, bei der maximal einmal im Monat Rauschtrinken stattfinden sollte und ein regelmäßiger Konsum vermieden werden sollte sowie maximal dreimal die Woche 20 Gramm reinen Alkohols bei Frauen und 40 Gramm bei Männern konsumiert werden sollte.

Jeglicher Konsum, der diese Empfehlungen übersteigt, muss bei Jugendlichen als riskanter Konsum eingeordnet werden.

Zur dritten Dimension: Die Konsummotive sollten hier genauer betrachtet werden, weil sie eine besondere Relevanz für den riskanten Konsum haben. Die verschiedenen Motive für den jugendlichen Alkoholkonsum können in vier Gruppen unterteilt werden: Verstärkungsmotive und soziale Motive sowie Bewältigungs- und Konformitätsmotive (ebd., S. 24). Ein_e Jugendliche_r mit Verstärkungsmotiv konsumiert aus personeninternem Grund, um positive Gefühle zu verstärken, z. B. um Spaß am Rausch zu haben. Hingegen kann ein_e Jugendliche_r mit Bewältigungsmotiv versuchen, seine_ihre negativen Gefühle zu mildern, z. B. den Stress in der Schule. Dieser Gebrauch entspricht einer Art Selbstmedikation, die bei längerfristiger Anwendung riskant ist und mit der Bezeichnung »Sucht als Anpassungsstörung« gut erklärt wird. Denn der_die Jugendliche versucht sich durch den Alkoholkonsum der Situation ›anzupassen‹ – was natürlich ein Irrglaube ist, da sich die Situation ja auf Dauer eher verschlechtert.

Diese Beispiele entsprechen personeninternen Gründen. Es sollten auch Motive, die außerhalb der Person liegen, einbezogen werden. Personenexterne Konsummotive sind im sozialen Umfeld zu sehen. Soziale Motive sind auf die Situation bezogen, und die konsumierenden Jugendlichen versuchen positive Gefühle zu bewirken, z. B. um Hemmungen abzubauen und unbeschwerten Kontakt zu Gleichaltrigen aufnehmen zu können. Darüber hinaus gibt es Konformitätsmotive, um negative Gefühle zu vermeiden, z. B. das Trinken aufgrund von Gruppendruck, um nicht ausgeschlossen zu werden. Während der Konsum aufgrund von komplementären Motiven, der positive Gefühle hervorrufen oder verstärken soll, unproblematisch ist, wird der Konsum aus kompensatorischen Motiven, bei dem negative Gefühle ausgeglichen werden sollen, als problematisch eingeordnet und als riskanter Konsum bezeichnet (ebd., S. 25).

Als weitere Dimension für die Risikobewertung wird die Konsumsituation betrachtet. Aus den unter 4.3 aufgelisteten Empfehlungen lässt sich folgende Konsumsituation als kritisch herleiten (▸ Kap. 4.3): Findet der Alkoholkonsum während der Woche tagsüber allein mit negativen Trinkmotiven in einer unsicheren Umgebung an einem Ort, wo der Heimweg ungeklärt ist, statt, ist die Situation als besonders riskant einzustufen.

Die letzte Dimension zur Einordnung jugendlichen Risikokonsums ist die physische, psychische und soziale Vorbelastung. Der Alkoholkonsum ist als riskant einzuordnen, wenn z. B. physische Belastungen den Abbau des Alkohols zusätzlich erschweren, wenn die psychische Befindlichkeit z. B. aufgrund von anhaltendem Streit in der Familie negativ ist und wenn z. B. ein Elternteil selbst an einer Suchterkrankung leidet.

Jeder zusätzliche Belastungsfaktor trägt zu einem riskanten Konsum bei. Alle hier dargestellten Dimensionen zur Einordnung des riskanten jugendlichen Alkoholkonsums lassen sich auch auf andere Drogen übertragen. Bei der Übertragung der Dimensionen auf andere Substanzen sollte darauf geachtet werden, dass die Schwellen zum riskanten Konsum abhängig von der Droge stark variieren können und spezifisches Fachwissen einbezogen werden sollte.

Folgende Kurzfassung der Risikodimensionen zur Einordnung jugendlichen Alkoholkonsums lassen sich formulieren:

1. Je jünger der_die Konsument_in, desto schlimmer die Folgen.
2. Je häufiger Rauschtrinken stattfindet, desto gefährlicher ist es.
3. Je mehr negative Kompensationsmotive, desto schwerwiegender sind die Auswirkungen.
4. Je unsicherer und negativer die Trinksituation, desto riskanter wird es.
5. Je mehr physische, psychische und soziale Vorbelastungen vorliegen, umso kritischer ist der Risikokonsum zu beurteilen.

Darüber hinaus lässt sich riskanter Risikokonsum definieren als unkontrollierter Konsum einer oder mehrerer Substanzen in einer Menge und Häufigkeit, die zu starken physischen und psychischen Schäden sowie zur sozialen Ausgrenzung führen. Um eine individuelle Risikoabwägung vorzunehmen, sollten die Art der Droge, die Menge und Frequenz des Konsums, das Alter und die Vorbelastungen sowie die Konsummotive und -situation miteinbezogen werden.

Wenn Eltern bei ihren Kindern den riskanten Alkoholkonsum bemerken, stellt sich die Frage, wie sie ihre jugendlichen Kinder dabei unterstützen können, diese Verhaltensweisen wieder abzulegen. Vielen Jugendlichen ist es oft nicht bewusst, wie es dazu gekommen ist. Sie wissen häufig nicht, welche Faktoren dazu geführt haben. Sind Eltern mit ihrem heranwachsenden Kind im positiven Kontakt und haben eine positive Gesprächskultur, können sie in einem Gespräch mit dem_der Jugendlichen beginnen Schritt für Schritt herauszuarbeiten, woran es lag, um ein nächstes Mal zu verhindern. Sicher werden mehrere Gespräche notwendig sein, um mit dem_der Jugendlichen die individuellen Einflussfaktoren zu besprechen: In welchen Situationen wird getrunken? Mit welchen Freunden, wie häufig und wie viel? Usw. Gelingt es dem_der Jugendlichen, sich seiner_ihrer individuellen Konsummuster bewusst zu werden, kann das eine Einstellungsänderung auslösen, die notwendig ist, bevor der_die Jugendliche sein_ihr Verhalten ändern kann?

Bei den Gesprächen sollten die Jugendlichen nicht den Eindruck bekommen, dass die Eltern sie belehren wollen. Deswegen ist es u. a. auch wichtig die positiven Gründe des Alkoholkonsums mit einzubeziehen und sie nicht auszublenden. Ein offenes Gespräch auf Augenhöhe zwischen Eltern und Kind verlangt, dass die angenehmen Effekte von Alkohol nicht verschwiegen werden. Das zeugt von Ehrlichkeit und Authentizität, wodurch das Vertrauen ineinander gestärkt wird. Die Glaubwürdigkeit wird als ein zentraler Faktor für die Motivation zur Veränderung gesehen, neben der Attraktivität und Macht des_der Kommunikators_in (Kostrzewa, 2010, S. 83).

Bevor eine Verhaltensänderung eintritt, müssen allerdings einige Schritte gegangen werden: Die Aufmerksamkeit muss erregt werden und das Wissen muss verstanden und als relevant angesehen werden, bevor die Einstellungsänderung gespeichert wird und zu einer entsprechenden Handlung führen kann. Studien belegen, dass als wichtiger Einflussfaktor die Meinung des sozialen Umfelds zählt (ebd., S. 82). Stehen die Eltern in gutem Kontakt zu ihrem Kind, können sie als soziales Umfeld von Jugendlichen anerkannt werden und positiven Einfluss nehmen. Da allerdings in der Pubertät die Peergroup an Relevanz gewinnt, reduziert sich der elterliche Einfluss. Der Alkoholkonsum ist stark von den Ausgeh-Aktivitäten und der sozialen Norm der Bezugsgruppe abhängig. Die soziale Normen-Theorie bestätigt, dass Jugendliche den Substanzkonsum von Gleichaltrigen häufig höher einschätzen, als er in Wirklichkeit ist, und dass diese Fehleinschätzung bei den Jugendlichen selbst auch zu einem erhöhten Konsum führt. Diese sozialen Einflüsse wirken maßgeblich auf das Gesundheitsverhalten der Heranwachsenden (Kostrzewa, Lieb, 2018, S. 3). Um den Jugendlichen eine Orientierung zu geben, ob sie einen problematischen bzw. riskanten Alkoholkonsum praktizieren, eignen sich einige Selbsttests wie z. B. Check Your Drinking der BZgA.

Ein sehr einfach anzuwendender Kurztest wurde von den Kollegen Thomasius, Häßler und Nesseler unter dem Titel »RAFFT« veröffentlicht (2009, S. 79). RAFFT steht für Relax, Alone, Friends, Family, Trouble. Der Test eignet sich für Jugendliche ab 14 Jahren und deckt riskanten Konsum für Jungen etwas besser ab als für Mädchen. Folgende Fragen sind von Jugendlichen zu beantworten:

1. Trinkst du manchmal Alkohol, weil du dich entspannen oder besser fühlen möchtest?
2. Trinkst du manchmal Alkohol, weil du dich dazugehörig fühlen möchtest?
3. Trinkst du manchmal Alkohol, wenn du allein bist?
4. Trinkt jemand aus deinem Freund_innenkreis regelmäßig (mindestens einmal in der Woche) Alkohol?
5. Hat jemand aus deinem Familienkreis ein Problem mit Alkohol?
6. Hattest du schon mal ernsthaft Schwierigkeiten wegen deines Alkoholkonsums (schlechte Zensuren, Ärger mit dem Gesetz oder den Eltern)?

Bei zwei und mehr Ja-Antworten kann dieser Test auf einen riskanten Konsum hindeuten, insbesondere wenn die Fragen 1, 3 oder 6 mit ja beantwortet worden sind. Anhand des Tests lassen sich die Problemfelder erkennen und Hinweise für die Gesprächsansätze ableiten.

Dieser Test eignet sich auch für Erwachsene und kann eine gute Orientierung sein bzw. eine gute Grundlage für ein Gespräch auf Augenhöhe zwischen Heranwachsenden und Eltern.

Ganz wichtig ist, dass Eltern keine Diagnosen oder Prognosen stellen können. Es geht in dem Gespräch darum, dass Jugendliche für sich erkennen, dass ein riskanter Konsum vorliegt. Eltern können ihr heranwachsendes Kind auch anregen drei Situationen auf einen Zettel zu schreiben, in denen der Alkoholkonsum als besonders wichtig erscheint. Dadurch können sie herausfinden, welche Funktionen der Alkohol für sie erfüllt, und darüber nachdenken, ob es Alternativen gibt, die Situation ohne Alkohol zu überstehen. Manchmal machen solche Krisensituationen, in denen Alkohol als Problem auftaucht auch deutlich, dass der Kontakt zwischen Eltern und heranwachsendem Kind immer seltener geworden ist und sie erst mal wieder lernen müssen ins Gespräch zu kommen. Wichtig dabei ist, sich Zeit dafür zu nehmen, denn das Vertrauen muss erst wiederaufgebaut werden.

Häufig müssen sich auch die Eltern untereinander vorab austauschen und gemeinsam überlegen, wie es weitergehen kann, ob die bisherigen Regeln noch Gültigkeit haben können oder ob gemeinsam mit dem_der Jugendlichen neue realistische Regeln erstellt werden müssen und welche Konsequenzen ein Regelbruch haben soll. Beachten Sie dabei, dass die Konsequenzen immer im Zusammenhang mit dem Regelbruch stehen sollten. Die Regeln und Vereinbarungen sollten immer gemeinsam mit dem_der Jugendlichen erstellt werden und müssen unbedingt ans Alter angepasst werden.

Im Weiteren sollte gemeinsam überlegt werden, wie die Familie als solche auch wieder wahrgenommen werden kann, also nicht nur das Besprechen kritischer Punkte, sondern dass auch gemeinsame positive Erlebnisse denkbar sind. Fragen Sie Ihr jugendliches Kind nach Aktivitäten, die gemeinsam unternommen werden können, z. B. Hochseilgarten, Escape Game o. Ä. Auch diese verbessern die Stimmung und das Vertrauensverhältnis! Sie kommen über angenehme Dinge ins Gespräch und können gemeinsam über etwas lachen und Spaß haben. So wird ein Gespräch wieder zur Normalität, und das Erzählen von Alltagserlebnissen ist keine Besonderheit mehr.

Selbst wenn das eigentliche Ziel der Eltern sicherlich der risikoarme Alkoholkonsum bei ihren Kindern ist, sollten im Gespräch konkrete Notfallpläne für Alkoholexzesse erstellt werden. Für Jugendliche ist es wichtig, ein paar Tipps zu kennen, damit sie sich selbst helfen können, falls sie in eine Notsituation kommen sollten. Sicherlich ließe sich alles im Internet nachlesen, aber wer ist im Notfall so besonnen, es erst nachzulesen und dann richtig zu reagieren? Eine akute Alkoholvergiftung führt beim Kind zu starker Benommenheit. Auf Ansprache reagiert es nicht mehr, und es kommt ggf. zur unregelmäßigen Atmung. Bei fehlender Atmung müssen Wiederbelebungsversuche unternommen und der Rettungswagen über 112 angefordert werden. Im Weiteren sollte das Kind in die stabile Seitenlage gebracht werden und im Falle des Erbrechens überprüft werden, ob Erbrochenes aus dem Mund entfernt werden muss. Eine schnelle Reaktion und ein Notruf sind erforderlich, damit der komatöse und lebensbedrohliche Zustand zügig beendet wird, um Folgeschäden zu verhindern oder gering zu halten. Außerdem sollten mit dem Handy keine Fotos von der bedrohlichen Situation gemacht werden oder womöglich ins Internet gestellt werden.

Das Besprechen eines solchen Notfallplans sollte nicht dramatisierend erfolgen, auch wenn sicherlich der Gedanke allein schon bei Eltern Ängste auslösen kann. Gelingt ein sachliches Gespräch darüber, kann der_die Jugendliche für sich eine Reihe von Informationen mitnehmen und im Falle einer Selbstreflexion erkennen, dass ein riskanter Konsum viele direkte negative Folgen mit sich bringen kann. Es geht hier nicht um Sucht, sondern um die Vermeidung einer lebensbedrohlichen Situation. Eltern stehen also vor der Herausforderung, einerseits einen risikoarmen Umgang mit Alkohol zu vermitteln und anderseits auf Alkoholexzesse ihrer Kinder mit klaren negativen Konsequenzen zu reagieren. Das Präventionsprogramm »Lieber schlau als blau« hat sich die Einbeziehung der Eltern zur Aufgabe gemacht und vermittelt eine Veränderung des alkoholbezogenen Erziehungsstils von Eltern (Lindenmeyer, Rost, 2008, S. 39). Dabei wird ein striktes Alkoholverbot durch eine Anleitung zu risikoarmem Alkoholkonsum ersetzt, elterliche Vorschriften werden zu einem Austausch über Alkoholerfahrungen, die Ambivalenz bei Alkoholexzessen wird durch Konsequenzen nach Alkoholexzessen ersetzt und die Tabuisierung von Alkoholexzessen wird zu einem Austausch zwischen den Eltern darüber (ebd.).

Sicher lassen sich Alkoholexzesse bei Kindern nicht gänzlich vermeiden, aber das Risiko, durch Alkohol zu Schaden zu kommen, ist geringer, wenn Jugendliche im direkten Austausch mit ihren Eltern stehen und diese einen Entwicklungsprozess hin zu einem risikoarmen Umgang mit Alkohol unterstützen. Denn dieser versteht sich als Entwicklungsaufgabe bei Jugendlichen.

## 5.2 Entwicklungsaufgaben und Funktionen des Substanzkonsums

Folgend sollen die Entwicklungsaufgaben für die mittlere bis späte Adoleszenz aufgegriffen und dabei der Fokus auf die Funktionen der Entwicklungsaufgaben für den Substanzkonsum gelegt werden. Die Entwicklungsaufgabe »Loslösung vom Elternhaus« wird häufig durch einen übermäßigen Substanzkonsum demonstriert. Die Jugendlichen möchten sich dadurch von den vorgegebenen Regeln abgrenzen und dem vermeintlich durch Substanzkonsum symbolisierten Erwachsenenleben näherkommen.

> »Die Entwicklungsaufgaben Jugendlicher und die häufig daraus resultierenden Bewältigungsprobleme erfordern Handlungskompetenzen, um diese

> Probleme zu lösen. Verfügt der_die Jugendliche nicht über die notwendigen persönlichen und sozialen Ressourcen, kann der Substanzkonsum subjektiv die Funktion der Bewältigung erfüllen« (Kostrzewa, 2010, S. 113).

Darüber hinaus wird der Substanzkonsum als ausweichende und problematische Entlastungsstrategie gesehen (Hurrelmann, Quenzel, 2016, S. 237) und in die Entwicklungsaufgabe »Konsumieren« eingeordnet. Insgesamt wird darin als Aufgabe betrachtet, den Umgang mit Medien sowie Nahrungs- und Substanzmitteln zu erlernen (ebd., S. 25ff.). Das Erlernen des Konsums wird in enger Verbindung mit dem Aufbau von stabilen und angemessenen Freundschaften gesehen und mit der Entwicklung von Regenerationsstrategien verbunden, die dazu dienen, sich von einer anstrengenden Woche am Wochenende zu erholen.

Zusammengefasst zielt diese Entwicklungsaufgabe auf das Erreichen eines zufriedenstellenden und angemessenen Lebensstils (ebd.). Auf dem Weg dahin probieren Jugendliche eine Reihe von Möglichkeiten aus, um für sich das Richtige herauszufinden. Studien belegen, dass bei jugendlichem Trinkverhalten die Peergroup eine wesentliche Rolle spielt. Insbesondere das ›Binge Drinking‹ findet häufig ritualisiert in Jugendgruppen statt. Unter Binge Drinking versteht man eine kurzfristige, maßlose Alkoholaufnahme, die auch als Rauschtrinken bezeichnet wird.

> »Unter einem Rausch versteht man eine Bewusstseinsänderung, d. h. eine Veränderung der Wahrnehmung und des Denkens. Vom Rauschtrinken spricht man, wenn innerhalb kurzer Zeit eine große Menge Alkohol konsumiert wird, um einen Rausch herbeizuführen. Experten definieren Rauschtrinken so: Konsum von fünf Standardgläsern (Standardgläser sind ein Glas Bier, ein kleines Glas Wein oder ein Schnapsglas mit 4 cl Wodka) bei einer Trinkgelegenheit« (BZgA, 2011, S. 17).

Alkohol trinken kann als symbolisch signifikante Aktivität interpretiert werden, die das Potenzial hat, soziale Differenzierungen unter Jugendlichen herauszustellen oder aufrechtzuerhalten. Demzufolge unterscheiden sich die Trinkverhaltensweisen von Jugendgruppe zu Jugendgruppe. Der Alkohol wird also instrumentalisiert, um sich von anderen Jugendgruppen abzugrenzen. Der Alkoholkonsum in Form von Binge Drinking kann der alterstypischen Suche nach Risiko, dem sogenannten »Sensation Seeking«, zugeordnet werden. Dieses Verhalten ist im Zusammenhang mit Entwicklungsanforderungen während der Adoleszenz und der hohen Aktivität neuer grenzüberschreitender Erfahrungen zu sehen. Jugendliches Risikoverhalten basiert auf dem Reiz der Gefahr, bewirkt soziale Anerkennung in der Peergroup sowie eine deutliche Abgrenzung von elterlichen Normen (Kostrzewa, 2010, S. 9). Aufgrund dieser Sensation-Seeking-Disposition im Jugendalter sehen Petermann und Roth im Erwerb eines verantwortungsvollen Umgangs mit Alkohol eine Entwicklungsaufgabe.

Die BZgA beschreibt den verantwortungsvollen Umgang mit Alkohol als einen eigenverantwortlichen, sozialverträglichen und situationsangemessenen Gebrauch, bei dem Alkohol konsumiert wird, wobei die gesundheitlichen Gefahren auf ein Minimum reduziert werden (ebd.). Um die Entwicklungsaufgabe eines angemessenen Umgangs mit Substanzen wie Alkohol als Jugendliche_r zu bewältigen, muss u. a. gelernt werden, wie mit anbahnenden Situationen von Rauschtrinken umgegangen werden kann. Überraschenderweise nimmt dabei nicht nur die Gleichaltrigen-Gruppe Einfluss, sondern auch die wahrgenommene Verfügbarkeit von Alkohol.

Die Wahrscheinlichkeit für die Initiierung von Rauschtrinken bei Kindern und Jugendlichen steigt bei wahrgenommener Verfügbarkeit von Alkohol an. Schätzen die Jugendlichen die Verfügbarkeit von Alkoholika als hoch ein, steigt die Wahrscheinlichkeit für den Einstieg in den Alkoholkonsum wie auch für das erstmalige Rauschtrinken. »In der Gruppe der Kinder und Jugendlichen, die Spirituosen für leicht verfügbar hielten, lag die geschätzte absolute Häufigkeit des erstmaligen Binge Drinkings um 10 % höher« (Suchert, Hanewinkel, Morgenstern, 2014, S. 17). Diese Studie zeigt, dass über 70 % der Kinder und Jugendlichen, die Alkohol konsumierten, diesen zumindest gelegentlich von ihren sozialen Bezugsquellen bekommen hatten. Das bedeutet, dass Jugendliche häufiger den Alkohol von Freund_innen, älteren Geschwistern oder Eltern erhalten als bei öffentlichen Verkaufsstellen (nur zu 16 %). Insofern sollten Eltern hier ein Augenmerk darauf haben, wie viel Alkohol im Haus ist, und mit den Jugendlichen ein Gespräch führen, bevor eine Party zuhause stattfindet. Auch, wenn die Studie zu den elterlichen Regeln zum Alkoholkonsum ihrer Kinder (▸ Kap. 4.1) gezeigt hat, dass nur 13 % die Regel zum gemeinsamen Kauf von alkoholischen Getränken umsetzen, sollten Eltern dies für sich in Betracht ziehen, um mit ihrem jugendlichen Kind automatisch im Gespräch über die Menge und die Art des Alkohols zu sein. Denn aktuelle Studien belegen, dass Rauschtrinken ein Phänomen im Jugendalter ist (John et al., 2019, S. 6). »Um Alkoholprobleme von Jugendlichen zu verstehen, muss man sich vergegenwärtigen, dass nicht die Gesamttrinkmenge entscheidend ist, sondern, dass sich 90 % des Alkoholkonsums von Jugendlichen als Trinkexzess ereignen« (Lindenmeyer, Rost, 2008, S. 5). Darüber hinaus zeigt sich, dass in den letzten Jahren das Einstiegsalter für Trinkexzesse gesunken ist und dass diese schon kurz nach dem erstmaligen Alkoholkonsum eintreten. Dabei ereignen sich Trinkexzesse in allen sozialen Schichten, und bei Jungen mit einem hohen familiären Wohlstand tritt das Trinken sogar tendenziell häufiger auf (ebd.). Die besonderen Risiken von Trinkexzessen sind neben den schon beschriebenen körperlichen Schädigungen in den gravierenden Folgen zu sehen:

Das Unfallrisiko steigt nicht nur im Straßenverkehr, sondern auch allgemein bei Freizeittätigkeiten,

- die Gefahr, Opfer von Gewaltdelikten oder sexueller Gewalt zu werden, steigt an,
- das Risiko organischer Schäden tritt schneller ein als bei Erwachsenen,
- die Zeitspanne der Entwicklung einer Abhängigkeit ist kürzer als bei Erwachsenen und
- die Gefahr, die Entwicklungsaufgaben des Jugendalters nicht adäquat bewältigen zu können, steigt ebenfalls an, insbesondere bezüglich des Umgangs mit dem Substanzkonsum.

Bei diesen umfänglichen Gefahren und negativen Folgen von Binge Drinking oder auch Trinkexzessen verwundert es nicht, dass sie grundsätzlich als negativ eingestuft werden. Weshalb üben sie dann bei Jugendlichen so eine hohe Anziehungskraft aus?

> »Binge drinking ist [...] eine Praxis, die die Möglichkeit bietet, dem Druck und den Einschränkungen gewöhnlicher Selbstdarstellung zu entgehen. Man hat hier die Chance, eine neue Rolle anzunehmen und zugleich sonst verborgene Seiten von sich zu zeigen ohne Verantwortung für die eigene Identitätsdarstellung und Handlungen übernehmen zu müssen« (Haag, 2007, S. 82).

Ein zentraler Punkt dabei ist, dass aus Sicht der Jugendlichen die Verantwortung für das eigene Handeln nicht mehr übernommen werden muss. Dieses Verständnis vermittelt den Anschein, dass Alkoholexzesse eine Möglichkeit bieten würden, die Verantwortung für sein Handeln abgeben zu können. Im Zuge der pubertierenden Identitätssuche kommt diese Interpretation von Alkoholexzessen dem jugendlichen Verständnis entgegen, in dem das Erwachsensein eher mit der Freiheit zu eigenen Entscheidungen und weniger mit Verantwortungsübernahme verbunden wird.

Insofern zeigt sich hier die Entwicklungsaufgabe der Identitätsbildung als relevant.

### 5.2.1 Identitätsfindung akzeptieren

Zunächst soll die Perspektive des Jugendlichen im Sinne der Identitätsfindung noch weiterverfolgt werden, bevor die Perspektive der Eltern eingenommen wird, bei der es um die Akzeptanz dieses Entwicklungsprozesses gehen wird.

Jugendliche möchten herausfinden, wer sie sind und was sie wollen. Dafür probieren sie einiges aus und konsumieren Substanzen, um ihren Lebensstil auszudrücken sowie grenzüberschreitende und bewusstseinserweiternde Erfahrungen zu machen (Weichold et al., 2005). Die eigenen Grenzen spürbar zu machen gelingt insbesondere durch das Experimentieren mit Alkohol und Drogen. Auch wenn in diesen Praktiken Risiken stecken, werden sie als identitätsfördernd gesehen, indem ihnen eine positive psychologische Funktion für die Festigung der Persönlichkeit zugesprochen wird. Jugendliche mit einem moderaten Experimentierkonsum entwickeln sich besser als abstinente Jugendliche, da Überschreitungen, das Eingehen von Risiken und Gefährdungen zur Entwicklungsphase dazugehören (Fandler, 2019, S. 128). Aktuelle Studien zeigen die Relevanz von Konsumszenen für die Identitätsentwicklung von Jugendlichen. Gemeint sind sogenannte Alkoholszenen als jugendsubkulturelle Lebenswelten, in denen Substanzkonsum stattfindet. Sie bieten Jugendlichen als öffentlicher Ort die Möglichkeiten sich in Gruppen zu treffen, um gemeinsam und häufig ritualisiert zu konsumieren bzw. zu feiern.

Nach Koler können junge Menschen lernen, mit verschiedenen Situationen in den Alkoholszenen umzugehen. Die Jugendlichen können Strategien entwickeln, nicht zu viel zu trinken, um beispielsweise am folgenden Tag wieder leistungsfähig zu sein. Nach mehreren Jahren Teilnahme an Alkoholszenen können eine kompetente Reflexionsfähigkeit sowie eine Distanzierung von den Alkoholszenen zum Ausdruck kommen. Jugendliche können mithilfe der Alkoholszene ihre Kindheit abschließen und zu einem reflektierten Selbst kommen (Koler, 2016, S. 52ff.).

Darüber hinaus gibt es weitere Studien, die die Funktion des Rauschtrinkens für den Entwicklungsprozess der Jugendlichen und ihre Identitätsbildung aufzeigen. Die Autoren der Studie »Jugend und Rausch«, die im Auftrag des Bundesministeriums für Gesundheit durchgeführt wurde, interpretieren das Rauschtrinken als Versuch eines »kontrollierten Kontrollverlustes« (BMG, 2009, S. 56ff.). Ein kontrollierter Kontrollverlust ist ein geplanter Alkoholrausch, für den der_die Jugendliche sich vorher abgesichert hat, indem an eine_n andere_n Jugendliche_n die Verantwortung des Aufpassens delegiert wurde. Die Jugendlichen vereinbaren untereinander die Verantwortungsübernahme bzw. Verantwortungsübertragung, benennen also einen ›Buddy‹, der_die für ein bestimmtes Zeitfenster nüchtern bleibt und auf seine Freund_innen aufpasst, um im Ernstfall Hilfe zu organisieren. Dieses Verhalten entspringt dem »Harm-Reduction-Gedanken« aus dem Bereich der akzeptierenden Drogenprävention und zielt auf die Vermeidung gesundheitlicher Schäden als Folge des Substanzkonsums. Für die Umsetzung eines kontrollierten Kontrollverlustes müssen die Jugendlichen eine Fähigkeit zur Balance entwickeln, die von einer bestimmten Reife im Umgang mit Alkohol ausgeht und selektive Maßnahmen erfordert (Kostrzewa, 2010, S. 46). Die Jugendlichen zeigen dadurch auch eine Form von Sozialkompetenz, da sie in der Lage sind, sich soziale Unterstützung zu holen bzw. zu geben. Hier ist auch der Unterschied zwischen kontrolliertem Kontrollkonsum und einfachem Binge Drinking zu sehen. Letzteres liegt aus Sicht des_der Konsument_in außerhalb des eigenen Verantwortungsbereiches. Das hängt mit der gestörten Trinkkultur in Deutschland zusammen, die keine klaren Normen hinsichtlich des Umgangs mit Alkohol gibt und selbst Trinkexzesse nicht eindeutig negativ bewertet. Es werden keine klaren Rückmeldungen bezüglich des Verhaltens im Vollrausch gegeben, stattdessen werden die Folgen als legitime Auszeit von der sonst erwünschten Selbstkontrolle entschuldigt (Lindenmeyer, Rost, 2008, S. 14).

Unklare Vorgaben bieten in der Identitätsentwicklung eine schlechte Orientierung. Wobei mit klaren Vorgaben hier nicht strikte Verbote gemeint sind, die die Jugendlichen zum Überschreiten provozieren. Sinnvoll sind alters- und geschlechtsspezifisch erstellte Verhaltensregeln, die zwischen Heranwachsenden und Eltern ausgehandelt wurden. Denn viele Jugendliche drücken mit dem Alkoholkonsum auch ihre Geschlechtsidentität aus. »So erscheint es beispielsweise als männlich, sich gegenseitig in kumpelhafter Manier zum Trinken anspornen zu lassen, und es entspricht dem klassischen Bild von Weiblichkeit, sich beim Trinken zurückzuhalten« (Haag, 2007, S. 15). Für die Jugendlichen entsteht eine Art

Plan, welches Verhalten in welchen Situationen für welches Geschlecht angemessen ist bzw. erwartet wird.

Im Zuge der Emanzipation und Genderdiskussion verliert sich aber auch hier die Eindeutigkeit. Genau genommen ist für die junge Generation alles möglich und im Sinne der Diversität ›erlaubt‹. Im Zuge der Identitätsfindung muss sich der_die Heranwachsende seine_ihre persönliche Besonderheit im Schnittpunkt kollektiver Zugehörigkeit definieren. In unserer pluralistischen Gesellschaft ist eine Person aber nicht mehr auf eine einzige Identität festgelegt, sondern kann mehrere Identitäten besitzen, die miteinander in Einklang gebracht werden müssen. Der rapide gesellschaftliche Wandel bewirkt, dass die Selbst-Entwürfe der Einzelnen einen geringer werdenden Anspruch auf Dauerhaftigkeit und Verbindlichkeit haben. Selbstverständlich kann dies im Sinne der Freiheit und Selbstbestimmung positiv gewertet werden, bewirkt aber zugleich einen erhöhten Druck auf die Einzelnen, den Anspruch an Eigenständigkeit und Individualität zu erfüllen. Insofern ist eine individuelle Lebensführung keine Option mehr, sondern vielmehr ein Zwang, da es keine Wahl mehr gibt.

Die Identitätsfindung in der Jugendphase stellt sich als große Herausforderung dar, bei der verständnisvolle, empathische Eltern eine haltgebende Orientierung und Unterstützung sein können. Mit haltgebend ist hier nicht festhalten gemeint! Ganz im Gegenteil: Es geht in der mittleren und späteren Adoleszenz darum, dass die Eltern den Identitätsfindungsprozess akzeptieren und begleiten. Dies kann nur mit Toleranz und Geduld vonseiten der Eltern gelingen. Die Balance zu halten, die richtige Unterstützung zu gewähren und bei der Begleitung des_der Jugendlichen nicht das Gefühl von Kontrolle bei ihm_ihr aufkommen zu lassen, ist für viele Eltern eine täglich wiederkehrende Herausforderung. Folgende Strategien können Ihnen helfen Ihr heranwachsendes Kind bei seiner Identitätsfindung zu unterstützen.

1. Geben Sie Rückhalt! Die Jugendphase ist eine Zeit voller Irritationen und Veränderungen. Kein Wunder, dass häufig Missverständnisse oder Konflikte zwischen Freund_innen, in der Schule und in der Familie entstehen. Versuchen Sie aktiv zuzuhören, wenn Ihr Kind über seine Probleme erzählt, und es bei der Lösungssuche zu begleiten. Vorwürfe helfen nicht weiter! Im Gegenteil: Sie führen schnell zum Gesprächsende. Versuchen Sie die positiven Dinge herauszufiltern und zu loben, um Ihrem Kind den Rücken zu stärken. Verteidigen Sie Ihr Kind bei Ungerechtigkeiten und Anfeindungen. Lassen Sie es aber eigenständig die Probleme lösen. Nur so kann sich ein positives Selbstbild entwickeln.
2. Geben Sie Feedback! Wichtig ist, dass es ein konstruktives Feedback ist, damit es Ihr Kind zum Nachdenken anregen kann. So kann es das Erlebte reflektieren und fühlt sich nicht in seiner Person angegriffen. Denn gerade in der Phase der Identitätsbildung sind viele Unsicherheiten vorhanden und Verletzungen der eigenen Person werden sehr sensibel wahrgenommen. Deswegen ist Empathie umso wichtiger, die Sie in klaren Ich-Botschaften ausdrücken können wie z. B. »Ich würde mich freuen, wenn du etwas freundlicher mit mir sprichst« anstelle von »Lass deine schlechte Laune nicht an mir aus«. Versuchen Sie im Sinne des ›Schatzsuchens‹ die Kompetenzen und Ressourcen Ihres heranwachsenden Kindes zu entdecken, und benennen Sie diese im Alltag!
3. Fördern Sie die Interessen! Bei der Identitätssuche versucht sich Ihr heranwachsendes Kind auszuprobieren, um herauszufinden, welche Dinge interessant sind und Spaß machen, oder auch, welche Dinge Ihr Kind besonders gut kann und welche ihm weniger liegen. Aus diesem Grund ist es wichtig, dass Sie Ihr Kind bei der Suche nach neuen Hobbys und Interessen unterstützen. Denken Sie daran, dass Ihr Kind bei Dingen, die ihm Spaß machen, die besten Erfolge erzielen und in den ›Flow‹ kommen kann. Nicht selten entwickeln sich aus

Hobbys Ideen für den beruflichen Weg, über den es ja ebenfalls an der Zeit ist nachzudenken. Versuchen Sie Ihr Kind da nicht von vornherein zu beeinflussen, sondern lassen Sie es Dinge ausprobieren! Erst die eigenen Erfahrungen Ihres Kindes ermöglichen ihm seinen eigenen Weg zu finden, der ein ganz anderer als Ihr eigener sein kann.

4. Lassen Sie eigene Meinungen zu! Fragen Sie ihr Kind nach seiner Meinung und diskutieren Sie mit ihm verschiedene Sichtweisen. Eine eigene Meinung zu haben und diese durch Argumente vertreten zu können, stärkt das Selbstbewusstsein und ermöglicht ein eigenes Bild von sich zu bekommen. Respektieren Sie die Meinung und versuchen Sie Ihr Kind nicht immer von etwas überzeugen zu wollen. Meinungen sind gerade in der Jugendphase nicht unumstößlich, sondern können im Laufe der Zeit modifiziert werden. Gerade über Werte und Normen lässt sich in der Jugendphase gut diskutieren. Oft versuchen Jugendliche sie durch den Lebensstil, die Kleidung oder Musikrichtung auszudrücken. Lassen Sie sich erzählen, was Ihrem Kind im Leben wichtig ist! Oft hört man überraschenderweise interessante Ansätze, die auch das Erwachsenenleben bereichern können. Zeigen Sie positive Reaktionen und wertschätzende Äußerungen darauf. So fühlt sich Ihr Kind in seinem Selbst gestärkt, kann sein Selbstbild weiterentwickeln und im Prozess der Identitätsfindung vorankommen.
5. Sprechen Sie über Gefühle und Bedürfnisse! Sich über Gefühle austauschen fällt den meisten Menschen nicht leicht. Umso wichtiger ist es, als Eltern Möglichkeiten dafür zu bieten. Gerade für die Identitätsbildung ist es wichtig, eigene Gefühle ausdrücken und benennen zu können. Dadurch kann man sich von anderen abgrenzen oder auch distanzieren. Gleichzeitig ermöglicht die Bewusstheit eigener Gefühle und Bedürfnisse das Gewahr-Werden eines eigenen Verantwortungsgefühls sich selbst gegenüber, das verantwortungsbe-

wusste Kümmern um sich selbst. Ein wichtiger Gedanke im Sinne der Suchtprävention: Denn erkenne ich meine eigenen Gefühle und Bedürfnisse, kann ich nicht so schnell beeinflusst werden, irgendwelche Substanzen zu konsumieren oder Verhaltensweisen auszuüben, die gar nicht meinen Bedürfnissen entsprechen. Diese Wahrnehmung von eigenen Gefühlen sollte idealerweise nicht erst in der Pubertät beginnen, da es in dem Alter bekanntlich schwer ist, darüber zu sprechen. Eltern, die von klein auf mit ihren Kindern über Gefühle und Bedürfnisse sprechen, haben es leichter, in Kontakt mit ihrem jugendlichen Kind zu kommen. Allerdings sollten sie es auch akzeptieren, wenn in der Jugendphase weniger gern über Gefühle gesprochen wird; denn häufig befinden sich die Jugendlichen ja im Gefühlschaos und wissen eigentlich gar nicht, wie sie sich fühlen.
Am Beispiel der Gefühle wird besonders gut deutlich, wie wichtig es ist, die Phase der Identitätsfindung als Eltern auch einfach zu akzeptieren. Sollten Sie sich also zurückgewiesen fühlen und die Abgrenzung Ihres heranwachsenden Kindes allzu stark spüren, ist es wichtig, dies nicht persönlich zu nehmen. Ihr Kind will Sie damit nicht verletzen, sondern es benötigt die Abgrenzung, um sich auf dem Weg zu sich selbst zu machen.

Auch hier passt eine kurze Anekdote aus der Jugendzeit meiner Tochter. In der Hochphase ihrer Pubertät hatte sie beschlossen sich in Form eines Auslandjahres abzugrenzen. Eigentlich empfanden wir als Eltern es im Alter von 15 Jahren recht früh, haben aber trotzdem eingewilligt und sie dabei begleitet, einen Austausch zu organisieren. Genau genommen hat sie es weitestgehend allein organisiert, und wir wurden sozusagen auf dem Laufenden gehalten. Tatsächlich fiel es uns gar nicht leicht, loszulassen, aber es war für alle Beteiligten eine sehr lehrreiche Zeit von Gefühlen des Vermissens und der Sorge, aber zugleich der Freude und des Stolzes, eine selbstbewusste Tochter zu haben, die ihren eigenen Weg geht. Nach der Heimkehr war die Phase der Abgrenzung vorbei und für unsere Tochter entstand ein Heimatgefühl, das ihr bis heute erhalten geblieben ist.

Eltern, die ihre heranwachsenden Kinder im richtigen Moment loslassen, können sie als autonome Persönlichkeiten zurückkehren sehen. Selbstverständlich stellt sich immer die Frage danach, wann der richtige Zeitpunkt ist. Und gewöhnlich lässt sich dies nicht leicht beantworten. Denn der richtige Zeitpunkt ist individuell herauszufinden und je mehr Sie im Austausch und Kontakt mit Ihrem Kind sind, desto leichter wird es ihnen gemeinsam fallen, für entscheidende Dinge den richtigen Zeitpunkt zu finden. Auf jeden Fall gehört eine große Portion an eigenverantwortlichem Handeln und Verantwortungsbewusstsein bei der_dem Jugendlichen dazu. Und bei den Eltern? Akzeptanz, Gelassenheit und Zuversicht!

### 5.2.2 Soziale Beziehungen zulassen

Auch diese Entwicklungsaufgabe der Jugendlichen soll hier aus Sicht der Eltern betrachtet werden, die sich häufig schwertun mit dem Gedanken, dass die Hinwendung ihres Kindes zu Gleichaltrigen einhergeht mit der Distanzierung von den Eltern. Der Aufbau sozialer Beziehungen ist eine wichtige Aufgabe auf dem Weg zum Erwachsensein. Nur ein sicheres emotionales Fundament, das die Jugendlichen im Laufe ihres Lebens durch die Beziehung zu ihren Eltern aufgebaut haben, ermöglicht eine vorbehaltlose Hinwendung zu Freund_innen. In Kapitel 2.2 wurde schon die Relevanz des ›sicheren Hafens‹ im Sinne einer guten Bindung zwischen Eltern und Kind erläutert (▸ Kap. 2.2). Nur diese kann zur Exploration des Kindes führen. Im Jugendalter ist es nicht anders. Wenn der_die Jugendliche sich sicher fühlt bei der Kontaktaufnahme zu Gleichaltrigen, wird sie ihm_ihr auch unbeschwert gelingen. Fühlt er_sie sich hingegen gehemmt, wird er_sie sich zurückhalten und sich ggf. zurückziehen, um nicht zu scheitern.

Häufig kommt dann der Substanzkonsum ins Spiel. Die enthemmende Wirkung von Alkohol kann z. B. bewusst eingesetzt werden, um einen leichteren Zugang zur Peergroup oder auch zu potenziellen Sexualpartner_innen zu erzielen. Eine DAK-Studie zum Thema Alkoholkonsum unter Schüler_innen (Rupprecht, 2010) zeigte, dass es drei Vierteln der Schüler_innen mit wöchentlichem Alkoholkonsum leichter fällt, Freund_innen zu finden bzw. diese sich eher zutrauen sich in einer neuen Klasse zurechtzufinden als Schüler_innen, die nicht wöchentlich konsumieren. Die konsumierenden Jugendlichen fühlen sich weniger ausgegrenzt und von der Peergroup akzeptiert. Diese negativen Konsummotive sind selbstverständlich kritisch zu betrachten. Eltern, die den Eindruck haben, dass diese Verhaltensmuster auch von ihrem Kind angewendet werden, sollten über ihre Wahrnehmung und Sorgen mit ihm sprechen. Dabei sollten keine Verbote ausgesprochen werden und die Freund_innen sollten nicht als gefährliche Verführende angesehen werden. Auch hier ist ein sachliches Gespräch über die Hintergründe des Verhaltens notwendig und die Suche nach Lösungsmöglichkeiten im Sinne von Alternativen als Ziel zu sehen. »Freundschaften sind für die Entwicklung nur dann problematisch, wenn sie die Emanzipation und Eigenständigkeit verhindern, d. h. in neue Abhängigkeiten führen« (Rogge, 2019, S. 67).

Heranwachsende, die in einem überbehüteten, einem autoritären oder einem vernachlässigenden Elternhaus aufgewachsen, sind hier eher gefährdet sich auf abhängig machende soziale Beziehungen einzulassen. Hingegen können sich Jugendliche, die einen autoritativen Erziehungsstil genossen haben, leichter gegen derartige Verhaltensmuster durchsetzen und werden für sich selbst erkennen, dass diese Freundschaften langfristig nicht geeignet sind, sich positiv weiterzuentwickeln.

Während der Elternberatung konnte der Gedanke, auf das bestehende emotionale Band zum Kind zurückzugreifen, oft zur Beruhigung führen. Vertrauen in die Kompetenz des Kindes und in das aufgebaute Vertrauen zwischen Eltern und Kind sind hier ganz zentral. »Einem Pubertierenden Vertrauen zu schenken, setzt eine gefühlsmäßig stabile Eltern-Kind-Beziehung voraus« (ebd., S. 147). Und jemandem etwas zuzutrauen stärkt das Vertrauen desjenigen in sich selbst. So können Eltern ihre Kinder mental unterstützen, allein durch das Vertrauen und das Zutrauen, das sie ihrem Kind entgegenbringen. Freundschaften und der Kontakt zu Gleichaltrigen haben eine zentrale Bedeutung für die Entwicklung der Heranwachsenden. Sie können Sozialkompetenz zeigen, Verantwortung übernehmen und Anerkennung erhalten. Im Gruppengefüge können sie lernen sich durchzusetzen und verschiedene Rollen ausprobieren, vom_von der Anführer_in über Mitläufer_in bis zum_zur Außenseiter_in. So können im freundschaftlichen Rahmen Kompetenzen erworben werden, die sich auf andere Lebensbereiche übertragen lassen.

Die parallel stattfindende Distanzierung von den Eltern sollte nicht zum Rückzug der Eltern aus der Erziehung führen. Der Erziehungsprozess ist erst im Erwachsenenalter der Kinder abgeschlossen. Selbst wenn Jugendliche es direkt so artikulieren sollten, dass sie ihre Eltern nicht mehr brauchen, sollte das kein Anlass für die Eltern sein, den Kontakt einzustellen. Den Heranwachsenden würde die Bindung fehlen, und es würde eine Halt- und Orientierungslosigkeit entstehen, die die Jugendlichen verunsichert. Leider passiert es nicht selten, dass Jugendliche dann durch abweichendes Verhalten versuchen, negative Aufmerksamkeit zu bekommen. Nach dem Motto: Lieber bestraft als nicht gesehen!

»Grenzüberschreitende Aktionen sind deshalb nicht selten Hilferufe, mit denen nach Beziehung und persönlicher, gelebter Autorität geradezu geschrien wird« (ebd., S. 140). Aus diesem Grund ist es ganz wichtig, dass Eltern bei eskalierenden Situationen nicht »hinschmeißen« und, wie ich gerne auf Elternabenden formulierte, ›die Elternschaft aufkündigen‹. Zum Glück ist dies nicht möglich. Eltern bleiben in ihrer elterlichen Verantwortung und Fürsorgepflicht. Natürlich kann man mal an einer Situation verzweifeln, aber das sollte dann ein Anstoß sein, sich professionelle Hilfe zu holen, um Schlimmeres abzuwenden. Oder wenn es noch nicht ganz dramatisch sein sollte, können die beschriebenen Empfehlungen für Problemfälle weiterhelfen.

Festzuhalten bleibt, dass Eltern durch liebevolles, konsequentes Handeln und authentische Vermittlung eigener Lebensgrundsätze im Kontakt zu ihrem heranwachsenden Kind bleiben sollten. Nach Rogge gibt es drei Elterntypen, die es den Jugendlichen schwermachen, weil sie ihnen keinen Halt bieten und deswegen zu abgrenzenden Handlungen provozieren (ebd., S. 150).

- Der Kumpel-Typ, der sich in eine vermeintliche Jugendlichkeit flüchtet, um von seinem Kind akzeptiert zu werden. Auf den ersten Blick mag das modern wirken, führt aber häufig dazu, dass er_sie nicht als Vorbild dienen und keine Orientierung bieten kann.
- Den machtorientierten, aggressiven Elterntyp müssen die Heranwachsenden automatisch ablehnen, da ihnen ihre Autonomie nicht zugestanden wird. Dieser Elterntyp will alles unter Kontrolle haben und sieht die Macht der Entscheidung im Eltern-Dasein. Nach dem Motto »Solange du die Füße unter meinen Tisch stellst …« geht es bei den Entscheidungen nicht darum, wer die besseren Argumente hat. Hier zählt noch das Patriarchat und nicht das Zusammenleben auf Augenhöhe.
- Demgegenüber stehen die passiven Eltern, die sich komplett zurückhalten und alles durchgehen lassen, nur damit es in der Familie keine Streitigkeiten gibt. Dabei wird verkannt, dass es für die Heranwachsenden wichtig ist, auch mal Auseinandersetzungen zu erleben, um Konfliktlösestrategien vorgelebt zu bekom-

men und selbst erlernen zu können. Kein Leben verläuft immer in Harmonie. Die Heranwachsenden müssen innerhalb der Familie ausprobieren können, eigene Standpunkte zu vertreten und andere Meinungen zu akzeptieren, damit sie für andere Lebensbereiche vorbereitet sind.

Alle drei Elterntypen zeigen nicht den angemessenen Kontakt zu ihren heranwachsenden Kindern und bieten ihnen keine sichere Basis, um selbst soziale Beziehungen adäquat aufzubauen. Dabei kann der kumpelhafte Typ meist am wenigsten dem Aufbau neuer Freundschaften seines Kindes zusehen, es sei denn er wird selbst involviert. Gerade im Rahmen der suchtpräventiven Maßnahmen sind diese kumpelhaften Eltern dann häufig die gewesen, die in der Form auffällig waren, indem sie Substanzen konsumierten bzw. riskantes Verhalten vorgelebt haben, um zur Jugendgruppe dazuzugehören. Es zeigt sich also, dass der Entwicklungsprozess der Jugendlichen auch die Eltern in ihrer eigenen Entwicklung herausfordern kann. Allemal ist es für alle Beteiligten eine lehrreiche Zeit und für die Eltern eine Zeit des Loslassens, des Begleitens und Unterstützens.

### 5.2.3 Lebensplanung und -gestaltung unterstützen

Bei der Lebensplanung und der Berufsorientierung spielen Eltern für ihre heranwachsenden Kinder eine wichtige Rolle. Im Gegensatz zu früheren Zeiten, als es kaum Freiheitsgrade für junge Menschen gab, was die Berufswahl betraf, und die Jungen in der Regel in die Fußstapfen des Vaters traten bzw. die Mädchen die Hausfrauenrolle übernahmen, erleben die Heranwachsenden heute die Qual der Wahl. Umso relevanter wird die begleitende Unterstützung durch die Eltern. Sie können die Heranwachsenden in der Übergangsphase stabilisieren und sie grundlegend in ihrer Persönlichkeitsentwicklung, Lernmotivation, Leistungsbereitschaft und selbstverantwortlichen Lebensgestaltung stärken. Aber wie kann das gelingen? Und worauf kommt es an?

»Eine zentrale Thematik für Berufswahlentscheidungen ist es, eine Passung zu finden zwischen den persönlichen Voraussetzungen, die ein Jugendlicher mitbringt, und den Anforderungen, die durch einen Beruf gestellt werden« (Lohaus, Vierhaus, 2015, S. 257).

Es geht also darum, dass die beruflichen Anforderungen zu der Eignung und Neigung sowie den Persönlichkeitseigenschaften einer Person passen. Dabei müssen auch Wechselwirkungen zwischen individuellen Berufswahlentscheidungen und gesellschaftlichen Bedingungen der Berufswahl einbezogen werden. Insofern zeigt sich die Berufswahl als komplexe Entscheidung in einem lebenslangen Entwicklungsprozess, bei der eine Entscheidung Konsequenzen für folgende Entscheidungen hat. Die Konsequenzen beziehen sich dabei auf die individuelle, soziale, ökonomische und gesellschaftliche Ebene. Bei dieser Komplexität verwundert es nicht, dass die Jugendlichen häufig Entscheidungsprobleme haben bzw. den Entscheidungsprozess ausdehnen oder länger vor sich herschieben.

Allerdings zeigen sich bei der Berufsfindung geschlechtsspezifische Unterschiede. Bei Mädchen lässt sich lebenszeitlich früh ein Bemühen feststellen, den Beruf und eine spätere Familiengründung miteinander zu vereinbaren. Junge Frauen bevorzugen noch immer soziale, erzieherische und kaufmännische Berufe und wählen ein Anforderungsprofil, ›das etwas mit Menschen zu tun haben muss‹, um ihre weibliche Identität auszudrücken. Dabei geht es nicht allein ums Geldverdienen, sondern einerseits um die Identifikationsmöglichkeit und andererseits um die spätere Vereinbarkeit mit der Mutterrolle (Rogge, 2019, S. 267ff.).

Die elterliche Unterstützung der Berufswahl konzentriert sich heutzutage nicht mehr auf das Sammeln von Informationen, die in großer Fülle online zur Verfügung stehen. Wesentlich relevanter ist es, bei der Fülle an vorhandenen Informationen den Überblick zu behalten und die Jugendlichen entsprechend ihrer Identitätsentwicklung im Berufsfindungsprozess zu unterstützen. Berufswahlschwierigkeiten zeigen sich insbesondere bei Heranwachsenden, deren Eltern einen autoritären oder permissiven Erziehungsstil umsetzen, da dieser mit übermäßiger oder keiner Kontrolle verbunden ist. Ein stark kontrollierendes Erziehungsverhalten hat Unsicherheiten und Entscheidungsschwierigkeiten zur Folge, da damit ein negatives Selbstkonzept einhergeht. Hingegen gilt der autoritative Erziehungsstil, der die Autonomie und damit das Explorationsverhalten im Berufswahlprozess fördert, als zielführend (Klausener, 2014, S. 15).

Elterliche emotionale Zuwendung und wahres Interesse an der Zukunftsplanung des Heranwachsenden tragen zum positiven Erleben und zur Unterstützung bei. Dann können auch elterliche Erfahrungswerte sowie konkrete Denk- und Handlungsanregungen von Jugendlichen angenommen werden ohne Abwehrreaktionen zu bewirken. »Der Zusammenhang zwischen berufsspezifischer Exploration, eigenen manifestierten Berufsvorstellungen und einem soliden Selbstkonzept mit hohen Selbstwirksamkeitserwartungen« (ebd., S. 45) und einem guten Selbstwertgefühl zeigt sich in einem klaren Berufswunsch.

> »Fehlt es hingegen an einer eigenen Überzeugung, so zeigt sich eine innere Zerrissenheit mit Ambivalenzgefühlen aufgrund der verinnerlichten Fremdmeinung und -ansprüchen sowie der vernachlässigten eigenen Ansichten. Dieser Zustand der Desorientierung wirkt hemmend und blockierend« (ebd.).

Einmal mehr wird deutlich, dass das elterliche Erziehungsverhalten schon früh beginnt Einfluss auf die Entwicklung der heranwachsenden Kinder zu nehmen. Je früher ein empathischer, autoritativer Erziehungsstil angewendet wird, desto eher können die Kinder ein Selbstkonzept mit hoher Selbstwirksamkeitserwartung, stabilem Selbstvertrauen und gutem Selbstwertgefühl entwickeln, um dann als Heranwachsende eigenverantwortlich eine positive Lebensplanung zu gestalten.

Im Unterschied zu sonstigen Lebensbereichen, in denen das Vorbildverhalten der Eltern eine ganz entscheidende Rolle spielt, haben die elterlichen Berufsrollen kaum Vorbildcharakter. Allerdings haben die elterlichen Haltungen gegenüber der beruflichen Tätigkeit an sich einen großen Einfluss, und die Jugendlichen orientieren sich an ihren Eltern, indem sie deren berufliche Tätigkeit als Referenz zur Beurteilung von Berufsbildern einsetzen (ebd., S. 46). Räumen die Eltern dem Beruf eine hohe Wertigkeit ein und gelingt es ihnen, eine gesunde Work-Life-Balance vorzuleben, die ein ausgewogenes Familienleben bei beruflicher Selbstverwirklichung darstellt, kann es positiven Einfluss auf die Lebensziele der Jugendlichen haben. Eltern, die in den Gesprächen mit ihrem heranwachsenden Kind zum Thema Lebensgestaltung den Fokus auf die Ressourcen der Jugendlichen legen, können dadurch nicht nur das Selbstbewusstsein stärken, sondern ermöglichen den Blick auf die Eignungen und Neigungen, die für einen Abgleich mit den beruflichen Anforderungen erforderlich sind.

Bei der elterlichen Begleitung kann es aber nicht nur um die Passung der persönlichen Voraussetzungen der Jugendlichen und der beruflichen Anforderungen gehen. Es müssen ebenfalls Aspekte der allgemeinen Lebensgestaltung einbezogen werden. Neben der schon genannten Familienplanung sollte der Freizeitbereich ebenfalls bedacht werden. Denn bei der jungen Generation hat eine Ablösung von der Work-Life-Balance hin zur Life-Work-Balance stattgefunden. Das bedeutet eine Abkehr von der kompletten Hingabe und Aufopferung für die Arbeit, bei der die Freizeit dazu dient, sich für die Arbeitszeit zu regenerieren. Die junge Generation ist fixiert auf persönliche Lebensziele und Sinnfindung, bei der die Arbeit zur Selbstverwirklichung führen soll. Gleichzeitig besteht aber auch der Wunsch nach einem sicheren Arbeitsplatz und außerdem dem Ziel, den hohen Erwartungen der Eltern zu entsprechen. Diese sollten beachten, dass die Wertschätzung der eigenen Kinder nicht an deren Leistungsfähigkeit gekoppelt wird. In unserer modernen Gesellschaft besteht die Tendenz, die Wertigkeit von Menschen durch ihre Leistung zu definieren, weshalb die Heranwachsenden diese oft, z. B. im schulischen Bereich, mit Wertigkeit gleichsetzen. Dadurch wird ein Misserfolg ein Indikator für Wertlosigkeit eines Menschen und führt schnell zu Minderwertigkeitsgefühlen, insbesondere dann, wenn der Misserfolg trotz hoher Anstrengung erfolgt ist und dadurch das Gefühl von Inkompetenz entsteht. Psychologisch betrachtet wird dies als »fähigkeitsbasierte Misserfolgsattribution« bezeichnet, die zu Minderwertigkeits- und Schuldgefühlen führen kann. Anstrengung kann dann zu einem zweischneidigen Schwert werden. D. h., das Bewusstsein, dass Anstrengung für ein gutes Ergebnis unerlässlich ist, ist vorhanden und trotzdem wird keine volle Anstrengung eingesetzt, um nicht Gefahr zu laufen, bei einem Misserfolg keine Ausrede mehr zu haben.

Dieses Phänomen wird »Self-Handicapping« genannt und bedeutet, dass der_die Jugendliche Hindernisse für den eigenen Erfolg schafft, um bei einem Misserfolg mit reduzierten Kosten für den eigenen Selbstwert reagieren zu können. Denn der Selbstwert eines Menschen, also die Überzeugung, ein wertvoller und liebenswerter Mensch zu sein und sich selbst so akzeptieren zu können, hängt eng mit Erfolgen und Kompetenzüberzeugungen zusammen. Prokrastination, das exzessive Aufschieben des Lernens bis zur letzten Minute, ist eine typische Self-Handicapping-Strategie. Prokrastination tritt bei jungen Erwachsenen auch häufig in Verbindung mit Feiern und Substanzkonsum auf. Hier kommt dann noch der Faktor Schlafmangel hinzu, der als selbstwertdienliche Ausrede genutzt werden kann (Wild, Möller, 2015, S. 210). So gesehen kann Alkohol- und Drogenkonsum als bewusste Selbstbeeinträchtigung genutzt werden, um den eigenen Selbstwert aufrechtzuerhalten, nach dem Motto: »Ich habe halt zu viel gefeiert, da konnte ich keine bessere Leistung liefern.« Diesen Aspekt des Selbstwertschutzes sollten Eltern bei den Gesprächen mit ihrem heranwachsenden Kind im Hinterkopf haben und darauf achten, dass sie nicht den Eindruck vermitteln, dass der Wert eines Menschen von seiner Leistung abhängt.

Gelingt es den Eltern, diesen Gedanken zu vermitteln, kann die Lebensplanung des heranwachsenden Kindes auch frei von Erwartungsdruck sein und unterliegt nicht den Ansprüchen einer reinen Leistungsgesellschaft. Grundsätzlich sollte es gerade Eltern gelingen, die Liebe zu ihrem Kind nicht an Bedingungen zu knüpfen, sondern ihnen zu vermitteln, dass sie so gut sind, wie sie sind. Werden die von den Eltern formulierten Anforderungen zu hoch, und es entwickelt sich für die heranwachsenden Kinder ein Erwartungsdruck, kann es nicht nur negativen Einfluss auf das Selbstbewusstsein der Jugendlichen nehmen, sondern zugleich belastende psychische Auswirkungen und gesundheitliche Beeinträchtigungen nach sich ziehen. Allerdings kann auch ein gegenteiliges elterliches Verhalten in Richtung Unterforderung negative Konsequenzen haben, da es dem Kind vermitteln könnte, dass die Eltern ihm angestrebte Ziele nicht zutrauen, was sich wiederum negativ auf das Selbstbild des_der Heranwachsenden auswirken könnte.

Insofern stellt es für Eltern eine große Herausforderung dar, eine Balance zu halten zwischen »Fördern und Fordern« und das richtige Maß zu finden, das individuell zugeschnitten sein muss. Damit das gelingen kann, muss auch in der Phase der Zukunftsplanung ein kontinuierlicher Austausch stattfinden und das Interesse an weiterer Begleitung signalisiert werden. Bleibt ein guter Kontakt zwischen den Eltern und dem_der Heranwachsenden bestehen, besteht auch eher die Möglichkeit, in kritischen Punkten eine konstruktive Auseinandersetzung zu führen, wie es auch beim »Konsumverhalten aushandeln« notwendig ist.

## 5.3 Konsumverhalten aushandeln

Das Thema Konsumverhalten durchzieht wie ein roter Faden dieses Buch. Abhängig vom Alter und Entwicklungsstand der Kinder haben die Eltern die Aufgabe, ihre heranwachsenden Kinder bei der Ausbildung eines gesunden Konsumverhaltens zu unterstützen. Ein gesundes Konsumverhalten erfordert die Entwicklung von altersadäquater Konsumkompetenz, die sich wiederum als Aufgabe der Suchtprävention versteht.

> »Der Konsumkompetenzansatz entspricht der Überzeugung des demokratisch-emanzipatorischen Menschenbildes, dass die überwiegende Mehrzahl von Menschen autonom richtige Entscheidungen treffen wird, wenn man sie unterstützt Lebenskompetenz zu entwickeln und mit Risiken verantwortungsvoll umzugehen« (Kostrzewa, 2019, S. 283).

Bei Heranwachsenden in der mittleren und späteren Adoleszenz sollte den Eltern dieser Gedanke der Selbstbestimmung sowie das Bedürfnis nach risikohaften Verhaltensweisen besonders bewusst sein, um nicht von vornherein in konfrontative Auseinandersetzungen zu starten. In dieser Entwicklungsphase geht es um das Erlernen des kontrollierten Risikokonsums sowie der sich daraus herausbildenden Risikokompetenz. Letzteres richtet sich auf die Fähigkeit, unterschiedliche Risiken gegeneinander abwägen und in schwierigen Entscheidungssituationen die geeignete Entscheidung treffen zu können. Selektive Suchtprävention zielt aus diesem Grund auf Risikokompetenzförderung ab, um den Zielgruppen, bei denen das Risikohandeln schon Teil der alltäglichen Konsumpraxis ist, Rausch- und Risikostrategien zu vermitteln. Das bedeutet z. B., dass den Jugendlichen nahegelegt wird, vor riskanten Konsumentscheidungen ihre eigene Befindlichkeit zu überprüfen, das soziale Setting zu analysieren und ggf. einen ›Buddy‹ zu organisieren. Risikokompetenzförderung ermöglicht so das Einüben von Risikohandeln und Konsumlernen, um sich eine Rauschkompetenz anzueignen. Dabei wird der Begriff Rausch nicht negativ konnotiert, sondern als erstrebenswerter Zustand akzeptiert. Vielfach wird der Rausch an sich in unserer Gesellschaft kritisch gesehen, obwohl er bei ehrlicher Betrachtung häufig einen erstrebenswerten Grund für den Konsum darstellt. Ein Rausch führt zur Veränderung von Wahrnehmungs-, Bewusstseins- und Erfahrungsmustern und lässt Menschen bewusst über Grenzen hinaus und in einen anderen Bereich hineingehen. Das Gefühl des Rausches wird auf die verschiedensten Zusammenhänge, Erlebnisse oder Verhaltensweisen übertragen und häufig mit einem angenehm erlebten Zustand gleichgesetzt wie z. B. Geschwindigkeits-, Tanz-, Liebes-, Natur- oder Höhenrausch. »Man fühlt sich aller Alltagssorgen enthoben, angenehm beduselt, gleichsam auf einer rosaroten Wolke schwebend. Ein Gefühl also, dessen wir so dringend bedürfen, um dem täglichen Stress zumindest vorübergehen auszuweichen« (Harten, 1991, S. 26).

> So überrascht es nicht, dass Heranwachsende hinsichtlich grenzüberschreitender Rauscherfahrungen besonderes Interesse zeigen, um sich von den zunehmend komplexer werdenden Alltagsanforderungen abzulenken. Hier bedarf es dann der Rauschkompetenz, um die Situation vorab richtig einzuschätzen und zugleich die eigene körperliche Befindlichkeit richtig wahrzunehmen. Als Grundregel für kompetente Rauscherfahrungen mit Substanzen gilt: nicht allein, nicht bei negativer Stimmung oder bei Krankheit sowie nicht bei gleichzeitiger sportlicher Aktivität bzw. im Straßenverkehr. Gleichwohl muss das Bewusstsein dafür vorhanden sein, dass dieses Verhalten immer auch ein Risikoverhalten ist, da die Wirkung von Substanzen auf den menschlichen Körper sehr individuell und schwer abschätzbar ist.

Grundsätzlich kann man nie davon ausgehen, dass die gleiche Menge des gleichen Wirkstoffs sich auch immer gleich auf den Körper auswirkt – eher sogar im Gegenteil! Denn unsere Befindlichkeit, die körperliche Konstitution und der Gewöhnungsgrad an eine Substanz kann immer zu unterschiedlichen Reaktionen führen. Insofern bleibt jeglicher Risikokonsum auch bei einer rauschkompetenten Person ein Risikoverhalten. Diese Grundregeln und erläuterten Perspektiven sollen Eltern als Orientierung dienen, wenn sie mit ihren riskant konsumierenden heranwachsenden Kindern das Konsumverhalten aushandeln wollen. Selbstverständlich gelten auch hier die dargestellten Gesprächsführungsregeln, um das Risikoverhalten des_der Jugendlichen gezielt anzusprechen.

»Risikoverhalten ist definiert als Verhalten, das mittelbar oder unmittelbar das Wohlbefinden, die Gesundheit oder die Persönlichkeitsentwicklung beeinträchtigen kann« (Bühler, 2005, S. 8). Studien belegen, dass es drei Untergruppen an Jugendlichen mit Risikoverhalten gibt:

- die Gruppe der Jugendlichen, die schon vor der Pubertät und lebenslang auffälliges Verhalten zeigen (ca. 10 %),
- die Gruppe, die erst ab dem Jugendalter auffällig wird und bleibt, sowie
- die Mehrheit der Jugendlichen, deren Problemverhalten auf die Jugendzeit begrenzt ist.

Diese größte Gruppe ist weder in der Kindheit noch später auffällig. Bei diesen Jugendlichen steigt das Risikoverhalten von Beginn des Jugendalters bis zum Alter von ca. 19 Jahren an und nimmt dann kontinuierlich ab (ebd., S. 9). Die auffällig bleibende Gruppe von Jugendlichen, nutzen aufgrund von Entwicklungsproblemen den Substanzkonsum als ein Ersatzziel zur Stress- und Gefühlsbewältigung.

## 5.4 Entwicklungsprobleme erkennen

Unter Entwicklungsproblemen versteht man anhaltende Schwierigkeiten bei der Bearbeitung von Entwicklungsaufgaben. Die Schwierigkeiten können entstehen, wenn aufgrund fehlender Kompetenzen oder Fremdbestimmung die Realisierung der Entwicklungsziele nicht möglich ist, z. B. bei Schulschwierigkeiten, Außenseitertum oder abweichendem Entwicklungstempo. Daraus resultierende Entwicklungsverzögerungen können dazu führen, dass zu viele Entwicklungsaufgaben gleichzeitig bearbeitet werden müssen bzw. dass dann auch die Bestimmung von Entwicklungszielen misslingen kann, weil die äußeren Erwartungen sich erhöhen. Davon betroffene Heranwachsende sehen im Substanzkonsum häufig die Möglichkeit, den Anforderungen und Alltagsbelastungen auszuweichen und die sich daraus verstärkenden Probleme auszublenden.

> »Ich wurde trotz Realschulempfehlung von meinen Eltern aufs Gymnasium geschickt und fühlte mich dort immer unsicher und ängstlich. [...] Wenn meine Eltern mich auf meinen extremen Alkoholkonsum ansprachen, fühlte ich mich immer ausgehorcht und kontrolliert. Die Gesprächsführung war wohl nicht ideal.«
>
> Antonio beschreibt deutlich, wie sich zu hoher Erwartungsdruck seiner Eltern auf seine Entwicklung auswirkte. Seine Versuche, durch Risikokonsum dem Alltag zu entfliehen, führten zu weiteren Konflikten mit seinen Eltern und verstärkten die negative Situation im Elternhaus.

Studien belegen, dass ca. 20 % der Befragten dem Alkohol zuschreiben, damit besser den Ärger herunterspülen zu können, und ein Drittel der Drogenerfahrenen berichtet, dass sie mit Drogen den Alltag leichter vergessen können (ebd., S. 11). Entscheidend ist, inwieweit dieses riskante Verhalten über das Jugendalter hinaus aufrechterhalten bleibt und ob die Heranwachsenden bereits in der Kindheit verhaltensauffällig geworden sind. Weisen die Jugendlichen neben dem Substanzmissbrauch auch andere Verhaltensstörungen auf – so, wie es sich bei Antonio zeigt – tragen sie ein erhöhtes Risiko, auch nach der Jugendzeit auffällig zu bleiben.

> »Hier kann Problemverhalten, darunter auch Substanzkonsum, als Ausdruck von Anpassungsproblemen verstanden werden, die seit der Kindheit bestehen und zu bleibenden Beeinträchtigungen führen. Die anfängliche Ursache wird in frühkindlichen neuropsychologischen Auffälligkeiten gesehen, die dann zu Besonderheiten des Temperaments und Störungen der Verhaltensanpassung führen, welche wiederum die für die gesunde Entwicklung wichtigen Interaktionen in Familie, Schule und Freizeit beeinträchtigen« (ebd., S. 12).

Wenn Eltern über einen Zeitraum von einigen Jahren die Beobachtungen bei ihren heranwachsenden Kindern in der oben beschriebenen Form machen, ist die dringende Empfehlung, sich professionelle Hilfe zu holen. Wichtig ist dann zu erkennen, dass nicht nur der_die Heranwachsende professionelle Beratung benötigt, sondern auch die Eltern sich Unterstützung holen sollten, um gemeinsam am Problem zu arbeiten und Lösungswege zu suchen. In diesem Fall lassen sich Konsumverhaltensweisen zwischen Eltern und Jugendlichen nicht mehr ›einfach so‹ aushandeln, da sind tieferliegende Entwicklungsprobleme, die angegangen werden müssen, um eine Verhaltensänderung zu erzielen. Sinnvoll ist es, sich so rechtzeitig wie möglich professionelle Hilfe zu holen, auch schon in frühen Jahren. Sobald Eltern den Eindruck haben, mit ihrem pädagogischen Handeln an ihre Grenzen zu stoßen, ist es zunächst gut, sich mit anderen Eltern auszutauschen, ob vergleichbare Probleme vorliegen, und so neue Ansätze von Konfliktlösestrategien zu erhalten. Wenn dieses konstruktive Vorgehen keine Verbesserung bewirkt, kann eine Erziehungsberatungsstelle ein weiterer Schritt sein, bevor eine psychologische Beratung aufgesucht wird. Denn Letzteres sollte zum richtigen Zeitpunkt erfolgen und nicht voreilig vorgenommen werden, da ein unbegründetes Psychologisieren eines Verhaltens negative Folgen auf die Entwicklung des Kindes und auf die Eltern-Kind-Beziehung haben kann.

> »Meine Eltern haben immer gemeint, ich sei nicht normal, irgendwie krank, ein Psycho halt. Dass mein Verhalten auch etwas mit ihrem Erziehungsstil zu tun haben könnte, haben sie nie gedacht. Immer war ich schuld! Nichts hab' ich gut gemacht! In der Therapie habe ich erst gelernt, dass meine Eltern immer zu viel Druck gemacht haben, und deshalb bin ich ausgerissen.«

Das beschriebene Elternverhalten kann zu einer Form von Stigmatisierung führen. Das bedeutet, dass dem_der Jugendlichen eine Art Etikette auferlegt wird, Risikojugendliche_r zu sein. Infolgedessen kann der_die Jugendliche sich noch mehr von seinen_ihren Eltern abgrenzen und sich verstärkt zu anderen riskant konsumierenden Jugendlichen hingezogen fühlen. »Der Deviant Talk findet verstärkt zwischen diesen Jugendlichen statt und bestärkt sie in ihrem abweichenden Verhalten« (Kostrzewa, 2019, S. 282).

Insofern sollten Eltern sich zunächst allein beraten lassen und herausfinden, ob es mit ihrem Erziehungsstil zusammenhängen könnte. Auf keinen Fall sollten Eltern sich dazu hinreißen lassen, irgendwelche Diagnosen gegenüber ihrem jugendlichen Kind zu äußern. Zum einen könnte die Gesprächsbereitschaft des_der Jugendlichen sofort beendet sein, zum anderen könnte ein Teufelskreis der Stigmatisierung und Selbststigmatisierung ausgelöst werden, der eine negative Identitätsbildung bewirken kann (Kostrzewa, 2018).

Darüber hinaus ist hervorzuheben, dass nur ausgebildete Therapeut_innen Diagnosen stellen können. Worauf sollten also Eltern bei einem Problemgespräch mit ihrem riskant konsumierenden heranwachsenden Kind achten? Und wann steht ein Problemgespräch an?

## 5.5 Problemgespräche führen

Ein Problemgespräch ist notwendig, wenn es wiederholt zu Konfliktsituationen zwischen Eltern und Heranwachsenden aufgrund von problematischen Konsumverhaltensweisen des_der Jugendlichen gekommen ist.

Problematischer Konsum lässt sich anhand folgender Merkmale beschreiben:

1. Wiederholtes Rauschtrinken: In kurzer Zeit werden große Mengen Alkohol getrunken, die zur Trunkenheit führen oder eine Alkoholvergiftung bewirken.
2. Das Rauschtrinken führt zu negativen Konsequenzen: Unfälle, Gewalttaten bis hin zu kriminellen Handlungen.
3. Die Interessen verändern sich: Bisherige Freizeitbeschäftigungen, gemeinsame Familienaktivitäten oder schulische Aufgaben werden vernachlässigt.
4. Der jugendliche Körper zeigt erste Anzeichen eines beginnenden Abhängigkeitsprozesses: Die Trinkmenge kann nicht mehr kontrolliert werden; sie muss erhöht werden, um die gleiche Wirkung zu erzielen (DAK, o. J., S. 21).

Es gibt noch eine ganze Reihe weiterer kleinerer Anzeichen von problematischem Alkoholkonsum. Allerdings sind viele Merkmale nicht eindeutig dem riskanten Alkoholkonsum zuzuordnen, sondern können auch viele andere Ursachen haben, weshalb es für Eltern schwierig sein könnte, sie richtig zu deuten. Außerdem ist es nicht Aufgabe der Eltern, Diagnosen zu stellen oder Prognosen zu formulieren, da sie ja keine entsprechende Ausbildung haben und aufgrund ihrer emotionalen Bindung nicht dazu in der Lage wären. Deshalb wäre es in dem Stadium der oben beschriebenen Merkmale auf jeden Fall ratsam, sich professionelle Unterstützung zu holen. Allerdings wird ihnen, auch wenn sie sich Unterstützung holen, das Problemgespräch nicht erspart bleiben. Folgende Hinweise sollten beachtet werden.

Grundlegend gelten auch hier alle bisher eingeführten Gesprächsführungsregeln. Zunächst sollten die Eltern sich auf das Gespräch vorbereiten und sich selbst ein Ziel setzen, was sie erreichen möchten. Dies ist selbstverständlich abhängig vom Alter des Kindes. Da in den vorherigen Kapiteln auf die frühe und mittlere Adoleszenz eingegangen wurde, soll hier der Fokus auf die beginnende späte Adoleszenz gerichtet werden, also das Alter von ca. 17 Jahren und aufwärts. Relevant ist es hier, die Autonomiebestrebung des Heranwachsenden zu respektieren, da das Gespräch sonst schnell zu einem Streit eskalieren könnte. Wenn dies passieren sollte, wäre eine bewährte Deeskalationsmethode die Time-out-Phase, um verletzende Äußerungen auf beiden Seiten zu vermeiden. Es hilft nicht, laut zu werden und sich gegenseitig Vorwürfe zu machen. Ganz im Gegenteil: Ein eskalierendes Problemgespräch kann zu Reaktionen führen, die schwer wiedergutzumachen sind. Deswegen ist es für Eltern wichtig, sich vorher zu überlegen, welche Punkte angesprochen werden sollen.

Wenn das Gespräch als Elternpaar durchgeführt wird, ist es notwendig vorher einen Konsens zu finden über die Richtung, die gemeinsam einschlagen werden soll, damit beide mit einer gemeinsamen klaren Haltung in das Gespräch gehen. Sind sie es als Familie gewohnt, die Gespräche mit beiden Elternteilen und dem heranwachsenden Kind zu führen, ist es sicher gut, es im Fall eines Problemgesprächs auch zu tun. Sind sie es aber eher gewohnt, dass nur ein Elternteil die ›Erziehungsgespräche‹ führt, wäre es im Fall des Problemgesprächs auch gut, es allein durchzuführen. Denn zum einen würde das jugendliche Kind sich sonst ggf. ›gleich überrumpelt‹ fühlen, nach dem Motto ›zwei gegen einen‹, und zum anderen ist es auch nicht so leicht, ein Gespräch zu dritt zu führen und als Eltern gemeinsam alle Gesprächsführungsregeln sowie die hier dargelegten relevanten Aspekte zum riskanten Alkoholkonsum zielführend einzubeziehen. Dazu müssten die Eltern das Ziel vorab klar formuliert haben und besprochen haben, wie das Gespräch aufgebaut sein sollte. Zu bedenken ist, dass sich Gespräche und insbesondere Problemgespräche nicht ›durchplanen‹ lassen, da nicht abzusehen ist, welche Argumente bzw. Aspekte vom heranwachsenden Kind eingebracht werden, auf die reagiert werden müssen. Insofern sollten sich Eltern gut überlegen, ob sie das Gespräch zu dritt führen, und es ist abhängig davon, wie sie es in der Familie gewohnt sind. Erfahrungsgemäß werden die meisten Eltern-Kind-Gespräche zu zweit – also nur mit einem Elternteil – geführt, oft bedingt durch den stressigen Alltag und die knappen Zeitressourcen von Eltern.

Zur Vorbereitung eines Problemgespräches gehört es in jedem Fall, sich ein Ziel zu setzen. Hier unterscheidet sich das Vorgehen von einem motivierenden Gespräch, wie es in Kapitel 4.3 zur Initiierten Abstinenz vorgestellt wurde, in dem der Fokus auf Freiwilligkeit beruht und keine Problematik vorliegt wie bei einem Problemgespräch. Selbstverständlich darf auch in diesem Gespräch nicht die Selbstbestimmung des_der Jugendlichen verloren gehen, aber es geht um einen konkreten Problemfall, der ein Einschreiten vonseiten der Eltern notwendig macht. Insofern sollte abhängig vom konkreten Vorfall ein Ziel aufseiten der Eltern überlegt werden. Um es greifbarer zu machen, soll beispielhaft ein Problemgespräch nach einer Alkoholvergiftung durchgedacht werden. Die Auswirkungen bzw. das Vorgehen im Notfall sind in den vorherigen Kapiteln schon erläutert worden und können als Hintergrundwissen für Gespräche dienen.

Folgender Ablauf kann als Leitfaden für ein Problemgespräch allgemein dienen und im Speziellen im Nachgang zu einem Alkoholexzess:

1. Vorbereitung - Ziel formulieren
2. Aktives Zuhören, offene Fragen stellen - Problem formulieren
3. Klärung von Gründen und Ursachen - Problemanalyse
4. Kein Verurteilen! Keine Diagnose stellen - Motivationswaage erstellen
5. Regeln vereinbaren, Konsequenzen formulieren - Lösungsansätze begleiten
6. Einhaltung der Regeln prüfen - Hilfe zur Selbsthilfe
7. Nachgespräch führen - Veränderungsmotivation stärken

Die Phasen 2 bis 5 betreffen die Durchführung des Gespräches, während die Phase 1 vorbereitend und Phasen 6 bis 7 nachbereitend gedacht sind!

Zur *Phase 1* Vorbereitung wurden schon Ausführungen vorgenommen, die ein Elternpaar vorab besprechen sollte. Darüber hinaus sollte das Ziel formuliert werden. Als klares Ziel kann das Verhindern einer erneuten Alkoholvergiftung formuliert werden. Dieser Zielformulierung wird sicher auch das jugendliche Kind zustimmen, da eine Alkoholvergiftung bekanntlich eine schwerwiegende und unangenehme Erfahrung ist. Trotzdem sollte dieses Ziel nicht gleich am Anfang des Gespräches benannt werden, da es eine stärkere Motivation für den_die Jugendliche_n hervorruft, wenn er_sie es selbst formuliert. Darüber hinaus sollten die Eltern sich vorbereitend überlegen, welche Regeln und Konsequenzen sie gerne vereinbaren möchten. Natürlich können dies nur Vorschläge sein, da sie ja mit dem heranwachsenden Kind gemeinsam im Gespräch erarbeitet werden sollen. Allerdings hätten die Eltern so die Möglichkeit, gemeinsam vorab Gedanken zu entwickeln, die dann später im Gespräch von einem Elternteil eingebracht werden können.

Die *zweite Phase* fordert viel Empathie von den Eltern, denn sie müssen sich in die Sichtweise des heranwachsenden Kindes hineindenken. Die Eltern sollten ihm_ihr in Ruhe zuhören und versuchen nachzuvollziehen und nachzuempfinden, wie sich die Situation für ihr Kind darstellt. Sie sollten versuchen mit eigenen Worten das Gehörte zwischendurch zusammenzufassen, um zu prüfen, ob sie es richtig verstanden haben. Dadurch fühlt sich der Heranwachsende verstanden und kann durch offene Fragen ins Erzählen kommen, wie die Situation entstanden ist und ab welchem Zeitpunkt es die Kontrolle über die Situation verloren hat. Diese Schilderungen des jugendlichen Kindes sind wichtig, um das Problem selbst als ein solches zu erkennen.

Der_die Jugendlichen muss selbst die Alkoholvergiftung als Problem erkennen, um nicht Gefahr zu laufen, dass sie sich wiederholt.

In der *Phase 3* werden dann konkret die Gründe und Ursachen erarbeitet. Auf die Frage »Warum hast du mehr getrunken, als du wolltest?« geben Jugendliche folgende Motive an: Ein Glas ergab das nächste; Trauer/Frust/Ärger; Gruppendruck; Partylaune und Neugier (Kostrzewa, 2010, S. 44). Insbesondere die Angabe ›Ein Glas ergab das nächste‹ deutet auf einen unbewussten Prozess hin, in dem die Jugendlichen eigene Grenzen noch nicht wahrnehmen. Insofern zeigt sich häufig, dass das Verhalten unbeabsichtigt war. Welche Motive auch immer dazu führten, ob Gruppendruck, Imponiergehabe, Trinkspiele oder Frustabbau, sie sollten keiner Bewertung der Eltern unterliegen. In dieser Phase soll eine Problemanalyse erfolgen, die durch den Jugendlichen selbst vorgenommen wird und von den Eltern durch offene Fragen begleitet wird.

Auch hier müssen Gesprächspassagen wieder zwischendurch zusammengefasst werden, um das Verständnis seitens des Elternteils zu überprüfen.

In der *Phase 4* wird eine sogenannte Motivationswaage erstellt. In dieser werden die Vor- und Nachteile vom Alkoholkonsum zusammengestellt. Dabei soll wie bei einer paradoxen Intervention vorgegangen werden und zuerst die Vorteile erfragt werden. Dadurch wird der_die Jugendliche überrascht sein, da er_sie nicht erwartet nach positiven Aspekten des Alkoholexzesses gefragt zu werden. Erfahrungsgemäß führt dieses Vorgehen zu einer erhöhten Akzeptanz des Gespräches und einer größeren Bereitschaft, sich danach den Nachteilen zu widmen und selbstkritischer auf sein Verhalten zu schauen. Die Aufgabe der Eltern besteht darin, den_die Jugendliche_n darin zu begleiten, die Argumente erschöpfend zu explorieren. Am besten werden sie schriftlich nach Pro und Kontra aufgelistet und danach von dem_der Jugendlichen gewichtet, d.h. es werden ein bis drei Pluszeichen bei jedem Argument vergeben. Durch die Gewichtung kann der_die Jugendliche sehen, ob die Vor- oder Nachteile eine größere Relevanz für ihn haben. Erst wenn ihm_ihr bewusst ist, dass die Nachteile überwiegen, wird er einen Anstoß für eine Veränderung sehen.

Bei einer Motivationswaage zu den Vor- und Nachteilen des Alkoholkonsums an sich kann es ein ambivalentes Ergebnis geben, d. h. eventuell sieht der_die Jugendliche ein ausgewogenes Verhältnis von Argumenten bzw. Gewichtungen. Bei einer Motivationswaage zur Alkoholvergiftung jedoch ist es eher unwahrscheinlich, dass die Jugendlichen viele Argumente dafür finden, weshalb es sich ergänzend eignet, diese zu erstellen. Häufig fällt es Eltern schwer, sich positive Argumente für den Alkoholkonsum anzuhören, wenn sie sich gerade Sorgen um ihr heranwachsendes Kind aufgrund eines Alkoholexzesses machen. Dann kann es helfen, sich die eigene Jugendzeit vor Augen zu führen und sich an die eigenen Alkoholerfahrungen, die ggf. auch kritisch waren, zu erinnern. Diese können sie einfließen lassen, allerdings sollte dabei darauf geachtet werden, sie selbstkritisch einzubringen und sie nicht unreflektiert stehen zu lassen, da sie sonst wie eine Erlaubnis kontraproduktiv wirken könnten. Während des Gesprächs sollte darauf geachtet werden, die Dinge sachlich zu besprechen und keine vom Jugendlichen genannten Argumente zu verurteilen.

Den Impuls, das jugendliche Kind in seinen Ansichten und Darstellungen korrigieren zu wollen, sollte vermieden werden. Das bedeutet nicht, dass die Eltern das Verhalten gutheißen, sondern, dass sie verstehen, wie es zur Alkoholvergiftung gekommen ist.

Wie es das nächste Mal vermieden werden kann, wird in der *fünften Phase* besprochen. Zuvor muss allerdings eine eindeutige Absichtsbildung erfolgt sein, in der der_die Jugendliche seine_ihre Veränderungsbereitschaft signalisiert. Oft hilft es, wenn die verschiedenen Argumente genauer betrachtet werden. Nennt der_die Jugendliche z. B. bei den Nachteilen, dass seine_ihre sportlichen Leistungen aufgrund der Alkoholexzesse zurückgehen, ihm_ihr aber der sportliche Erfolg wichtig ist, könnte dies ein Aspekt sein, der als Auswirkung des Trinkverhaltens genauer besprochen wird. Ähnlich verhält es sich mit schulischen Leistungen und beruflichen Vorstellungen. Je nachdem welche Argumente für den_die Jugendliche_n relevant sind, sollten die Eltern hinterfragen, ob sich diese Ziele bei Fortsetzung der Alkoholexzesse noch erreichen lassen.

Diese Gesprächsphase kann sich in die Länge ziehen, sollte aber nicht dazu führen, dass von den Eltern fertige Lösungen, eigene Ansichten oder Vorstellungen durchgesetzt werden. Diese würden nur zu Widerstand bei dem_der Jugendlichen führen und ihn_sie ggf. in die Absichtslosigkeit zurückwerfen, d. h. die angestrebte Veränderung bezüglich des Alkoholkonsums wieder zu verwerfen.

Gelingt es den Eltern, den_die Jugendliche_n hin zu einer Veränderungsbereitschaft zu begleiten, können in der fünften Phase Lösungsansätze erarbeitet werden. Dafür werden zunächst Ideen gesammelt, wie eine Veränderung bezüglich des Alkoholkonsums aussehen kann.

Die Aspekte Trinkmenge, -häufigkeit, -situation sollten dabei bedacht werden sowie die in Kapitel 4.3 dargestellten Regeln. Darüber hinaus sind noch folgende Aspekte hilfreich:

- keine Teilnahme an Trinkspielen oder -wettbewerben;
- keine Spirituosen trinken;
- zwischendurch Wasser o. Ä. trinken;
- keinen Alkohol auf nüchternen Magen trinken;
- nicht allein Alkohol trinken;
- vor der Party den sicheren Heimweg organisieren.

Wichtig ist, dass Jugendliche für sich relevante Regeln aufstellen. Z. B. macht die Regel, keine Trinkspiele festzulegen, nur Sinn, wenn ein_e Jugendliche_r dazu neigt, dies zu tun. Wenn der_die

Jugendliche gar kein Interesse an Trinkspielen zeigt und sie in seinem_ihrem Freund_innenkreis unüblich sind, brauchen sie nicht weiter thematisiert zu werden. Dann wären andere Regeln wichtiger, die auf ihn_sie zutreffen. Grundsätzlich geht es nicht darum, mit einer langen Liste an Regeln aus dem Gespräch zu gehen, sondern eher z. B. drei für den_die Jugendliche_n wirklich wichtige Regeln gemeinsam festzulegen, damit er_sie eine Chance hat, diese auch umzusetzen.

Genauso verhält es sich mit den Konsequenzen. Diese führen den Heranwachsenden vor Augen, dass ein Verhalten bestimmte Folgen hat und dass Erwachsenwerden bedeutet, die Verantwortung für das eigene Handeln zu übernehmen.

Insofern ist es sinnvoll, dass Eltern nicht die Verantwortung für die Folgen des Alkoholkonsums ihres heranwachsenden Kindes übernehmen. Als Beispiele sind hier Entschuldigungen für das Fehlen in der Schule oder am Ausbildungsplatz gemeint sowie das Aufräumen und Putzen nach einer berauschten Party. Die Eltern sollten dieses Vorgehen im Gespräch ankündigen und auch konsequent umsetzen. Darüber hinaus lassen sich weitere Konsequenzen vereinbaren, die immer im Zusammenhang mit dem Regelbruch stehen sollten. Sie sollten ihr heranwachsendes Kind selbst formulieren lassen, welche Konsequenzen es haben soll, wenn die Vereinbarungen nicht eingehalten werden. Als Ansporn könnten die Eltern ja anbieten, ihren eigenen Alkoholkonsum auch in einem bestimmten Bereich einzuschränken und sich selbst auch Konsequenzen aufzuerlegen, wenn sie es nicht schaffen sollten. Und noch ein Tipp: Als Belohnung für einen Erfolg könnte eine beliebte gemeinsame Aktivität stehen.

Mit der fünften Phase ist das eigentliche Gespräch abgeschlossen, allerdings bietet es sich an, ein Nachgespräch (*Phase 7*) zu vereinbaren und das Überprüfen der Einhaltung der Regeln (*Phase 6*) anzukündigen. Grundsätzlich erfolgt dies im Sinne der Hilfe zur Selbsthilfe! Dadurch, dass die Eltern die persönliche Verantwortung des_der Heranwachsenden für sein_ihr Verhalten betont haben, geben sie ihm_ihr die Chance, diese auch zu tragen. Hier kommt der Grundsatz »Loslassen statt fallenlassen« direkt zum Ausdruck, Dieser vermittelt dem jugendlichen Kind, dass es die Verantwortung für sein Handeln tragen kann. In dem Nachgespräch wird der Fokus auf die Stärkung der Änderungsbereitschaft gerichtet. Das bedeutet, dass auf die erfolgten Schritte des_der Jugendlichen geschaut wird und eine Selbsteinschätzung vorgenommen wird, inwieweit die Vereinbarungen eingehalten worden sind und wie es gelingen kann, diese weiterhin umzusetzen. Hat es geklappt, die Regeln umzusetzen, ist es wichtig, dieses positive Verhalten zu loben und ggf. zu belohnen – wenn es denn so in der Konsequenz geplant wurde. Anderenfalls sind, wenn die Regeln nicht eingehalten worden sind, ebenfalls die vereinbarten Konsequenzen umzusetzen. Darüber hinaus ist es allerdings auch wichtig, dass ein erneutes Gespräch geführt wird, um die Hintergründe zu besprechen und neue Möglichkeiten des Vorgehens zu erarbeiten. Grundsätzlich gilt lieber »Ansprechen statt schweigen«!

# 6

## Ansprechen statt Schweigen

Eine gute Kommunikation innerhalb der Familie ist die Grundlage für eine gute Eltern- Kind-Beziehung und eine harmonische Familiensituation. Wenn Probleme nicht offen angesprochen werden, sondern verschwiegen oder verheimlicht werden, kann Misstrauen zwischen den Familienmitgliedern entstehen oder sich eine angespannte Stimmung entwickeln. Wenn Probleme langfristig nicht angesprochen werden, müssen Ausreden erfunden werden, was sich dann auch zur Unehrlichkeit gegenüber den Familienmitgliedern weiterentwickeln kann. Infolgedessen könnte dann eine Art Teufelskreis entstehen, da ja die Gefahr besteht, dass eine Unehrlichkeit eine andere nach sich zieht. Insofern sollte die Redewendung »Reden ist Silber, Schweigen ist Gold« umgedreht werden zu: Schweigen ist Silber, Reden ist Gold. Denn innerhalb der Familie sollte offen kommuniziert werden können und auch Probleme sollten offen angesprochen werden, um gemeinsam Lösungsansätze zu überlegen und je nach Problematik gemeinsam oder allein Lösungen anzustreben. Gerade im Kontext von Substanzkonsum empfiehlt es sich aufseiten der Eltern, eine offene Ansprache vorzuleben, um für die heranwachsenden Kinder kein schlechtes Vorbild zu sein. Ein gutes elterliches Modell reflektiert das eigene Konsumverhalten und spricht bei Bedarf den_die Partner_in kritisch auf dessen_deren Substanzkonsum an, damit sich gar nicht erst ein süchtiges Verhalten in der Familie manifestieren kann. Wenn dies doch der Fall ist, stellt sich die Frage, wie die Ansprache von suchtbelasteten Eltern bzw. Familien gelingen kann. Auch hier gilt der Grundsatz des Ansprechens statt Schweigens unabhängig von den Konstellationen von anderen Angehörigen und Betroffenen. Egal ob zwischen Eltern und süchtigen erwachsenen Kindern oder von erwachsenem Kind zu seinem suchtbelasteten Elternteil, grundsätzlich geht es um empathisches Offenlegen, um das Schweigen zu durchbrechen und um den Änderungsprozess anzustoßen.

»Ja, ich hab' auch erst lange geschwiegen, weil es mir unangenehm war. Im Falle meiner Mutter und mir war es schon gut, dass ich es ausgesprochen habe. Es war wie eine innere Stimme, die Raum brauchte. Hätte ich geschwiegen, wäre ich nicht da, wo ich jetzt bin. Je mehr ich darüber gesprochen habe, desto mehr konnte ich in die Arbeit mit mir selbst gehen. Das geht ja nicht, wenn man es verschweigt.«

Selina beschreibt deutlich, dass das Ansprechen nicht nur für die suchtbelastete Mutter wichtig ist, sondern auch, dass es für die Weiterentwicklung ihrer eigenen Persönlichkeit relevant ist, um sich selbst aus dem süchtigen Familiensystem zu befreien.

Was das konkret bedeutet, soll in den folgenden Kapiteln erläutert werden. Weshalb ist Sucht eine Familienkrankheit? Was bedeutet Familie als System? Welche Möglichkeiten gibt es, Sucht als ›Familiengeheimnis‹ zu durchbrechen?

## 6.1 Sucht im Familiensystem

Die Relevanz der Familie für den_die Einzelne_n und für die Gesellschaft wird gerade in Krisen wie der Corona-Pandemie deutlich. Aber warum ist das so? Was bedeutet der Begriff Familie eigentlich? Der Begriff Familie – als Kern des menschlichen Zusammenlebens – unterliegt dem gesellschaftlichen Wandel. Heutzutage werden im westlichen Kulturkreis verschiedene soziale Konstellationen unter den Begriff Familie gefasst, die sich grundsätzlich darin ähneln, dass jeweils mindestens eine erwachsene Person mit einem oder mehreren Kindern zusammenwohnt. Die Kernfamilie, bestehend aus den durch die Ehe verbundenen Eltern mit einem oder mehreren Kindern, prägt bis heute das gesellschaftliche Bild von Familie. Dies spiegelt sich auch im Grundgesetzartikel 6 wider, in dem Ehe und Familie unter den besonderen Schutz der staatlichen Ordnung gestellt wurden. Jedoch verringerte sich der Anteil ehelicher Familien mit minderjährigen Kindern in den Jahren 1996 bis 2014 von 82 % auf 70 %, wohingegen sich der Anteil nichtehelicher Lebensgemeinschaften von 4 % auf 10 % mehr als verdoppelte und sich die Zahl alleinerziehender Lebensformen von 14 % auf 20 % erhöhte (Destatis.de, 2015). Diesem Wandel entsprechend entstand ein neues Konzept von Lebensformen, in dem sämtliche Eltern-Kind-Gemeinschaften als Familie verstanden werden. Dazu gehören Pflegefamilien, Patchworkfamilien, Adoptionsfamilien, Stieffamilien, Regenbogenfamilien (gleichgeschlechtliche Paare mit Kindern) und Inseminationsfamilien (in denen Kinder durch Ei- oder Samenspende künstlich erzeugt wurden). Darüber hinaus gibt es auch die Mehr-Generationen-Familie, in der Groß- und Urgroßeltern direkt im Haus der Familie mitwohnen. Familie zeichnet sich also durch eine Vielfalt von Lebensformen aus. Durch die vielen Möglichkeiten, die Familie haben kann, gibt es deshalb auch keine richtigen oder falschen Familienkonstellationen. Familie ist wandelbar geworden! Jedes Geschlecht und jede Sexualität können sich in einer Familie zusammenfinden. Die Phase der Kernfamilie ist zurückgegangen, und es braucht nicht mehr Mutter, Vater und Kind, um als Familie anerkannt zu sein.

Darüber hinaus ist die Familie durch einen Doppelcharakter gekennzeichnet. Zum einen ist Familie eine »soziale Institution«, zum anderen ein »individuell konstituiertes Netz von Beziehungen« (Kersten, 2012, S. 375). Innerhalb einer Familienkonstellation konstruiert sich durch viele Teilbeziehungssysteme dieses individuelle Netz und wird durch spezifische Netzbildungen geprägt: Mutter-Tochter-Beziehung, Vater-Sohn-Beziehung, Schwestern-Beziehung usw. Selbstverständlich nimmt auch das gesellschaftliche Umfeld Einfluss auf die Verhältnisse der Beziehungen und das Familiennetz (ebd.).

Die Familie ist ein besonderes System der Gesellschaft und wird als zentrale Sozialisationsinstanz gesehen. Durch die rechtliche Festlegung wichtiger Aufgaben, Pflichten und Rechte wird der Einfluss der Familie auf die Heranwachsenden gesellschaftlich unterstrichen. Dadurch wird die Entscheidungsfreiheit von Familien gewahrt und zugleich werden die heranwachsenden Kinder vor schädlichem Einfluss durch die Familie geschützt. Obwohl sie mit den gesellschaftlichen Handlungserwartungen konfrontiert sind, entwickeln sie eine individuelle Ausgestaltung ihres Familienlebens. Der Familienalltag ergibt sich wie bei allen sozialen Systemen durch die rekursive Bezugnahme der Individuen und den sich daraus bildenden, systemstabilisierenden Gesetzmäßigkeiten und beeinflusst so die Lebensführung aller Familienmitglieder (Hill, Kopp, 2015, S. 417). So sind Familien als komplexe gesellschaftliche Gefüge herausgefordert sich als Subsysteme zu verorten, zu bewahren und zu behaupten (ebd., S. 417).

Familie zeigt sich also nicht nur als primäre Sozialisationsinstanz für die heranwachsenden Kinder, sondern hat durch die familialen Beziehungen und Interaktionen auch Einfluss auf die erwachsenen Familienmitglieder. Im Familiensystem entstehen durch die Interaktionen Wechselbeziehungen, die gegenseitige Einflussnahme bewirken. Insofern hat süchtiges Verhalten eines Familienmitgliedes auch immer Auswirkungen auf die Beziehungen und Interaktionen mit den anderen Familienmitgliedern. Nicht nur der_die Suchtkranke selbst, sondern auch die ganze Familie als ein System von Beziehungen und bestimmten Anordnungen der Beziehungen untereinander ist von der Erkrankung betroffen. Der Systemtheorie zufolge wird die Abhängigkeit nicht als individuelles Problem verstanden, sondern als problematisches Verhalten, das in Interaktion mit anderen Verhaltensweisen steht, sowie von Interaktionen und Veränderungen beeinflusst wird (Rennert, 2012, S. 40). Nach Wegscheider kann die Familie als Maschine betrachtet werden, bei der ein einzelnes Familienmitglied ein Rad ist und die verschiedenen Räder zu einem höheren Zweck ineinandergreifen, der von dem_-der Einzelnen allein nicht erbracht werden kann (Wegscheider, 1988, S. 52). Ein weiteres anschauliches Bild des Familiensystems ist das Bild eines Mobiles mit Schmetterlingen, die die einzelnen Familienmitglieder symbolisieren und alle unterschiedlich groß sind. Bei jedem ›Windhauch‹ reagiert das System umgehend und nach einer turbulenten Reaktion stabilisiert sich das System und findet zur Balance zurück, dadurch, dass bewährte Regeln und Verhaltensmuster umgesetzt werden. Die Fäden und Stöcke des Mobiles symbolisieren die Familienregeln, die nach Wegscheider vier Funktionen haben:

- Sie setzen fest, welche Haltungen, Erwartungen, Werte und Ziele für die Familie gelten,
- sie bestimmen, wem Macht und Autorität zukommt und wie der_die Einzelne darauf zu reagieren hat,
- sie regeln, wie die Familie auf Veränderungen reagieren soll,
- sie diktieren, wie die Familienmitglieder miteinander umgehen sollen und worüber gesprochen werden darf (ebd.).

Im Familiensystem unterliegen alle Mitglieder bestimmten Regeln, die festlegen, wer was zu tun hat, wie Beziehungen gestaltet werden, welche Ziele erstrebenswert sind und in welcher Weise diese Ziele erreicht werden. Selbst Verstorbene und Abwesende können Teil des Familiensystems sein, wenn die Rolle, die sie in der Familie verkörpert haben, weiterhin Einfluss auf die Familienmitglieder ausübt. Auch die Kinder in einer Suchtfamilie nehmen bestimmte Rollen an, um das ›Mobile‹ im gewohnten Gleichgewicht zu halten. Die Rollenmuster wurden ebenfalls von der amerikanischen Familientherapeutin Wegscheider (1988) entwickelt und haben sich seitdem in der Arbeit mit suchtbelasteten Familien bewährt.

Es werden vier unterschiedliche Rollenmuster charakterisiert: der Held, das schwarze Schaf, der Clown und das stille Kind. Oft ist das älteste Kind der Held, das versucht das suchtkranke Elternteil zu ersetzen bzw. zu unterstützen. Meistens ist der Held sehr zielgerichtet und erfolgsorientiert, wodurch er_sie sehr viel positive Aufmerksamkeit erhält. Innerlich fühlt sich der Held aber eher unzulänglich und wird von Schuldgefühlen geplagt. Das schwarze Schaf fällt durch negatives Verhalten in der Öffentlichkeit auf und bringt sich häufig in Schwierigkeiten, um Aufmerksamkeit – wenn auch nur negative – zu erhalten. Dieses Kind spiegelt das absolute Gegenteil des Helden wider und fühlt innerlich Wut, Ablehnung und Verlassenheit. Das stille Kind zieht sich in seine Traumwelt zurück und ist unauffällig. Es sorgt für sich selbst, erhält aber kaum Aufmerksamkeit, weshalb seine kindlichen Bedürfnisse vernachlässigt werden. Das stille Kind zeigt keine Gefühle und wird oft als Tagträumer_in oder Einzelgänger_in wahrgenommen. Innerlich fühlt es sich verloren, verlassen und bedeutungslos. Die Rolle des Clowns fällt meistens dem jüngsten Kind zu. Oft ist es ein_e Nachzügler_in, dem bewusst Informationen vorenthalten werden, um es als ›Kleinstes‹ zu schützen. Das Kind spürt allerdings, dass etwas nicht stimmt und versucht durch Clownerie die Stimmung aufzuheitern und positive Aufmerksamkeit auf sich zu lenken. Obwohl die Späße die Familie für den Moment aufheitern, fühlt sich dieses Kind einsam und ängstlich, da es die Stimmungsschwankungen und inkonsistenten Erziehungsverhaltensweisen des suchtkranken Elternteils nicht verstehen kann (Kostrzewa,

2009, S. 6). Genau genommen ergänzen sich die vier Rollenmuster der Kinder gegenseitig und halten das ›Mobile‹ automatisch im Gleichgewicht.

Betroffene Eltern, die nach einer erfolgreichen Therapie rückblickend auf ihr Familienleben schauen, bestätigen die Wechselwirkungen der einzelnen Familienmitglieder im Familiensystem und beschreiben die Funktionen der verschiedenen Rollen als stabilisierend.

> »Mein Sohn war wirklich mein Held. Immer wieder half er seiner kleinen Schwester, damit sie morgens rechtzeitig zur Schule kamen. Einerseits war ich stolz auf ihn, andererseits überkam mich ein Schamgefühl, was ich für eine schlechte Mutter bin. Da half es nur, noch mehr zu trinken. Bis einige Jahre später meine Tochter mich anschrie: ›Du bist süchtig!‹«

Was bedeutet Sucht im Familiensystem? Wie lässt sich Sucht definieren? Der Begriff Sucht wird in der Literatur und Fachwelt unterschiedlich verwendet, ist aber in den einschlägigen Klassifikationssystemen des DSM V und ICD 10 nicht explizit zu finden. Sucht wird eher umgangssprachlich verwendet und dient nicht als spezifische Formulierung für eine Diagnose. So werden im DSM V Alkohol-, Tabak- sowie andere Süchte unter der Bezeichnung »Substanzinduzierte Störung« zusammengefasst. Im ICD 10 wird eine Substanzstörung unter der Gruppe F10–19 »Psychische und Verhaltensstörungen durch psychotrope Substanzen« eingeordnet. Vergleicht man die Diagnosekriterien, lassen sich folgende Parallelen festhalten:

- Kontrollverlust bezogen auf Substanzbeginn und Menge,
- Entzugserscheinungen wie z. B. innere Unruhe,
- Toleranzentwicklung, das bedeutet die Dosis muss gesteigert werden, um eine gleichbleibende Wirkung zu erzielen,

- Wiederholungszwang (auch als Craving oder Suchtdruck bezeichnet),
- anhaltender Substanzkonsum trotz eindeutiger sozialer, psychischer oder körperlicher Folgen.

Nach Harten gibt es nur zwei Kriterien, die jeder Sucht zuzuschreiben sind: innerer Zwang und Leid (Harten, 1993, S. 4). Letzteres bezieht sich auf die Schädlichkeit für den_die Einzelne_n und die Gesellschaft, während eine psychische und meist auch physische Abhängigkeit von der Wirkung der Substanz zutrifft sowie eine Tendenz zur Dosissteigerung erfolgt. Harten gibt eine Alltagsdefinition von Sucht, deren Grundlage ein regelmäßiges Ausweichen vor scheinbar unlösbaren und unerträglichen Konflikten darstellt. Sie führt zur Flucht in scheinbar bequeme Lösungen und durch ständige Wiederholungen zu einer zwanghaften Suche nach immer stärkeren Reizen, verbunden mit einem Kontrollverlust, mit Entzugssymptomen bei mangelndem Nachschub wie auch Rückfallgefahr und Verhaltensautomatismus. Diese Definition macht die Alltäglichkeit von Sucht deutlich und gibt den Hinweis zur aufmerksamen Beobachtung zunächst alltäglich erscheinender Verhaltensweisen (Kostrzewa, 2010, S. 18). Sucht verläuft als schleichender Prozess! Weshalb eine Suchtentwicklung zunächst auch nicht bemerkt wird, weder von Betroffenen noch von den Familien. Denn gerade das zuvor beschriebene Streben nach Gleichgewicht in einem Familiensystem verlangt ja förmlich ausgleichende Verhaltensweisen von den Familienmitgliedern untereinander. Gelingt es einem Familienmitglied aufgrund eines Alkoholexzesses nicht, seine Aufgaben zu erledigen, übernehmen automatisch andere Familienmitglieder seine Aufgaben. Erst das aufmerksame Beobachten und Ansprechen kann solche Entwicklungen durchbrechen und eine Veränderung anstoßen.

Gleichwohl ist es nicht verwunderlich, wenn die Probleme innerhalb der Familie mit der Abstinenz des_der Betroffenen allein oftmals noch nicht behoben ist. Übertragen auf das Bild des Mobiles bedeutet die Abstinenz des einen Familienmitglieds eine große

Veränderung für alle Familienmitglieder, d. h., das Mobile würde in Bewegung kommen und alle würden versuchen in ihre alte Rolle zurückzukehren, damit das Gleichgewicht schnell wiederhergestellt wird. In diesem Sinne würde das suchtkranke Familienmitglied in die alte Rolle zurückgedrängt werden, was einen Rückfall zur Folge hätte. Insofern ist wichtig zu erkennen, dass eine dauerhafte Heilung einer Suchtfamilie nur dann möglich ist, wenn sich das ganze Familiensystem grundlegend ändert. Dafür müssen die festgelegten Regeln und Verhaltensmuster der Familie hinterfragt und geändert werden, was für alle Familienmitglieder eine große Herausforderung sein kann und eine intensive Arbeit an sich selbst bedeutet. Die Verflechtungen und Eingebundenheit innerhalb eines Familiensystems erschweren demzufolge den Ausstieg eines einzelnen Familienmitgliedes aus der belastenden Familiensituation, weshalb die Unterstützung eines_r nahestehenden Verwandten helfen kann einen Veränderungsprozess anzustoßen.

## 6.2 Unterstützung durch Angehörige in suchtbelasteten Familien

Bevor auf die Möglichkeiten der Unterstützung durch die Angehörigen eingegangen wird, soll die Situation der Angehörigen genauer beleuchtet werden, um nachvollziehen zu können, welchen Belastungen sie ausgesetzt sind und wie sie zunächst sich selbst aus der Situation herausziehen müssen, bevor sie den_die Suchtkranke_n unterstützen können. Denn grundsätzlich befinden sich Angehörige zunächst in einer Co-Abhängigen-Rolle. Was bedeutet das? Und wie entwickelt sich eine Co-Abhängigkeit? Einfach formuliert ist Co-Abhängigkeit die Verhaltensweise von Bezugspersonen des_der Abhängigen, die dafür sorgen, dass diese_r seine_ihre süchtigen Verhaltensweisen fortsetzen kann, d. h. die Bezugsperson deckt das süchtige Verhalten und entschuldigt beispielsweise den_die Süchtige_n nach einem Alkoholexzess beim Arbeitgeber. Nach Rennert ist Co-Abhängigkeit ein Problem- und Bewältigungsmuster, das in der Interaktion mit einer suchtkranken Person entwickelt oder verstärkt wird. Die Co-abhängige Person erlebt zunehmend selbst Einschränkungen in ihren Verhaltensalternativen und kann ein Gefühl existenzieller Bedrohung bei Veränderungsprozessen entwickeln. Darüber hinaus kann es zu einem Verlust von Selbstwertgefühl und Realitätssinn bis hin zu Beeinträchtigungen der Persönlichkeitspotenziale führen (Rennert, 2012, S. 230f.). Das Streben nach einem Gleichgewicht im Familiensystem führt dazu, dass individuelle Bewältigungsmuster gesucht werden mit dem Ziel, die familiäre Balance aufrechtzuerhalten. Innerhalb einer Suchtfamilie erfordert es die Verleugnung der Realität und das Verschweigen von Gefühlen aus Angst, die Kontrolle über die Situation zu verlieren. Die Angehörigen sind allerdings überzeugt, die Sucht anhand ihrer Willenskraft unter Kontrolle bringen zu können (ebd., S. 231).

Dieser Kontrollversuch des Konsums ist einer der sechs suchtfördernden Stile der Co-Abhängigkeit. Darüber hinaus gibt es folgende weitere Stile: In der Regel beginnt der Prozess der Co-Abhängigkeit mit dem Vermeiden und Beschützen, daran schließt sich das Übernehmen von Verantwortung für das Verhalten des_-der Süchtigen an. Im weiteren Verlauf beginnen die Angehörigen mit Rationalisieren und Akzeptieren der süchtigen Verhaltensweisen, sowie der Kooperation und Zusammenarbeit mit dem_der süchtigen Angehörigen bis hin zum Retten und Sich-nützlich-Machen (ebd., S. 83f.).

Um diese Entwicklung besser nachvollziehen zu können, wird sie nach Rennert in vier Phasen dargestellt. Diese Phasen verlaufen parallel zur Suchtentwicklung des abhängigen Angehörigen. Während man in den ersten beiden Phasen zunächst von Lernphase und Suchphase spricht, wird die dritte Phase als »Phase der schädlichen Konsequenzen« und die vierte als »Phase des Sich-normal-Fühlens« bezeichnet.

Die folgenden Ausführungen konzentrieren sich auf die Entwicklung der Co-Abhängigkeit bei den Angehörigen des süchtigen Familienmitglieds und werden anhand von Interviewpassagen mit der betroffenen Ehefrau eines Alkoholabhängigen verdeutlicht.

Die erste Phase wird als Lernphase bezeichnet: Innerhalb der Familie kommt es zunehmend zu Anspannungen und Stress, die zu Streitgesprächen und weniger Kommunikation führen. Um das Gleichgewicht im Familiensystem wiederherzustellen, werden verschiedene Verhaltensweisen ausprobiert, und es wird herausgefunden, welche Reaktionen sich in kritischen Situationen eignen. Dieser Prozess verläuft eher unbewusst, aber es entwickeln sich Gewohnheiten, die als Abwehrreaktionen schnell aktiviert werden können.

> »Ich erinnere mich noch, wie ich am Anfang schnell das Thema wechselte und irgendetwas Positives aus dem Hut zauberte, nur um die Harmonie wiederherzustellen.«
> Roswitha beschreibt die Erlebnisse bezüglich der Anfänge ihrer Reaktionen auf den Morgen nach einem Alkoholexzess ihres Mannes, wenn die Kinder fragten, ob Papa krank sei.

Darauf folgt die Suchphase, in der die Angehörigen versuchen sich durch ihre Abwehrreaktionen, die entweder als »zu gut«, »rebellisch« oder »apathisch« benannt werden, vor weiteren Problemen aufgrund des Suchtverhaltens des_der Angehörigen zu schützen (ebd., S. 76f.). Durch diese bestimmte Art und Weise des Verhaltens haben die Angehörigen des_der Süchtigen den Eindruck, diese_n besser kontrollieren zu können. Diese Form der Illusion und Realitätsverkennung wird nach Rennert Familientäuschung genannt.

So kann beispielsweise die Ehefrau mit allzu ›gutem Verhalten‹ gegenüber ihrem süchtigen Ehemann versuchen, durch besonders viel Liebe und Zuneigung ihren Ehemann vom Trinken abzuhalten. Der pubertierende Sohn kann durch rebellisches Verhalten versuchen, Ärger zu machen und damit die Aufmerksamkeit auf sich zu lenken, in der Hoffnung, dass sein Vater wieder beginnt sich um ihn zu kümmern und das Alkoholtrinken zu unterlassen. Und die jüngere Tochter kann durch Rückzug apathisch reagieren, um sich von ihrem süchtigen Vater zu distanzieren und hoffen, dass er bemerkt, dass seine ›kleine Prinzessin‹ ihm nicht mehr so viel Aufmerksamkeit entgegenbringt.

> »Ich habe es nicht verstanden, warum mein Mann nicht gemerkt hat, wie viel Liebe ich ihm geschenkt habe. Es war so enttäuschend, dass er trotzdem nicht aufgehört hat zu saufen ... egal ob mein Sohn verrücktspielte oder unsere Kleine traurig in der Ecke saß ... Alles ließ ihn kalt.«
> An diesen Sätzen von Roswitha zeigt sich, dass weder Manipulation noch Schuldzuweisung in der Familie dazu führen, dass die suchtkranke Person ihr Verhalten ändert.

Entscheidend ist, dass alle Familienmitglieder an der Verdrängung der Wirklichkeit beteiligt sind und nicht offen und ehrlich das Problem ansprechen, sondern die Suchtproblematik verschweigen. So kommt es zu immer mehr Verstrickungen und Vorwürfen, die die abhängige Person weiter in der Sucht verbleiben lässt.

In der darauffolgenden »schädlichen Phase« nehmen die Abwehrverhaltensweisen der Angehörigen zwanghafte Züge an. Sie konfrontieren den_die Süchtige_n immer noch nicht mit seiner_ihrer Erkrankung, sondern neigen dazu, ihn_sie mit Anschuldigungen anzugreifen, als ob er_sie sich bewusst dafür entschieden hätte, der Familie zu schaden.

> »Es war wirklich zum Verzweifeln! Ich habe meinen Mann so oft gefragt, wie er uns nur so schaden kann und ob er uns denn gar nicht mehr liebt ... Im Inneren fragte ich mich, ob es an mir liegen könnte und ob ich ihm meine Liebe noch mehr zeigen müsste.«

Roswitha beschuldigte ihren Mann, der Familie schaden zu wollen und sie zu wenig zu lieben.

Roswitha fokussierte sich auf den Gedanken, dass man mit Liebe alles heilen könne, und konnte das Verhalten nicht den Auswirkungen einer Suchterkrankung zuordnen. Gleichzeitig unterlag sie der Täuschung, dass sie selbst der Grund für das Problem sein könnte. Um mit diesen belastenden Gefühlen umgehen zu können, isolieren sich die Familienmitglieder zunehmend, um die Familienprobleme nicht nach außen dringen zu lassen. Auf Nachfragen von Außenstehenden, wie es ihnen gehe, erfolgen meist positive Antworten oder Ausflüchte, aber keine ehrlichen Reaktionen.

Dies kann so lange gehen, bis alles zusammenbricht bzw. bis die letzte Phase, die Flucht, als einzige Lösung folgt. Eigentlich zeichnet es sich schon einige Zeit vorher ab, dass eine große Krise eintreten wird. Die zunehmenden Probleme im sozialen Umfeld und am Arbeitsplatz sowie damit häufig einhergehende finanzielle Probleme verstärken die negative Familiensituation, die von Gefühlen wie Schuld, Wut und Loyalitätskonflikten gegenüber dem abhängigen Menschen geprägt ist.

Die angehörige Person, die emotional am meisten betroffen ist, wie die im Beispiel zitierte Ehefrau, gerät in die völlige psychische Erschöpfung und fühlt sich nicht mehr in der Lage, die Situation und das ungerechtfertigte Gefühl, selbst an den Problemen die alleinige Schuld zu haben, weiter zu ertragen, weshalb nur noch Trennung, Scheidung oder sogar Suizid als Ausweg gesehen werden. Allerdings bleiben auch nach der Trennung häufig die antrainierten Verhaltensmuster erhalten und erfordern oft eine eigene Therapie, um diese Rollen wieder abzulegen, da sie schon Teil der Co-abhängigen Persönlichkeit geworden sind.

»Auch wenn ich es nie wollte, es gab einfach keinen anderen Ausweg mehr, als abzuhauen ... meine Kinder wollten es lange Zeit nicht ... und immer wieder überkam mich das Gefühl von

Schuld ... ohne meine Therapie würde ich es heute noch glauben, dass ich schuld war.«
Roswitha quälen Schuldgefühle! Der Weg aus der Co-Abhängigkeit erfordert genau wie bei Süchtigen häufig eine Therapie.

Angehörige von suchtkranken Menschen können auf der einen Seite die Aufrechterhaltung von unangemessenen Konsumverhaltensweisen begünstigen, wenn sie mit spezifischen Strategien versuchen die Suchtprobleme zu vertuschen oder die Verantwortungsbereiche des_der Abhängigen zu übernehmen, wodurch diese_r nicht mit den Konsequenzen konfrontiert wird und seine Suchtentwicklung weiter voranschreiten kann. Auf der anderen Seite können Angehörige auch eine große Unterstützung sein, wenn eine Gefährdung rechtzeitig erkannt und thematisiert wird. Dafür müssen Angehörige die Abhängigen mit ihrem schädigenden Verhalten konfrontieren und direkt ansprechen, um den Beginn einer Suchtentwicklung zu stoppen. Wegscheider betont, dass die einzig gesunde Reaktion auf ein krankes System darin besteht, sich eben nicht anzupassen und dadurch das System zu durchbrechen (Wegscheider, 1988, S. 91).

### 6.2.1 Ansprache durch Angehörige

Die Entscheidung, eine süchtige Person anzusprechen, erfordert das Verlassen der unbewusst angenommenen Helfer_innenrolle und die Erkenntnis, dass »Hilfe zur Selbsthilfe« die beste Unterstützung für Süchtige ist. Nach Angaben der DHS wird jede fünfte ratsuchende Person durch eine_n nahestehende_n Verwandte_n angestoßen, sich Hilfe zu suchen (DHS, 2010, S. 13). Aufseiten des_der Süchtigen verlangt dies eine Krankheitseinsicht. Diese Einsicht bleibt oft über einen langen Zeitraum aus und wird nicht selten durch die Verhaltensänderung der Familienmitglieder ausgelöst. Die Veränderungen werden dadurch eingeleitet, dass Angehörige beginnen sich von dem_der Süchtigen abzugrenzen und ihm_ihr die Verantwortung für sein_ihr Verhalten zurückzugeben. Denn im Laufe der Abhängigkeit hat der_die Angehörige zunehmend das Leben des Betroffenen gemanagt und ihm_ihr alle Anforderungen des täglichen Lebens abgenommen oder von ihm_ihr ferngehalten. Wenn diese alltäglichen Verpflichtungen von der_dem Süchtigen geregelt werden sollen, wird ihm_ihr am ehesten bewusst, dass er_-sie etwas ändern muss. Die Notwendigkeit, das Verhalten ändern zu müssen, kann sonst nicht erkannt werden. Allerdings ist es mit dieser Erkenntnis allein noch nicht getan, aber es kann der Anstoß für den_die Süchtige_n sein, sich professionelle Hilfe zu holen.

Folgende leicht zu merkende Regel hat sich in der Präventionsarbeit als Orientierung für Angehörige bewährt: K-L-A-R!

- K wie Konsequenz
- L wie Loslassen
- A wie Abgrenzen
- R wie Reden

### Das K steht für Konsequenz!

Damit ist gemeint, dass Angehörige sich konsequent verhalten müssen. Das bedeutet, dass verbindliche Absprachen getroffen werden müssen. Allzu häufig werden Androhungen von Angehörigen gemacht wie z. B. »Wenn du dich noch einmal betrinkst, verlasse ich dich«, und dann werden sie nicht umgesetzt. Diese Inkonsequenz führt dazu, dass die süchtige Person die Aussagen von Angehörigen nicht mehr ernstnimmt und einfach weitertrinken kann, da ja keine negativen Folgen zu befürchten sind. Aus diesem Grund ist es wichtig, dass die Ankündigungen vom Angehörigen so kleinschrittig gewählt werden, dass sie sich auch umsetzen lassen wie z. B.: »Ich besorge dir kein Bier oder keinen Schnaps mehr« oder »Ich rufe nicht mehr deinen Arbeitgeber an, wenn du wieder morgens betrunken im Bett liegst«. Diese kleinen Schritte zeigen dem_der Süchtigen seine alltäglichen Verpflichtungen und geben ihm_ihr die Verantwortung für sein_ihr Handeln zurück. Gleichzeitig entlasten sie die Angehörigen und ermöglichen ein konsequentes Verhalten, das allerdings nicht immer auf Anhieb gelingt.

**Das L steht für Loslassen!**

Einen geliebten Menschen loszulassen, fällt vielen Menschen nicht leicht. Das hängt häufig mit dem Verständnis von dem Begriff »Loslassen« zusammen.

Loslassen bedeutet nicht fallenlassen! Eine bewährte kleine Ballübung kann dies veranschaulichen: Nehmen Sie einen Ball in die Hand und halten ihn mit der Handfläche nach oben in der geschlossenen Hand. Ist die Hand geschlossen, befindet sich der Ball geschützt auf Ihrer Handfläche. Nun öffnen Sie die Hand und lassen den Ball nur auf der Handfläche liegen, ohne ihn mit den Fingern zu umschließen. Das bedeutet, Sie lassen ihn los. Nur wenn Sie die Hand umdrehen würden, würden Sie den Ball fallenlassen.

So verhält es sich auch mit dem Angehörigen und der süchtigen Person. Diese loslassen bedeutet nicht gleichzeitig sie fallenzulassen, sondern eröffnet die Möglichkeit, dass die süchtige Person wieder frei handeln kann bzw. auch muss, da ihr ihre Verantwortung für ihr Verhalten wieder zurückgegeben worden ist. Diese Verantwortung bezieht sich zum einen auf die alltäglichen Handlungen, zum anderen aber auch auf das Verantwortungsgefühl für die eigene Genesung. Auch in diesem Punkt muss der_die Angehörige erkennen, dass dies nicht in seiner_ihrer Macht steht. Nur der_die Betroffene selbst kann durch Krankheitseinsicht und Verantwortungsübernahme den Genesungsprozess voranbringen.

### Das A steht für Abgrenzen!

Der_die Angehörige muss sein_ihr eigenes Leben vom Leben des Partners/der Partnerin abgrenzen. Trotz der Erkenntnis von Wechselbeziehungen innerhalb von Familiensystemen hat jeder Mensch die Aufgabe, sein eigenes Leben zu leben, das auch unabhängig vom geliebten Familienmitglied einen Sinn haben muss.

> Auch hier hat sich in Präventionsseminaren bewährt, das System bildlich darzustellen, und zwar mit dem sogenannten Stuhlexperiment, hier bezogen auf das obige Fallbeispiel: Auf dem Stuhl sitzt der Süchtige und hinter der Rückenlehne steht seine Ehefrau Roswitha, die den Stuhl leicht gekippt auf ihrem Knie abfängt. So gesehen trägt die Angehörige die Last des Süchtigen, was dazu führt, dass dieser nicht frei agieren kann, da er aus dem gekippten Stuhl nur schwer aufstehen könnte. Die Angehörige kann durch die auf dem Knie zu tragende Last des Süchtigen auch nicht frei agieren, sich sozusagen um ihr eigenes Leben kümmern, sondern ist ›darin gefangen‹, sich um das Leben des Süchtigen zu kümmern. Erst wenn die Angehörige den Stuhl abstellt, können sich beide wieder voneinander abgrenzen und die Verantwortung für das eigene Leben übernehmen. Für Angehörige ist dieser Schritt oft eine Befreiung.

Zugleich entsteht aber häufig eine Leere. Dadurch, dass es jahrelang nur um die Belange der süchtigen Person ging, wurden eigene Interessen und Freundschaften vernachlässigt. Demzufolge muss erstmal ein neuer Lebensinhalt gefunden werden, und die eigenen Bedürfnisse müssen Beachtung finden.

### Das R steht für Reden!

Die Relevanz von Gesprächen und Kommunikation durchzieht wie ein roter Faden dieses Buch! Es gilt der Grundsatz: Schweigen ist Silber und Reden ist Gold! Hier ist nun keineswegs das Reden über den_die Süchtige_n gemeint, sondern selbstverständlich das Reden mit dem_der Süchtigen. Dabei gelten die eingeführten Gesprächsregeln sowie die erläuterten Techniken der Motivierenden Gesprächsführung. Einen geliebten Menschen auf eine Suchtproblematik anzusprechen ist nicht leicht, hat aber den Vorteil, dass auf jeden Fall eine Beziehung zueinander besteht und es leichter ist, den richtigen Moment der Kontaktaufnahme zu wählen. Damit ist gemeint, dass es nicht so leicht wäre, z. B. einen Kollegen anzusprechen, mit dem man nicht befreundet ist, da dieser sicher keine Bereitschaft zeigen würde, über ein persönliches Problem zu sprechen.

Innerhalb der Familie sind die Familienmitglieder eher bereit über persönliche Probleme zu sprechen. Dabei sollte die Sorge um die geliebte Person im Vordergrund stehen, denn genau genommen könnte durch rechtzeitige Ansprache in dieser Form sogar der Beginn oder das Fortschreiten der Suchtentwicklung verhindert werden. Zu einem späteren Zeitpunkt der Ansprache sollten Fakten benannt werden. D. h., konkrete Vorfälle von Suchtmittelmissbrauch bzw. deren Folgen sollten angesprochen werden. Grundsätzlich gilt auch hier: keine Diagnosen und keine Prognosen, weil diese eher zum Gesprächsabbruch führen. Es geht nicht um den ›Kampf um das Suchtmittel‹ und Beschuldigungen oder Debatten. Es geht um ehrliche Anteilnahme der Angehörigen, die nur durch eine empathische Ansprache erzielt werden kann.

So äußerte Antonio im Interview, dass er sich Eltern gewünscht hätte, die nicht immer nur gefordert hätten, mit dem Trinken aufzuhören, damit er in der Schule besser ist, sondern sich um ihn persönlich Sorgen gemacht hätten. Eine Ansprache wie: »Wir haben den Eindruck, dass es dir nicht so gut geht. Magst du erzählen, was dich bedrückt?« hätten schon früher zu einer Verhaltensänderung führen können. Und Roswitha erinnert sich, dass sie erst durch ihre eigene Therapie als Angehörige den richtigen Ton gegenüber ihrem Mann fand. »Es war schwer zu verstehen, dass es nicht hilft, meinem Mann zu sagen, wie sehr ich ihn liebe, sondern, dass ich die Dinge bezüglich des extremen Alkoholkonsums hätte auf den Punkt bringen müssen und achtsamer mit mir und meinen eigenen Gefühlen hätte umgehen müssen.«

Die eigenen Gefühle wahrzunehmen und anzusprechen, zeigt sich in einer Suchtfamilie als sogenanntes Tabuthema. Die verschiedenen Regeln im Familiensystem wurden schon erläutert. Ergänzend sind folgende unausgesprochenen Regeln für alle Familienmitglieder in einer Suchtfamilie gültig: Rede nicht, fühle nicht und traue nicht (Freundeskreis, o. J., S. 13). Das Einhalten dieser Regeln sichert das Geheimhalten des Familiengeheimnisses und führt zur Stabilität des dargestellten Mobiles. So wird weder innerhalb noch außerhalb der Familie über die Suchtprobleme gesprochen, was dazu führt, dass kein Familienmitglied sich Hilfe holen kann und es scheinbar keinen Ausweg gibt. Das Verleugnen von Gefühlen vereinfacht die familiären Abläufe. So werden die eigenen Bedürfnisse, Sorgen und Ängste zurückgestellt. Insbesondere den Kindern wird vermittelt, dass sie Verständnis für die schwierige Situation ihrer Eltern haben müssen. Von den Kindern wird »erwachsenes Verhalten« verlangt, damit das familiäre System funktioniert und nicht noch komplizierter wird, während sich das süchtige Elternteil nahezu alles erlauben kann (ebd., S. 12). Diese Missverhältnisse werden in Kapitel 6.4 genauer betrachtet, und es wird dargestellt, wie den Kindern geholfen werden kann (▸ Kap. 6.4).

Das Ansprechen von Gefühlen muss von den Familienmitgliedern einer Suchtfamilie erst erlernt werden. Denn in einer Atmosphäre, in der es verboten ist, Gefühle zu haben, müssen alle aufkommenden Gefühle ja versteckt werden aus Angst, sich bloßzustellen bzw. gegen die Familienregeln zu verstoßen.

Selina, Tochter einer Alkoholabhängigen, erzählte im Interview über die kalte Atmosphäre bei ihr zuhause. »Über Gefühle kann

> ich mit meiner Mutter bis heute nicht sprechen, aber als Kind war es besonders schwer ... Wie froh war ich über die nette Tagesmutter, zu der ich immer fahren konnte! Sie war einfach da und nahm mich in den Arm. Bis heute ist sie mein Anker in der Not.«

Die nette Tagesmutter zeigt sich hier als wichtige Bezugsperson, die Selina von der Kindheit bis zum Erwachsenenalter unterstützen konnte. Welche Möglichkeiten der Ansprache sind für die Tagesmutter gegenüber Selina möglich? Welche Strategien der Motivierenden Gesprächsführung wären denkbar?

### 6.2.2 Motivierende Gespräche mit Betroffenen führen

In Kapitel 5.5 wurde schon ein Leitfaden für das Führen von Problemgesprächen im Sinne der Motivierenden Gesprächsführung vorgestellt und erläutert. Darauf aufbauend wird das Transtheoretische Modell der verschiedenen Stadien der Verhaltensänderung dargestellt, um den Fokus auf den Kernprozess der Evokation, also das Hervorlocken der intrinsischen Motivation zu legen und Ideen für Möglichkeiten der Ansprache von Angehörigen zu entwickeln.

> Das Transtheoretische Modell von Prochaska und Di Clemente wird auch als Veränderungsrad bezeichnet und umfasst folgende Stufen: Absichtslosigkeit, Absichtsbildung, Vorbereitung, Handlung und Aufrechterhaltung bzw. Rückfall.

#### Absichtslosigkeit

An sich befinden sich die meisten Menschen im Alltag in der Absichtslosigkeit, da die wenigsten sich ständig reflektieren und fragen, was sie an sich ändern könnten. Insofern besteht in der Phase der Absichtslosigkeit noch keine Motivation, ein problematisches

Verhalten zu ändern bzw. dieses als problematisch wahrnehmen zu wollen. Sobald die Person beginnt sich erste Gedanken für eine Verhaltensänderung zu machen, befindet sie sich in der Absichtsbildung.

### Absichtsbildung

Ideal ist es, wenn die Motivation zur Veränderung aus einem eigenen Gefühl der Person heraus entsteht. Dann wird sie als intrinsische Motivation bezeichnet. Bezogen auf Angehörige wurde schon dargelegt, dass das Familiensystem an sich das einzelne Familienmitglied daran hindert, etwas verändern zu wollen, weshalb es sich eine sehr lange Zeit in der Phase der Absichtslosigkeit befindet, obwohl es schon spürt, dass etwas nicht stimmt. Wird das Leiden innerhalb der Suchtfamilie zu groß, insbesondere, wenn das nicht suchtkranke Elternteil bemerkt, dass die eigenen Kinder in ihrer Entwicklung gestört sind, kann durch empathische Ansprache eine Absichtsbildung angestoßen werden.

> Roswitha wollte lange Jahre die Trennung von ihrem Ehemann verhindern, aber als sie die Entwicklungsdefizite bei ihren Kindern wahrnahm, fasste sie den Entschluss: »Ich sah meine Kinder leiden, ja vor die Hunde gehen, immer ging alles nur um ihn und sie mussten zurückstecken, als mein Sohn drohte von der Schule zu fliegen, gab es keinen anderen Weg mehr …«

Roswitha hat die Absichtsbildung im Sinne der Verhaltensänderung vollzogen und geht in die Vorbereitungsphase über, in der die beabsichtigte Verhaltensänderung geplant und vorbereitet wird.

### Vorbereitung

Die Phase der Vorbereitung mag einfach klingen, ist in der Realität aber auch von dem Für und Wider geprägt, von den Ambivalenzen, die Betroffene hindern, den ersten Schritt in Richtung Veränderung zu gehen. Wenn die Person nicht davon überzeugt ist, dass sie mit ihrem Handeln erfolgreich sein wird, wird sie im Veränderungsrad sozusagen zurückfallen. Deswegen geht es im Prozess der Evokation um die Auseinandersetzung mit der verinnerlichten und ambivalenten Veränderungsmotivation des_der Betroffenen. Oft ist es der Fall, dass der_die Betroffene zwar einen Änderungsbedarf und damit verbundene Wünsche sieht, diese aber wegen geringer Zuversicht, fehlender Ressourcen und ausbleibender Unterstützung nicht angehen kann. Aus diesem Grund müssen im Gespräch mit der betroffenen Person die Veränderungswünsche in Verbindung mit der Änderungsmotivation gestärkt werden. Dazu werden die inneren Diskrepanzen des_der Betroffenen ergründet, thematisiert und abgebaut. Im Fall der Angehörigen aus betroffenen Familien können deren leidvolle Erfahrungen, die Stigmatisierung von außen und die sich abzeichnenden Erschöpfungszustände Anknüpfungspunkte für das Gespräch sein. Welche Aspekte in das Gespräch genauer einbezogen werden, ist ganz individuell. Eine empfundene Diskrepanz kann hier z. B. der Wunsch sein, den Kindern ein harmonisches Familienleben zu ermöglichen, was durch das Verhalten des alkoholabhängigen Elternteils nicht möglich ist. Dieses Missverhältnis aufzulösen kann für Angehörige ein Auslöser sein, in die Vorbereitungsphase des Veränderungsprozesses zu starten. Während des Gespräches mit dem_der Süchtigen sollte auf wertschätzende Äußerungen geachtet werden. Im Beispiel von Roswitha können die positiven Absichten hervorgehoben werden, die sie bezüglich ihrer Kinder geäußert hat.

> »Ich hab' zuerst mit dem Lehrer gesprochen und klargemacht, dass mein Großer nichts dafürkann, dass es halt schwere Zeiten sind im Moment und dass wir in Kürze umziehen werden. Genaueres wollte ich nicht erzählen, aber ich glaube, der Lehrer hat verstanden, dass es für Kinder immer schwierig ist, wenn die Eltern sich trennen.«
> Roswitha kümmert sich um die Belange ihrer Kinder. Dabei deckt sie zwar die Suchtproblematik nach außen nicht auf, aber sie setzt sich für ihren Sohn ein und bereitet die Veränderung vor.

Im Gespräch kann positiv herausgestellt werden, dass sie sich trotz ihrer inneren Diskrepanz zwischen der Liebe zu ihrem abhängigen Ehemann und den Bedürfnissen ihrer Kinder für deren Wohlergeben eingesetzt hat. Dadurch, dass die Argumente für eine Veränderung an Gewicht zugenommen haben, konnte Roswitha zur Fürsprecherin ihrer eigenen Motivation werden und selbst für einen Veränderungsschritt argumentieren, was als Change Talk bezeichnet wird. Roswitha darin zu bestärken, zeigt ihr zugleich ihre eigenen Ressourcen auf und bestätigt sie in ihrer Selbstwirksamkeit. Auftretender Change Talk bedeutet nicht, dass alle Ambivalenzen verschwunden sind und keine Rückschritte mehr drohen können. Das Entscheidende ist, dass immer die Autonomie des_-der Angehörigen im Vordergrund steht. D. h. im Fall von Roswitha, wenn sie sich um entscheiden würde, könnte sie sich wieder in die Absichtslosigkeit zurückbewegen und den Veränderungsprozess beenden. Träte das ein, wäre es nicht ursächlich einer schlechten Gesprächsführung zuzuschreiben, sondern entsprechend dem grundsätzlichen Autonomiegedankens eine eigene Entscheidung, die von Außenstehenden nicht negativ bewertet wird. Bei einem Folgegespräch würde erneut bei der Absichtsbildung angesetzt werden und im Sinne der Evokation würden Roswitha neue Ideen und Lösungsansätze entlockt werden, weil sie als Expertin für ihre Situation betrachtet wird und am besten weiß, wo ihre Schwächen liegen und was ihr helfen kann oder was sie hindert, eine Veränderung zu versuchen (Rosengren, 2012, S. 30).

> Die Vorbereitung einer Veränderung bedarf vieler kleiner Überlegungen bezüglich des Vorgehens. Auch hier bewährt es sich, in kleinen Schritten – wie bei dem K wie Konsequenz – vorzugehen und nicht gleich große Entscheidungen zu treffen, die sich im Alltag nicht umsetzen lassen. Ist die beabsichtigte Verhaltensänderung gut vorbereitet, beginnt die Phase der Handlung.

### Handlung

Die Handlung umfasst die konkrete Umsetzung der vorbereiteten und geplanten Verhaltensänderung. Bezogen auf Roswitha, die die Entscheidung getroffen hat, sich von ihrem Mann zu trennen, um die Kinder vor weiteren negativen Auswirkungen zu schützen, erfordert die Phase der Handlung sehr viel Vorbereitung. Insbesondere muss Roswitha mit ihrem Mann ein Gespräch führen, um mit ihm über die Trennung zu sprechen. Darüber hinaus müsste sie vorab auch mit ihren Kindern über die Trennungsabsichten sprechen, was ggf. nicht nur begrüßt werden wird und Roswitha eventuelle Veränderungsvorhaben wieder hinterfragen lässt. Alle notwendigen Details einer Trennung zu beschreiben, würde den Rahmen dieses Buches sprengen.

Deshalb werden hier nur kurze Ausführungen eines groben Handlungsplanes vorgestellt, die gemeinhin für die Gesprächsführung mit Betroffenen genutzt werden können:

- Ziele festlegen,
- Veränderungsalternativen abwägen,
- Veränderungsplan festlegen,
- wichtige Gründe durchdenken,
- Handlungsschritte festlegen,
- erste Kennzeichen von Veränderungen benennen,
- Unterstützung festlegen und
- positive Resultate des Plans aufzeigen.

Finden all die Aspekte Platz im Gespräch, ist die Handlung gut vorbereitet.

### Aufrechterhaltung

Neben den detaillierten Ausführungen zu Roswitha soll hier noch mal das Beispiel von der Tagesmutter und Selina betrachtet und auf die am Anfang des Kapitels aufgeworfenen Fragen eingegangen werden.

> Selina ist eine junge Frau, die mit ihrer alleinerziehenden, alkoholabhängigen Mutter zusammenlebte. Im Interview erzählte Selina von ihrer Tagesmutter, zu der sie lange Jahre flüchten konnte, wenn ihre Mutter wieder zu viel Alkohol getrunken hatte. Die Tagesmutter hatte schon in Kindertagen die Funktion einer Bezugsperson für Selina übernommen und so eine gute Beziehung zu ihr aufgebaut. So gelang es in einer schweren Krisensituation durch ein empathisches Gespräch, Selina bei der Entscheidung, von zuhause auszuziehen, zu begleiten und einen Veränderungsprozess bei Selina anzustoßen.
> »Erst habe ich mich in meinem Zimmer eingeschlossen und laute Musik angemacht ... dann wurde es leise in der Wohnung ... und ich habe sie komplett sich selbst überlassen ... und bin zur Tagesmutter gefahren. Sie hatte wirklich Verständnis für mich ... und hat mir angeboten, dass ich erstmal bei ihr einziehe ... seitdem gehe ich meinen eigenen Weg.«

Selina beschreibt, dass sie sich von ihrer Tagesmutter verstanden und aufgenommen fühlte. Dadurch konnte sie diesen großen Veränderungsschritt gehen. Das Beispiel macht deutlich, dass auch außerfamiliäre Personen Angehörige von Suchtkranken durch Unterstützungsangebote und Motivierende Gesprächsführung in der Handlungsphase begleiten können.

> Später erzählt Selina: »Ich habe bis heute Kontakt zu meiner Tagesmutter. Es gab da einen Übergang für mich, als ich bei ihr wohnte, da hat sie eine Mutterrolle übernommen ... bis ich es schaffte, auf meinen eigenen Füßen zu stehen ... mit meiner Mama, ja, da rede ich noch, aber sie weiß nichts von mir und meiner Gefühlswelt.«

Selina ist es also gelungen, den Veränderungsprozess weiter umzusetzen und in die Aufrechterhaltung zu gelangen – ganz ohne Rückfall in alte Verhaltensmuster. Selina konnte ihr Verhalten stabilisieren und hat sich ein neues Leben aufgebaut. Allerdings zeigt sich eine große Distanz zu ihrer Mutter. Die Kindheit, in der Selina nie ihre Gefühle zeigen durfte, und die Mutter, die sich nicht um die Gefühle von Selina kümmern konnte, haben ihre Spuren hinterlassen, wie der Satz »sie weiß nichts von mir und meiner Gefühlswelt« zeigt. Welche Lebensbedingungen in suchtbelasteten Familien vorherrschen und welche Auswirkungen sie auf die Kinder haben, wird im Folgenden genauer betrachtet.

## 6.3 Lebensbedingungen in suchtbelasteten Familien verstehen

Das gesellschaftliche Bild einer suchtbelasteten Familie wird häufig mit Verwahrlosung assoziiert: eine Familie, in der die Eltern sich nicht um ihre Kinder kümmern. Dieses Vorurteil mag in Einzelfällen zutreffen, sollte aber im Normalfall aufgrund drohender Kindeswohlgefährdung schnell dazu führen, dass das Jugendamt aktiviert wird. Entgegen der gesellschaftlichen Annahme ist der_die durchschnittliche Alkoholiker_in ein Mensch mit Familie und Arbeit und demnach auch mit Verantwortung (Arenz-Greiving, 2007, S. 9). Demzufolge fällt es oft über Jahre nicht auf, dass eine Familie von einer Suchterkrankung betroffen ist, da sie wie ein Familiengeheimnis gehütet wird und so für Außenstehende häufig nicht offensichtlich ist. Schwierig wird es vor allem, wenn Kinder von den Auswirkungen der Abhängigkeit ihrer Eltern betroffen sind. Nach Angaben der Drogenbeauftragten der Bundesregierung gibt es in Deutschland über drei Millionen Kinder und Jugendliche mit mindestens einem suchtkranken Elternteil (2017, S. 2). In diesen Familien herrschen zum einen nachteilige strukturelle Lebensbedingungen vor und zum anderen psychische Belastungen (ebd., S. 8). Folgende veränderte Bedingungen haben negative Folgen für die Familienmitglieder: verstärkte soziale Isolation, Verlust des Arbeitsplatzes, finanzielle Sorgen, angespannte familiäre Atmosphäre und Diskriminierungserfahrungen. So entstehen über die Wechselwirkungen innerhalb der Familie auch Wechselwirkungen zwischen der Familie und der Außenwelt, die ebenfalls nach innen wirken.

Darüber hinaus gehen Kinder aus suchtkranken Familien teils nicht regelmäßig in die Kita oder zur Schule, da die Familiensituation es aufgrund von Streitigkeiten oder Krisen nicht zulässt. Demzufolge können sie sich nicht kontinuierlich mit anderen Kindern austauschen und verpassen z. B. zusammenführende Aktivitäten wie Schulausflüge, Projektwochen oder Klassenfahrten. Es kann also eine Art Abwärtsspirale entstehen: Sie grenzen sich selbst ab, sie werden ausgegrenzt, sie verhalten sich auffällig, sie werden noch mehr ausgegrenzt usw. Betroffene Kinder entwickeln dadurch häufig das Gefühl, nicht ›normal‹ zu sein und schämen sich dafür, Außenseiter_in zu sein. Oft müssen sie zur Geheimhaltung der Suchterkrankung ihrer Eltern Geschichten erfinden, wodurch eine Realitätsflucht entstehen kann (ebd., S. 9). Die Kinder und Jugendlichen schämen sich auch häufig für ihr erkranktes Elternteil und vermeiden es, Freund_innen zu sich nach Hause einzuladen. Sie wollen nicht, dass diese die Verhaltensweisen ihrer Eltern mitbekommen und die chaotischen Familienverhältnisse wahrnehmen. Sie haben Angst, dass es weitererzählt werden könnte und sie aufgrund dessen Ablehnung erfahren. Kinder wissen in der Regel nicht, wem sie sich anvertrauen können oder mit wem sie über die Probleme sprechen können. Insbesondere wenn sie ein ausdrückliches Verbot von ihren Eltern erteilt bekommen haben, über die Familienprobleme zu sprechen, empfinden die Kinder es als Verrat, weshalb sie schweigen, auch wenn sie darunter leiden.

Wegen dieser Geheimhaltung durch alle Familienmitglieder verfügen suchtkranke Familien über kein stabiles und unterstützendes Netzwerk. Durch fehlende Bezugspersonen und Unterstützung aus dem sozialen Umfeld entsteht eine soziale Isolation, durch die sich besonders die Kinder alleingelassen fühlen (Plass, Wiegand-Grefe, 2012, S. 26). Das genannte ausdrückliche Verbot, über die Suchterkrankung zu sprechen, hängt mit der gesellschaftlichen Tabuisierung der Krankheit zusammen. Diese Tabuisierung führt zu Schamgefühlen und Angst vor Diskriminierung. Suchtkranke Eltern haben oft Angst, in ihrer Rolle als Eltern zu versagen, von den Kindern aufgrund ihrer ›Schwäche‹ nicht mehr respektiert zu werden und vielleicht sogar das Sorgerecht zu verlieren. So wird professionelle Hilfe häufig nicht frühzeitig wahrgenommen oder zu spät aufgesucht. Das hängt mit dem gesellschaftlich vorherrschenden Bild über Suchtkranke zusammen, das von Vorurteilen und Diskriminierung geprägt ist. So zeigen sich die Lebensbedingungen in suchtkranken Familien im Bereich psychischer Belastungen als negativ und kritisch, insbesondere aufgrund des Entwicklungsrisikos der Kinder, die unter der krankheitsbedingten Unzuverlässigkeit und der sozialen Ausgrenzung leiden.

### 6.3.1 Soziale Ausgrenzung vermeiden

Wie beschrieben, erfordert das Familiensystem einer suchtkranken Familie, dass alle Familienmitglieder möglichst wenig Sozialkontakte haben, um das Familiengeheimnis wahren zu können. Demzufolge grenzen sich Suchtfamilien oft von sich aus ab, damit die Probleme nicht von Außenstehenden wahrgenommen werden. Diese Abgrenzung führt häufig insbesondere für Kinder aus den suchtbelasteten Familien dazu, dass sie wenig soziale Kontakte haben und in der Schule oder im Kindergarten oft als Einzelgänger_innen erlebt werden. Deshalb nehmen andere Kinder auch nicht so rasch Kontakt mit ihnen auf, um nicht Gefahr zu laufen, zurückgewiesen zu werden. Freundschaften zwischen Kindern erfordern regelmäßigen Austausch, Interesse aneinander und gegenseitiges Vertrauen. Wenn von einem Kind aus einer Suchtfamilie immer ein zurückhaltendes Verhalten gezeigt wird, aus Angst, dass das Familiengeheimnis entdeckt werden könnte, kann sich keine unbeschwerte Freundschaft entwickeln. Automatisch halten sich andere Kinder dann eher fern und suchen sich andere Kontakte. So erleben Kinder aus Suchtfamilien häufiger eine soziale Ausgrenzung und Stigmatisierung durch die Gesellschaft als andere Kinder. Erfahrungen sozialer Ausgrenzung durch Gleichaltrige untergraben das Selbstwertgefühl betroffener Kinder und Jugendlicher und erhöhen deren Depressivität (Wild, Möller, 2015, S. 266). Insofern betrifft die soziale Ausgrenzung die Kinder im Alltag zum einen unmittelbar, zum anderen durch die Stigmatisierung ihres suchtkranken Elternteils und die Auswirkungen auf die Familie. Stigmatisierung ist ein wechselseitiger Prozess, der nur durch Ansprache durchbrochen werden kann.

»Es war schrecklich, jahrelang wurden wir ausgegrenzt, für meinen Bruder war es besonders schlimm, weil ihm niemand ›unsere Geschichten‹ glaubte. Ich hatte nur eine wirkliche Freundin, der ich mich dann endlich – so mit 15 – anvertraute. Geahnt hatte sie es schon lange, weil ich sie nie mit zu uns nach Hause nahm, sondern immer am Wochenende bei ihr schlief. Aber ich musste es ihr einfach erzählen, weil so was Schlimmes passiert war ... danach wurde es besser ... es war irgendwie durchbrochen, ich weiß auch nicht genau, aber ich war dann anders, offener irgendwie, und dann waren auch die anderen offener zu mir, was konnte ich dafür, dass mein Stiefvater Alkoholiker war ...«
Elli, Stieftochter eines Alkoholikers und mittlerweile erwachsene Suchtexpertin, beschreibt den Veränderungsprozess, der aufgrund von Ansprache ihrerseits entstand. Die soziale Ausgrenzung löste sich nach ihrem Empfinden für sie dadurch auf, dass sie selbst offener mit der Situation umging und die anderen ihr offener begegneten. Hingegen gelang es bei ihrem Bruder nicht, da ihm »seine Geschichten« nicht geglaubt wurden. Das zeigt, dass Offenlegung nicht immer zu Verständnis führen muss, sondern abhängig vom Kontakt ist, in dem die Schilderungen erfolgen. Während Elli es ihrer Freundin im vertraulichen Gespräch erzählte, gab der Bruder es in einer Runde von

> Mitschüler_innen wie eine unglaubliche Geschichte preis, die nicht ernst genommen wurde, sondern eher als Wichtigtuerei aufgefasst wurde.

Tatsächlich sind die Erzählungen von Erlebnissen aus suchtkranken Familien oft so von Gewalt und Missbrauch geprägt, dass sie Außenstehenden unwirklich vorkommen und in den Bereich von Kindeswohlgefährdung fallen. Gesellschaftlich betrachtet ist es erforderlich, eine Entstigmatisierung des Themas Sucht zu erzielen, um eine offenere Grundhaltung gegenüber Menschen mit Suchterkrankungen und ihren Familien zu haben. Wenn Sucht als psychische Erkrankung in der Gesellschaft akzeptiert wird und nicht mehr der Gedanke von »der ist doch selbst schuld an seiner Erkrankung« aufkommen würde, könnte die soziale Ausgrenzung der Familien abgebaut werden.

> Entsprechend einer qualitativen Studie konnte als eine Strategie der Entstigmatisierung des Themas Sucht in der Gesellschaft »der Kontakt, explizit Reden mit den Betroffenen« als zentrales Element ermittelt werden (Kostrzewa, 2018, S. 6). Das Reden mit den Betroffenen und nicht über die Betroffenen kann helfen soziale Ausgrenzung zu durchbrechen und den Krankheitsprozess zu stoppen, bevor Schlimmeres in den Familien passiert.

### 6.3.2 Problematisches Elternverhalten wahrnehmen

Eine elterliche Suchterkrankung stellt ein erhöhtes Entwicklungsrisiko für die Kinder dar, da sich die krankheitsbedingten Veränderungen im elterlichen Verhalten auf die Eltern-Kind-Interaktion auswirken. Es zeigt sich, dass die Bedürfnisse der suchtkranken Eltern im Vordergrund stehen und sie ihren Kindern weniger Aufmerksamkeit und Wärme schenken. Im weiteren Krankheitsverlauf wird diese psychische Erkrankung an Überforderung und der anschließenden Vernachlässigung von Alltagsaufgaben sichtbar. Das frühe Aufstehen ist oft nicht möglich, das Frühstück kann nicht vorbereitet werden, die Wohnung wird nicht mehr regelmäßig geputzt und regelmäßige Mahlzeiten bleiben aus (Lenz, Wiegand-Grefe, 2016, S. 22). Diese Veränderungen verunsichern die Kinder. Sie können die für ihre eigene Entwicklung notwendige Struktur nicht von ihren Eltern erhalten, was Sorgen und Ängste bei den Kindern auslösen kann. Sie versuchen die anfallenden Aufgaben im Haushalt zu übernehmen, um eine Verschlechterung der familiären Situation zu verhindern. Das Verantwortungsgefühl der Kinder geht teils so weit, dass sie die Eltern bei der Medikamenteneinnahme unterstützen oder, vor allem die älteren Kinder, für die Eltern Alkohol und Drogen beschaffen (Plass, Wiegand- Grefe, 2012, S. 24). Die Verantwortungsübernahme elterlicher Funktionen kann sich auch von den älteren auf die jüngeren Geschwister ausdehnen. Insbesondere Erstgeborene nehmen häufig die Rolle der Eltern ein und sind somit zuständig für die alltäglichen Verpflichtungen der Familie. Dieser Rollentausch wird Parentifizierung genannt (Klein, 2008, S. 122) und führt zu einer permanenten Überforderung der Kinder, da ihre eigenen Bedürfnisse immer zurückgestellt werden müssen.

> »Im Nachhinein war es mir eigentlich immer ein Rätsel, warum ich nicht angesprochen wurde von den Lehrern oder den Nachbarn oder so. War es doch immer mein Großer, der sich um meine Kleine kümmerte, der einkaufen ging und so ... Mein Mann war ja abgehauen, was sollte ich denn machen, das war doch gar nicht alles zu schaffen ... Ich glaub, das war allen irgendwie egal ... bloß nicht ansprechen, könnte ja Ärger geben ... aber so konnte ich ja weiter saufen.«
> Rosi ist trockene Alkoholikerin und beschreibt ihre Verwunderung darüber, dass keine außenstehende Person sie während ihrer Suchterkrankung angesprochen hat, obwohl es doch offensichtlich war, dass ihr Sohn ihre Aufgaben übernahm. Aus ihrer Sicht hätten Lehrer_innen und Nachbar_innen sie darauf ansprechen müssen, um den Krankheitsprozess zu stoppen.

Pädagogische Fachkräfte und andere Erwachsene können zum einen durch aufmerksame Beobachtung die Verhaltensweisen der Kinder hinterfragen, ob das Ausmaß der kindlichen Unterstützung im Elternhaus noch adäquat ist oder ob die Kinder überfordert und überlastet wirken. Zum anderen können die Fachkräfte und andere Erwachsene anhand der Verhaltensweisen der Suchtkranken erkennen, ob eine Ansprache der Betroffenen erforderlich ist. Wie die Ansprache erfolgen kann, wurde schon beschrieben. Wann die Ansprache notwendig wird, hängt vom individuellen Fall ab, d. h. auch von den gegebenen Kontaktmöglichkeiten.

Als Nachbar_innen lebt man relativ dicht nebeneinander und kann oft auch Streitigkeiten in der suchtbelasteten Familie ungewollt hören. Sollten derartige Fälle sich häufen und infolgedessen die Belastungen der Kinder wahrnehmbar sein, ist eine Ansprache zu empfehlen. Denn gerade elterliche Streitereien und familiäre Auseinandersetzungen bereiten den Kindern die häufigsten Konflikte. Die Kinder fühlen sich hin- und hergerissen und können zu ihren Eltern nur schwer eine emotionale Bindung aufbauen. Bedingt durch die Suchterkrankung verschärfen sich häufig die Partnerschaftsprobleme und führen zu einer anhaltend angespannten Atmosphäre in der Familie. Die Atmosphäre ist geprägt von einer ängstlichen angespannten Erwartungshaltung, Unruhe, Instabilität, emotionaler Kälte sowie inkonsequentem Erziehungsverhalten. Für die Kinder bedeutet es, dass die Eltern in nüchternem Zustand ggf. ganz liebevoll mit ihnen umgehen, während sie im alkoholisierten Zustand distanziert und abweisend sind oder umgekehrt. Die Kinder versuchen durch genaue Beobachtung ihrer Eltern zu erahnen, welche Situation gerade gegeben ist, und stimmen ihr eigenes Verhalten darauf ab. So erfahren die Kinder keine wahre Zuneigung oder das Gefühl angenommen zu werden (Arenz-Greiving, 2007, S. 15ff.).

Die Auswirkungen dieses negativen Familienklimas auf die Kinder werden noch genauer beleuchtet. Hier soll nochmal der Blick auf den Zeitpunkt und die Handlungsmöglichkeiten des pädagogischen Fachpersonals gelegt werden. Lehrkräfte können anhand der Sozialkontakte in der Schule und der schulischen Leistungen Veränderungen bei den Kindern aus suchtbelasteten Familien wahrnehmen. Selbstverständlich können die Hintergründe von Veränderungen in diesen Bereichen verschiedenster Art sein, aber Parentifizierungstendenzen von Kindern sind meistens ein Indiz für elterliche Erkrankungen im Allgemeinen und im Speziellen für psychische Erkrankungen wie Sucht. Aufmerksame Lehrkräfte haben die Möglichkeit, die Kinder im Einzelgespräch auf Veränderungen anzusprechen und eine grundsätzliche Gesprächsbereitschaft zu signalisieren. Nicht selten übernimmt eine Lehrkraft die Funktion einer außerfamiliären Bezugsperson für Kinder aus Suchtfamilien.

> »Ich erinnere mich noch genau, als wir in Bio das Thema Alkoholsucht hatten. Ich wollte einfach alles dazu wissen. Mein Biolehrer war richtig cool und hat mir und meiner Freundin angeboten einen Suchtschaukasten zu machen. Endlich konnte ich mich unbemerkt damit intensiver beschäftigen und verschiedene Materialien dazu über die Schule bestellen … Ich glaube, er wusste das mit meinem Stiefvater, aber ich musste nichts zugeben … Es war gut, meinen Biolehrer zu haben, er gab mir das Gefühl, richtig zu sein …«
> Elli, Stieftochter eines Alkoholikers, beschreibt die Bedeutung ihres Lehrers als Bezugsperson. Dem Lehrer gelang es unauffällig, aber passend zum Thema des Unterrichts, mit Elli Kontakt aufzunehmen und ihr die inhaltliche Auseinandersetzung mit der Suchterkrankung in ihrem Elternhaus vertiefend zu ermöglichen. Gleichzeitig konnte er ihr ein positives Gefühl vermitteln, sich gut zu entwickeln und sie so in ihrer Selbstwirksamkeit stärken.

Lehrkräfte können über den Beziehungsaufbau zum Kind hinaus auch Kontakt zu den Eltern aufnehmen, um einen persönlichen Eindruck von den Familienverhältnissen zu gewinnen. Die klassischen Elternsprechtage zum Leistungsstand der Kinder bieten Gelegenheit dafür. Die zu beobachtenden Auffälligkeiten bezüglich der

Kinder wie die beschriebenen Parentifizierungstendenzen können Anknüpfungspunkte sein, um vorsichtig das Thema anzusprechen. Denn entsprechend dem Bundesministerium für Gesundheit (BMG, 2003) haben Kinder aus suchtbelasteten Familien ein Recht auf Unterstützung und Hilfe, unabhängig davon, ob ihre Eltern Hilfeangebote annehmen. Dabei wird die Zusammenarbeit der Hilfesysteme insbesondere mit den sozialen Institutionen wie Schule gefordert und die pädagogischen Fachkräfte wie Lehrer_innen, Erzieher_innen und Sozialarbeiter_innen in ihrer Funktion gesehen, die betroffenen Kinder und Eltern frühzeitig zu erkennen und ihnen angemessene Unterstützung anzubieten (Punkt 1 und 3 des Eckpunktepapiers des BMG, 2017).

Pädagogische Fachkräfte sind darin geschult, ungünstige Erziehungsverhaltensweisen von Eltern wahrzunehmen, die sich im Verhalten der Kinder widerspiegeln. Studien belegen, dass Eltern mit Suchtproblemen eher zu einem problematischen Erziehungsstil neigen, der von Inkonsequenz und Unvorhersehbarkeit geprägt ist (Puhm, 2003, S. 63). Weitere beobachtete Formen ungünstigen Erziehungsverhaltens sind in einer geringen elterlichen Beaufsichtigung zu sehen sowie einem eher unpassenden lauten Kommunikationsstil bis hin zu einem strengen Stil mit körperlicher Bestrafung des Kindes. Zeitweilig treten positive Phasen auf, in denen gemeinsame Aktivitäten geplant werden, die allerdings durch einen Rückfall des betroffenen Elternteils wieder vergessen werden. So mangelt es an verlässlicher Orientierung für die Kinder und elterlicher Fürsorge (Drogenbeauftragte, 2017, S. 10).

Darüber hinaus kommt es in alkoholbelasteten Familien häufiger zu Gewalttaten, die bei den Kindern Traumatisierungen und Entwicklungsstörungen nach sich ziehen. Diese negativen Erfahrungen der Kinder bleiben nicht ohne Folgen auf ihr eigenes Verhalten gegenüber ihren Mitmenschen. Negatives elterliches Vorbildverhalten in Form von Aggressionen in Konfliktsituationen, wie sie sich im Bereich der häuslichen Gewalt in Suchtfamilien finden lassen, können bei den belasteten Kindern zu ähnlichen problematischen Verhaltensweisen gegenüber Gleichaltrigen führen.

### 6.3.3 Verhaltensmuster der Kinder erkennen

Die Verhaltensmuster, die in den klassischen vier Rollen von Kindern suchtkranker Eltern zu finden sind, wurden schon dargestellt. Die widrigen Lebensumstände zwingen die Kinder geradezu, bestimmte Rollen zu übernehmen, um sich an die familiäre Situation anzupassen. Die Rollenübernahme wird als Überlebensstrategie bezeichnet, da die Kinder dadurch versuchen, das Familiensystem wieder zu stabilisieren, wenn es aus dem Gleichgewicht geraten ist. Die Rollen sind mit bestimmten Anforderungen und Erwartungen verbunden, und einige Merkmale können zu festen Bestandteilen der Persönlichkeit werden. Auch wenn diese Rollen nur stark vereinfacht im Kapitel 6.1 dargestellt wurden, können sie eine Orientierung bieten, und das Wissen um die Charakteristika dieser Rollen kann einen Blick hinter die Fassade gewähren und die dahinterliegenden Bedürfnisse der Kinder erahnen lassen.

All diesen Kindern ist gemein, dass sie sich bedeutungslos fühlen, ein geringes Selbstwertgefühl haben, keine Gefühle zeigen und Schuldgefühle sowie Schmerz empfinden. Diese Rollen entstehen aus der belasteten schmerzvollen Familiensituation und entwickeln sich im Laufe der Zeit parallel zur Suchtentwicklung des erkrankten Elternteils. Die Verhaltensmuster können von den Kindern so verinnerlicht zum Bestandteil ihrer Persönlichkeit werden, dass sie ein Leben lang, auch über die Erkrankung des Elternteils hinaus, anhalten (Rennert, 2012, S. 99ff.). Je jünger ein Kind bei dem ersten Auftreten der elterlichen Krankheit ist, umso schwerwiegender können die Auswirkungen auf die Entwicklung sein. Die Qualität der Eltern-Kind-Interaktion ist insbesondere im Säuglingsalter entscheidend für die kognitive Entwicklung des Kindes und seine Fähigkeit, Bindungen eingehen zu können. Erste Anzeichen einer Bindungsstörung können auftreten, wenn suchtkranke Eltern ihrem Kind gegenüber Ablehnung und Unsicherheit zeigen (Wiegand-Grefe, Halverscheid, Plass, 2011, S. 68ff.).

Im Alter von einem Jahr beginnen die Kinder ihre Welt aktiv zu erkunden und benötigen mindestens eine Bezugsperson, die den

›sicheren Hafen‹ bietet. Wenn die Eltern-Kind-Interaktion aber aufgrund der elterlichen Suchterkrankung von Angst und Unsicherheit überschattet ist, prägt dies das kindliche Verhalten. Die vorgelebten Verhaltensmuster der suchtkranken Eltern werden vom Kind als Normalität wahrgenommen und erhöhen das Entwicklungsrisiko und die Übernahme der Verhaltensweisen ihres Modells. In der Übergangsphase von der Kita in die Schule benötigen Kinder besonders viel Unterstützung, um die Herausforderung zu meistern. Die elterliche Erkrankung stellt dabei eine zusätzliche Belastung dar, weshalb die Kinder mit Verhaltensauffälligkeiten wie z. B. Aufmerksamkeitsdefiziten, einer geringen Frustrationstoleranz und leichter Reizbarkeit reagieren. Die belastende Familiensituation führt die Kinder zu einem Desinteresse an alterstypischen Freizeitaktivitäten, fehlenden Freundschaftsbeziehungen und schlechten Schulleistungen. Mit steigendem Alter lernen die Kinder, ihre Ängste und Sorgen hinter einem angepassten oder unauffälligen Verhalten zu verbergen (ebd., S. 72). Auch der Übergang von der Kindheit zur Jugend wird durch die Pubertät als herausfordernde Entwicklungsphase betrachtet. Einschneidende Lebensveränderungen führen dazu, dass die Jugendlichen seelisch instabil sind, wodurch diese besonders auffällig sind (Lenz, Wiegand-Grefe, 2016, S. 20).

Suchtkranke Eltern fühlen sich in dieser Entwicklungsphase ihres heranwachsenden Kindes besonders überfordert und sind oft nicht in der Lage, den Ablösungsprozess ihres Kindes angemessen zu begleiten. Der beschriebene Parentifizierungsprozess fordert nahezu einen Rollentausch zwischen Eltern und Kind und lässt die Generationsgrenzen verschwinden. Während, bis zu einem gewissen Grad, die Verantwortungsübernahme von familiären Aufgaben erforderlich für die Entwicklung der Jugendlichen sein kann, führt die Übernahme der elterlichen Funktionen zu einer starken Überforderung des jugendlichen Kindes bei gleichzeitiger Vernachlässigung der eigenen pubertären Bedürfnisse. Diese Übernahme der Rolle als Ersatzpartner_in oder die elterliche Funktion gegenüber jüngeren Geschwistern können negative Auswirkungen auf die Entwicklung des_der pubertierenden Jugendlichen haben. Häufig empfinden sie eine Mitschuld an der elterlichen Erkrankung, da ein emotionaler Druck vonseiten der Eltern auf sie ausgeübt wird, wodurch sie oft noch mehr Zeit in ihrer Familie verbringen und zusätzliche Aufgaben im Haushalt übernehmen. Diese Jugendlichen sind stark in die Erkrankung ihrer Eltern involviert. Entdecken sie bei sich ähnliche Verhaltensweisen wie bei ihrem erkrankten Elternteil, deuten sie diese oft als Anzeichen für die beginnende Entwicklung einer eigenen psychischen Erkrankung, weshalb sie diese Gedanken gegenüber Außenstehenden verheimlichen, um weitere Stigmatisierung und Ausgrenzung zu vermeiden.

Insgesamt ist davon auszugehen, dass diese Kinder im Vergleich zu Kindern nicht suchtkranker Eltern ein erhöhtes Risiko für Verhaltensstörungen haben. Darüber hinaus weisen sie verstärkt die Entwicklung psychischer Erkrankungen wie substanzbezogene Störungen, Depressionen sowie Angst- oder Persönlichkeitsstörungen auf. Insofern ist das rechtzeitige Erkennen der beschriebenen Verhaltensmuster durch pädagogische Fachkräfte, nahestehende Verwandte oder Nachbar_innen besonders relevant, um frühzeitig Unterstützung zu ermöglichen und schwerwiegende Folgen zu verhindern.

## 6.4 Hilfe bei Kindeswohlgefährdung

Wann spricht man von Kindeswohlgefährdung? Was bedeutet Kindeswohl? Und welche Hilfen gibt es für betroffene Kinder?

Der Begriff Kindeswohlgefährdung ist ein sogenannter unbestimmter Rechtsbegriff. D. h., dass es keine rechtsverbindliche

Definition gibt. Nach einem BGH-Urteil von 1956 heißt es, dass es sich bei Kindeswohlgefährdung um »eine gegenwärtige, in einem solchen Maße vorhandene Gefahr handelt, dass sich bei der weiteren Entwicklung eine erhebliche Schädigung mit ziemlicher Sicherheit voraussetzen lässt« (zitiert nach Schader, 2012, S. 18). Aus internationalen Untersuchungen zum Thema »Kindeswohl und Entwicklungspathologie« geht hervor, dass es sich bei einer elterlichen Suchterkrankung um eine der größten Risikofaktoren für eine gesunde Entwicklung des Kindes handelt. Was die Entwicklung einer substanzbezogenen Störung betrifft, gelten Kinder aus suchtbelasteten Familien als Hochrisikogruppe. Für sie besteht ein sechsfach erhöhtes Risiko, später eine eigene Abhängigkeitserkrankung zu entwickeln (Klein et al., 2013, S. 12).

Die Weitergabe einer Erkrankung von Eltern an ihre Kinder wird als Transmission bezeichnet. Diese kann die Weitergabe der gleichen Störung an die nächste Generation oder einer andersartigen Störung an die Folgegeneration beinhalten wie z. B. Depression oder Angststörungen. Diese Erkenntnisse weisen darauf hin, dass die Schutzbedürftigkeit von Kindern aus suchtbelasteten Familien erhöht ist. Demzufolge müssen pädagogische Fachkräfte prüfen, ob sie davon ausgehen können, dass das elterliche Handeln dem Kindeswohl ausreichend zuträglich ist bzw. ob sich die Situation für das Kind nicht verschlechtert.

> »Kindeswohl bedeutet das Recht des Kindes auf Förderung seiner Entwicklung und auf Erziehung zu einer eigenverantwortlichen und gemeinschaftsfähigen Persönlichkeit. Bei der Kindeswohlprüfung sind dabei die Persönlichkeit und die erzieherische Eignung der Eltern, ihre Bereitschaft, Verantwortung für das Kind zu tragen und die Möglichkeiten der Unterbringung und Betreuung zu berücksichtigen, wozu als wesentliche Faktoren die emotionale Bindung des Kindes zu den Eltern und anderen Personen zählen« (OLG Köln vom 18.06.1999, 25 UF 236/98).

In diesem Urteil des Oberlandesgerichts Köln wird deutlich, dass die Verantwortung für die Erziehung der Kinder bei den Eltern liegt. Damit fällt den Eltern das Recht und die Pflicht zu, wie es auch im Grundgesetz gemäß Artikel 6 Absatz 2 festgeschrieben ist. Dieses Primat der elterlichen Erziehungsverantwortung verfolgt das erzieherische Ziel der Übernahme gesellschaftlicher Verantwortung. Zur Früherkennung und Abwendung einer Kindeswohlgefährdung, insbesondere hinsichtlich der Einschränkung der Erziehungsfähigkeit durch die elterliche Suchterkrankung, wird unter Hinzuziehung einer erfahrenen Fachkraft nach § 8a SGB VIII oder durch Inanspruchnahme des Beratungsanspruchs nach § 4 KKG gegenüber dem Jugendamt eine Einschätzung vorgenommen (fdr, 2020, S. 63). Kindeswohlgefährdungen liegen insbesondere bei Gewalttaten, Misshandlungen, Vernachlässigungen und sexuellem Missbrauch vor. Studien belegen, dass Gewalt in alkoholbelasteten Familien sechsmal häufiger von den Kindern erlebt wird als in gesunden Familien (Klein et al., 2005, S. 126).

> Elli schildert in ihrem Interview die Gewaltausbrüche ihres Stiefvaters und seine sexuellen Übergriffe gegenüber ihrer größeren Schwester. »... das Schlimmste war, dass ich ihr nicht helfen konnte, ich erstarrte vor Angst und mochte nicht atmen ... ich hörte nur ihn nebenan, meine Schwester war stumm ... ich war ja drei Jahre jünger und ging noch in die vierten Klasse ..., aber ich wusste es genau, obwohl meine Schwester nichts sagte. Als ich es unserer Mutter erzählte, meinte sie, dass ich noch viel zu klein bin und nichts davon verstehe und dass ich es vielleicht nur geträumt hätte. Heute weiß ich sicher, dass es so war, denn Jahre später habe ich mit meiner Schwester darüber gesprochen.«

Die Schilderungen zeigen das typische Verhalten von Verleugnung von allen Beteiligten aus Schamgefühl aufseiten der größeren Schwester und auch der Mutter, die aufgrund ihrer Co-Abhängigkeit das Verhalten ihres Mannes nicht wahrhaben will und den sexuellen Übergriff genauso deckt wie die Alkoholabhängigkeit. Durch das Schweigen der Beteiligten wird die Kindeswohlgefährdung nicht offensichtlich und die schmerzhaften Erlebnisse müssen von der größeren Schwester allein ausgehalten werden. Das Beispiel zeigt, dass eine Kindeswohlgefährdung nicht leicht zu erkennen ist. Aus diesem Grund können sich pädagogische Fachkräfte entsprechend dem Bundeskinderschutzgesetz kostenlos beraten lassen, wenn die Vermutung vorliegt, dass das Wohl eines anvertrauten Kindes gefährdet ist.

Anzeichen für eine Gefährdung können plötzlich auftretende Veränderungen wie unregelmäßiger Schulbesuch, häufiges Fehlen beim Sportunterricht, äußere Verletzungen oder verändertes Sozialverhalten sein. Bei einem Verdacht auf Missbrauch oder Misshandlung sind pädagogische Fachkräfte zum Handeln verpflichtet. Lehrkräfte müssen bei einem begründeten Verdacht aufgrund ihres Erziehungsauftrags in Absprache mit der Schulleitung Gespräche mit den Eltern führen bzw., wenn dies keinen Schutz für die Kinder darstellt, das Jugendamt benachrichtigen. Sozialpädagogische Fachkräfte und Erzieher_innen müssen im Verdachtsfall ebenfalls handeln. Ein Nichthandeln zieht arbeits-, zivil- oder strafrechtliche Konsequenzen nach sich. Grundsätzlich ist das Jugendamt zuständig eine Kindeswohlgefährdung abzuwenden. Dazu müssen die Mitarbeiter_innen allerdings von den pädagogischen Fachkräften, die im direkten Kontakt mit den Kindern sind, benachrichtigt werden.

Im Rahmen des SGB VIII bietet das zuständige Jugendamt eine Vielfalt von Hilfen zur Erziehung nach § 27 an. Suchtkranke Eltern können aufgrund ihrer Abhängigkeit in ihrer Erziehungskompetenz eingeschränkt sein und ein für das Kind bedrohliches Erziehungsverhalten ausüben, was das Kindeswohl gefährdet. In diesem Fall muss eine Klärung der elterlichen Sorge erfolgen, in die nur aufgrund eines richterlichen Beschlusses eingegriffen werden darf.

Zuvor muss innerhalb des Verfahrens zur Risikoeinschätzung ein Gespräch mit den Eltern geführt werden.

> »Passend zur Situation der Familie werden unterstützende Angebote gemacht: von einer Beratung über sozialpädagogische Familienhilfe bis zur pädagogischen Einzelbetreuung. Verweigern Eltern notwendige Hilfen, muss das Jugendamt das Familiengericht einschalten« (DHS, 2017, S. 85).

Eine vorübergehende Inobhutnahme von Minderjährigen stellt in der Regel den letzten Schritt dar. Während einer Einschränkung des elterlichen Sorge- und Umgangsrechts ist es notwendig, eine professionelle Begleitung des Umgangs einzusetzen, um den Kinderschutz zu wahren. Zum Wohl der Kinder ist es ratsam, präventive Maßnahmen so früh wie möglich bereitzustellen. Um dies sicherzustellen, wurde das Netzwerk »Frühe Hilfe« in Deutschland ins Leben gerufen, in dem alle zuständigen regionalen Leistungsträger und Institutionen ergänzt durch Familienhebammen kooperieren, um das gesunde Aufwachsen von Kindern zu fördern. Üblicherweise erfolgen die Angebote im ambulanten Rahmen und nur in komplexen Fällen werden teil- und vollstationäre Maßnahmen umgesetzt. Wichtig sind frühzeitige und kontinuierliche Hilfeleistungen, die mit anderen familienbezogenen Angeboten vernetzt sind. Lässt die Situation der Familie es zu, für das Kind eine Vertrauensperson zu gewinnen, bietet es zusätzlichen Schutz für das Kind. Eine stabile Bezugsperson wie die Tagesmutter im Fall von Selina kann das Kind in Krisensituationen unterstützen. Im Fall einer Kindeswohlgefährdung können auch nahestehende Verwandte wie Großeltern oder Tanten, die in gutem Kontakt mit den Kindern stehen, eine kurzfristige Zwischenlösung bieten.

Studien belegen, dass erwachsene Bezugspersonen für Kinder aus suchtkranken Familien als wirksamer Schutzfaktor dienen können, da die Kinder zu ihnen eine sichere Bindung und positive Beziehung aufbauen können (BZgA, 2009, S. 93). Diese Bezugspersonen müssen nicht aus dem familiären Kontext stammen, es können auch pädagogische Fachkräfte in Jugendfreizeiteinrichtungen, Trainer_innen im Sportverein o. Ä. sein. Jede erwachsene Person kann Kindern helfend zur Seite stehen, wenn familiäre Probleme offensichtlich werden. Sie kann da sein, zuhören und dem Kind das Gefühl geben, »richtig zu sein«, wie es Elli in ihrem Interview genannt hat. Damit ist gemeint, dass es besonders relevant ist, dem Kind die Einsicht zu vermitteln, dass sein Elternteil erkrankt ist und es als Kind keine Schuld daran trägt. Die Einsicht gilt als Schutzfaktor, darüber hinaus gibt es nach Klein (2009, S. 163) sechs weitere Faktoren, die die Resilienz der Kinder stärken können:

- die Unabhängigkeit z. B. von den Stimmungen innerhalb der Familie,
- die Beziehungsfähigkeit, d. h. soziale Kontakte aufbauen können,
- die Initiative z. B. für sportliche Aktivitäten,
- die Kreativität im künstlerischen Bereich im Sinne der Selbstwirksamkeit,
- den Humor, um z. B. durch Lachen Abstand von der angespannten Familiensituation zu bekommen, und nicht zuletzt
- die Entwicklung eines von den Eltern unabhängigen Wertesystems.

Das beinhaltet vor allem das Überwinden der Lügen, die dazu dienten, die Sucht zu verheimlichen.

Diese sechs Resilienzfaktoren werden als Ziele in die Angebote für die Kinder aus suchtkranken Familien integriert, wie es in Kapitel 8.5.1 vorgestellt wird (▶ Kap. 8.1.5). Hier sollen sie als Anregung für Erwachsene dienen, die im Fall einer Kindeswohlgefährdung den Kindern unterstützende Angebote machen wollen. Das bedeutet nicht, dass diese Faktoren in ihrer Komplexität Anwendung finden müssen, sondern, dass Aspekte ausgewählt werden können, die sich für den_die Erwachsene_n anbieten und in seinem_ihrem Rahmen – ob im professionellen oder im privaten – umgesetzt werden können.

So kann z. B. ein Jugendpfleger ein betroffenes Kind anregen, in einer Kreativgruppe mitzumachen und damit den Schutzfaktor Kreativität aktivieren. Oder eine Lehrkraft kann die Teilnahme an einer Theater-AG initiieren und dadurch gleichzeitig die Sozialkontakte des betroffenen Kindes in der Schule erweitern.

Darüber hinaus bieten sich einem_einer Erwachsenen eine Reihe von Möglichkeiten, Kinder aus suchtbelasteten Familien zu unterstützen, auch schon bevor es zu einer Kindeswohlgefährdung gekommen ist. Wichtig ist es aber, vor Augen zu haben, dass die beste Unterstützung eines Kindes von Anfang an durch seine Eltern geschieht. Denn der wichtigste Schutzfaktor ist eine positive Eltern-Kind-Beziehung, insbesondere bei kleineren Kindern. Insofern wäre eine rechtzeitige Ansprache der Eltern, in der z. B. Unterstützungsangebote gemacht werden oder empathische Gespräche geführt werden, ein denkbarer Lösungsansatz, um Schwerwiegenderes zu vermeiden.

> »Fachkräfte und Freiwillige können Kindern aus suchtbelasteten Familien auch helfen, indem sie die Bindung der Kinder an ihre Familie respektieren und unterstützen. Und sie können den Eltern helfen oder ermöglichen, die Erziehung ihrer Kinder wahrzunehmen. Sie können Kinder direkt unterstützen oder auch, indem sie deren Eltern unterstützen, z. B. durch die Anregung, eine Beratung oder ein Hilfe-Angebot des Jugendamtes wahrzunehmen« (DHS, 2017, S. 81)

Darüber hinaus können Selbsthilfegruppen ebenfalls eine positive Unterstützung bieten.

### 6.4.1 Unterstützung durch Selbsthilfegruppen

Selbsthilfegruppen stellen eine wichtige Unterstützungsmaßnahme für alle Betroffenen einer Suchterkrankung dar: für den_die Suchtkranke_n selbst sowie für die Familienmitglieder, also auch für die Kinder. Selbsthilfegruppen im Gesundheitsbereich dienen im Allgemeinen dem Erfahrungs- und Informationsaustausch von Betroffenen und Angehörigen. Sie stellen eine praktische Lebenshilfe dar und ermöglichen eine gegenseitige emotionale Unterstützung sowie eine Motivation, trotz Rückschlägen weiter an der positiven Veränderung der Lebenssituation zu arbeiten.

Im Bereich der Suchterkrankungen kann die Zahl der Nutzer_innen von Selbsthilfegruppen nicht exakt bestimmt werden. Folgende Organisationen bieten mit ca. 4425 Gruppen über 70.000 Betroffenen Unterstützung an: Blaues Kreuz in der Evangelischen Kirche, Blaues Kreuz Deutschland, Freundeskreise für Suchtkrankenhilfe, Guttempler in Deutschland und Kreuzbund. Darüber hinaus gibt es Gruppen, die der Freien Wohlfahrtspflege angeschlossen sind und nach Angaben der DHS mit ca. 8700 Gruppen 140.000 Betroffene erreichen (fdr, 2016, S. 6). Suchtselbsthilfe knüpft an den individuellen Problemlagen an, um die Betroffenen gezielt zu unterstützen, bezogen auf Gruppen für suchtkranke Familien z. B. durch die Förderung der Elternkompetenz zum Abbau der suchtbedingten elterlichen Risikofaktoren und zum Aufbau der Sensibilisierung für kindliche Bedürfnisse. Den Kindern werden im Rahmen der Selbsthilfegruppen Möglichkeiten gegeben, durch Kontinuität, Zuverlässigkeit und Schutz den familiären Belastungsfaktoren entgegenzustehen. Es gibt verschiedene Angebote für Kinder unterschiedlicher Altersstufen in Form von Spielangeboten, die während der Selbsthilfegruppen für Eltern stattfinden bzw. speziell für Kinder aus alkoholbelasteten Familien angeboten werden. Das bundesweit bekannteste Präventionskonzept für Kinder suchtbelasteter Familien ist das Trampolin Projekt, das in Kapitel 8.5.2 vorgestellt wird (▶ Kap. 8.5.2). Grundsätzlich hat es sich bewährt, die Angebote für Kinder in Verbindung mit Selbsthilfegruppen und ambulanten

Suchtberatungsstellen bzw. sogenannten natürlichen Settings wie Jugendfreizeiteinrichtungen anzubieten, so kann auch der Isolation der Kinder entgegengewirkt werden.

Über die aufgelisteten Suchtselbsthilfegruppen hinaus gibt es noch die Anonymen Alkoholiker (AA) mit ihren Untergruppen Al-Anon und Alateen, die alle gemeinsam folgende Angebote bereitstellen: Familienseminare für betroffene Eltern und Kinder, regelmäßige Familientreffs, regelmäßige Jugend- und Gesprächsgruppen, Familien-Clubs, dazu die klassischen regelmäßigen Gruppenangebote und Kinderbetreuungen (Arenz-Greiving, Kober, 2007, S. 33ff.). Die Kinder und Jugendlichen können so die Erfahrung machen, dass es Gleichaltrige mit ähnlichen Familienproblemen gibt und durch die gemeinsame Reflexion neue Sichtweisen und eine innere Distanz entwickeln. Allerdings zeigt sich, dass es einer Ausweitung der Selbsthilfegruppenangebote für Kinder und Jugendliche bedarf, da es bislang keine umfassende Versorgung in Deutschland gibt.

Welche Relevanz die Angebote für die betroffenen Kinder und Jugendlichen haben kann, wurde in den geführten Interviews mehrfach deutlich, so auch bei Selina: »Es war so gut, sich in den Al-Anon-Gruppen zu treffen. Gerade die Anonymität gefiel mir am Anfang besonders gut. Ich war noch so unsicher, weil ich ja am liebsten gar nicht darüber gesprochen hätte. Aber nach kurzer Zeit war klar, dass wir alle das gleiche Problem hatten ... und es tat so gut, offen drüber zu sprechen ... und endlich jemanden zum Zuhören zu haben.«

Oder auch Roswitha, die die Erwachsenengruppe aufsuchte: »Irgendwann war es ja klar, dass es keinen anderen Ausweg mehr gab, aber bis dahin, war es gut, bei den AAs zu sein. Beim ersten Mal hatte ich den Notdienst der AA Fegesack angerufen und gleich abends konnte ich zum Treffen gehen ... es war eine Wohltat, eine echte Hilfe ...«

Unabhängig vom Alter können Betroffene Hilfe finden. Ein Beispiel sind die Alateen-Gruppen, die aus den Angehörigen der

Anonymen Alkoholiker hervorgegangen sind, und die Al-Anon-Gruppen, die betroffene Teenager aufnehmen.

Es wird deutlich, dass Selbsthilfegruppen eine wichtige Funktion für Betroffene und Angehörige haben. Sie können als erste Anlaufstellen dienen, wenn Krisensituationen vorherrschen und es schneller Hilfe bedarf, beispielsweise über ein Notruftelefon oder Onlineangebote. Oft ist bei Suchtkranken und Angehörigen zunächst auch eine Unsicherheit, ob sie sich professionelle Hilfe überhaupt holen wollen, weshalb sie zunächst Rat bei Leidensgenoss_innen suchen. Sicher kann dort keine professionell umfassende Beratung erfolgen, aber eine wichtige Sensibilisierung für die Einschätzung der eigenen Lebenssituation kann entwickelt werden. Insbesondere wenn die Suchterkrankung mit häuslicher Gewalt verbunden ist, können erste einfühlsame Gespräche den Hilfesuchenden an professionelle Stellen weiterleiten, wie beispielsweise in der Broschüre von den Guttemplern »Wer blau ist, sieht schneller rot« dargestellt wird. Insgesamt verfügt die Suchtselbsthilfe über ein umfängliches Netzwerk von Hilfseinrichtungen. Im »Leitfaden für Lotsennetzwerke der Suchtselbsthilfe« vom Fachverband Drogen- und Suchthilfe wird dargestellt, wie das Lotsennetzwerk sichere Übergänge aus der Suchterkrankung für Betroffene schafft. Dabei wird ein breites Spektrum von Zielen formuliert, das von der Sicherung des Überlebens und der Stabilisierung des Gesundheitszustandes bis hin zur Unterstützung einer abstinenten Lebensweise und der Vermeidung von Rückfällen reicht. Ein_e Betroffene_r kann so mit einem ehrenamtlichen Lotsen eine Vereinbarung treffen, welche Form der Begleitung erwünscht ist, um so einen geeigneten Weg zu finden, das Prinzip der Hilfe zur Selbsthilfe zu aktivieren. Ziel ist es, ein weitestgehend selbstbestimmtes und selbstständiges Leben der betroffenen Menschen zu ermöglichen.

Dieses Verständnis der Notwendigkeit der Mitwirkung des_der Betroffenen und der Aktivierung der Selbstheilungskräfte sind für den Heilungsprozess als zentral anzusehen. Studien belegen sogar, dass eine Selbstheilung möglich ist, also eine unbehandelte Remission einer Suchterkrankung funktioniert. Nach Klingemann sind Selbstheilungen alltäglich (Klingemann, 2018, S. 9). Er stellt den Änderungsprozess von der Entschluss-, der Umsetzungs- bis zur Stabilisierungsphase dar und beschreibt große und kleine, aber wirksame Hilfen bei der Selbstheilung wie die klassischen Trinktagebücher, Smartphone Apps zur Reflexion des Lebenslaufes und Anregungen für Achtsamkeitstrainings. Bei diesem Ansatz wird deutlich, dass das Heilungspotenzial von internalen und externalen Faktoren abhängig ist, also auch die gesellschaftlichen Rahmenbedingungen eine Rolle spielen. Es zeigt sich, dass Selbstheilung keinen Gegensatz zum herkömmlichen Behandlungsansatz darstellt, sondern eine hilfreiche Option für Betroffene ist, die nicht den Weg in die Beratungsstelle gehen wollen.

### 6.4.2 Professionelle Beratung einholen

Die vorangegangenen Ausführungen machen deutlich, dass sich vor allem in der frühen Kindheit Chancen für einen positiven Einfluss auf die individuelle Entwicklung der Kinder und der Familie als Ganzes bieten. In der Fachliteratur werden verschiedene Unterstützungsformen und Methoden als wirksam herausgestellt. Entsprechend des schon in Kapitel 6.1 gewählten systemischen Ansatzes (► Kap. 6.1) soll die systemisch familienorientierte Arbeit kurz vorgestellt werden, die häufig in der professionellen Beratung Anwendung findet. Dieser Ansatz geht davon aus, dass eine Suchterkrankung Auswirkungen auf alle Familienmitglieder hat und demzufolge auch alle in den Problemlöseprozess integriert werden müssen. Da suchtbelastete Familien vermehrt in multifunktionalen Systemen, d. h. in Patchwork- oder Pflegefamilien oder auch in alleinerziehenden Familien leben, ist es ein Vorteil, wenn nicht personelle Faktoren wie z. B. leibliche Vaterschaft im Fokus stehen, sondern vielmehr die Funktionen, die von dem_der Einzelnen im Familiensystem wahrgenommen werden. Es wird versucht, die negativen Mechanismen in der betroffenen Familie wie z. B. die Rollenänderungen aufgrund der Verheimlichung der Sucht zu hinterfragen und somit Wege aus der Co-Abhängigkeit zu finden. Die Familie ist als Entstehungs- und Bedingungskontext in die systemische Sichtweise von Suchterkrankungen unbedingt einzubeziehen (Arenz-Greiving, Korber, 2007, S. 23ff.). Demzufolge muss das professionelle Hilfesystem für alle Betroffenen spezifische Angebote vorhalten. Beispielhaft soll hier das Fitkids-Programm zum gesunden Aufwachsen für Kinder aus suchtkranken Familien genannt werden.

> »Fitkids ist ein Organisationsentwicklungsprogramm zur Familienorientierung für Drogen- und Suchtberatungsstellen. Ergänzend zu den bestehenden Angeboten der Beratungsstellen wird die Thematik ›Kinder aus suchtbelasteten Familien‹ nachhaltig in die Arbeitsstrukturen und Handlungsabläufe integriert« (Die Drogenbeauftragte, 2017, S. 65).

So werden notwendige interne und externe Organisationsstrukturen für eine adäquate Versorgung der betroffenen Personengruppen geschaffen. Darin werden standardisierte Datenerfassung der Kinder, Beurteilung von Gefährdungssituationen, Entwicklung interner Handlungsabläufe bei Kindeswohlgefährdungen und Kooperationsstrukturen sowie Schnittstellenarbeit und Einbeziehung von Beratungsstellen in das regionale Hilfesystem zur Wahrnehmung der notwendigen Lotsenfunktion für Eltern und Kinder aufgenommen. Dieses Beispiel macht sehr gut die Komplexität des Hilfesystems der professionellen Beratungsaufgabe deutlich, die notwendig ist, die Versorgung der Betroffenen sicherzustellen. Als Teil des Hilfesystems ist das vielfältige Netzwerk der Suchthilfe mit seinen multiprofessionellen Teams zu betrachten. Dabei fällt der ambulanten Suchthilfe, die Prävention, Frühintervention, Beratung, Behandlung und Nachsorge umfasst, die Aufgabe der Vermittlung in weiterführende unbegleitete Hilfen sowie Suchtselbsthilfe zu. Die ambulante Suchthilfe folgt dem Prinzip des Diversity-Managements, das darauf abzielt, die Potenziale von Vielfalt zu gestalten und strukturelle Benachteiligungen abzubauen.

> »Die Fähigkeit zur geschlechtsdifferenzierten und interkulturellen Arbeit sowie deren strukturelle Verankerung gehört grundsätzlich zu den Kompetenzen der Mitarbeitenden in psychosozialen Einrichtungen. Ambulante Suchthilfe fördert und stärkt das Selbsthilfe- und Selbstheilungspotenzial der Menschen, wozu auch die Zusammenarbeit mit den örtlichen Selbsthilfegruppen gehört« (fdr, 2020, S. 8).

Der Diversity-Gedanke, verbunden mit dem ganzheitlichen Verständnis, das auf dem bio-psycho-sozialen Modell und einer hohen fachlichen Kompetenz und persönlicher Eignung der Fachkräfte basiert, ermöglicht eine Vielfalt von adäquaten professionellen Hilfeangeboten für Betroffene. Auch hier lassen sich den Interviews Passagen entnehmen, die die Relevanz dieser Angebote bestätigen.

> Antonio erzählt von verschiedenen Stationen, die er durchlaufen hat und die alle eins gemeinsam hatten: »Ja, es war ein steiniger Weg und ja, auch wenn ich jetzt trocken bin, wird es wohl weitere Stationen geben, aber eins haben sie gemeinsam, sie haben mich irgendwie immer weitergebracht, zumindest für eine Zeit.« Antonio macht deutlich, dass die verschiedenen Hilfeangebote, die er nutzte, ihm immer für einen bestimmten Zeitraum geholfen haben. Darüber hinaus erzählt Antonio: »Ich glaub, ich hätte als Jugendlicher schon angesprochen werden müssen, aber bei mir gab es damals noch nichts, was für mich geeignet war …«

Tatsächlich gab es zur Jugendzeit von Antonio noch keine Beratungsangebote für riskant konsumierende Jugendliche. Dies hat sich erfreulicherweise geändert. Heutzutage bieten Beratungsstellen auch schon für die Zeit des Missbrauchs Unterstützung an, für die Jugendlichen selbst wie auch für die Eltern. Gemeint sind sogenannte Konsumkontroll- bzw. Reduktionsprogramme, die im Rahmen von strukturierten verhaltenstherapeutischen Selbstmanagementansätzen auf eine Reduktion des Konsums legaler und illegaler Substanzen abzielen und in den Bereich der Frühintervention fallen. »In einem ehrlichen und offenen Dialog sollen Klient*innen dabei unterstützt werden, ihren Substanzkonsum selbst zu beobachten, zu reflektieren, zu steuern, zu verringern und gegebenenfalls ganz einzustellen« (fdr, 2020, S. 33). Insofern zeigt sich das derzeitige Hilfesystem als umfassend und vielseitig, um allen Zielgruppen adäquate Angebote zu ermöglichen.

Ein umfassendes Suchthilfeverzeichnis bietet die Deutsche Hauptstelle für Suchtfragen (DHS) mit Informationen zu über 1600 Einrichtungen der ambulanten und stationären Suchthilfe in Deutschland für alle Betroffenen, Angehörigen, Fachkräfte und Interessierte. All diese Einrichtungen bieten vielfältige Unterstützungsmöglichkeiten bei dem Weg aus der Sucht.

# 7

## Chancen für neue Wege

Eine Suchterkrankung betrifft die gesamte Familie! Demzufolge müssen in die Überwindung einer Sucht auch alle Familienmitglieder einbezogen werden. Nicht nur der_die Suchterkrankte muss sein_ihr Verhalten ändern, sondern auch die erwachsenen Angehörigen und die Kinder. Gelingt es allen durch einen starken inneren Willen und Unterstützung von außen, liegt in dieser Veränderung eine große Chance für die Familie, ganz neue Wege zu gehen. Das beschriebene Stuhlexperiment macht es schon deutlich, dass der_-die Suchtkranke nur die Verantwortung für ihr_sein Leben übernehmen kann, wenn die Co-abhängige angehörige Person die Verantwortung auch zurückgibt. Insofern müssen sich alle auf die Lebensveränderung einlassen und das Familiengeheimnis Sucht offenlegen. Die offene Ansprache gegenüber Freund_innen, Verwandten und Nachbar_innen ist ein wichtiges Element, um nicht ständig Gefahr zu laufen, wieder etwas verheimlichen zu wollen. Die Offenlegung der Suchterkrankung bricht ein Tabu. Sie ermöglicht das Reden über die Suchtprobleme und den persönlichen Kontakt zu den nahestehenden Personen. So kann ein soziales Netzwerk aufgebaut werden.

> »Klar habe ich es alles zuerst meiner Schwester erzählt, musste ich ja, sie hatte ja spontan meine Kinder aufgenommen ... aber es tat auch gut, darüber zu reden und in den Arm genommen zu werden ... ich hatte es ihr erlaubt, es unseren Eltern zu erzählen, als ich noch in der Klinik war ... danach war alles viel einfacher, eigentlich hatten alle Verständnis und haben Hilfe angeboten.«
> Rosi beschreibt, dass die Offenlegung und das Reden über die Suchterkrankung zur sozialen Unterstützung durch ihre Verwandten führte.

Die aktivierten Sozialkontakte stellen einen wichtigen Resilienzfaktor dar und bieten eine Chance zur Unterstützung von außen. Denn es ist für die ganze Familie eine schwierige und anstrengende Zeit, wenn der_die abstinent lebende Suchtkranke beginnt, den Alltag ohne Suchtmittel durchzustehen. Grundsätzlich bietet jeder Familienalltag an sich auch ohne Erkrankungen schon viele Herausforderungen und Konfliktsituationen, die gemeistert werden müssen. Bei der Überwindung einer psychischen Erkrankung treten allerdings gehäuft Probleme auf.

> »Die Symptome, häufig in Kombination mit sozialen und soziokulturellen Faktoren, können sich negativ auf den Familienalltag und das Erziehungsverhalten auswirken und die psychosoziale Entwicklung der Kinder gefährden. In bidirektionalen Wechselwirkungsprozessen können dabei elterliche Belastungen verstärkt werden und sich negativ auf Genesungsprozesse auswirken« (Krumm et al., 2020, S. 463).

Um die Entstehung eines Teufelskreises von überfordernden Alltagssituationen, daraus resultierendem negativen Erziehungsverhalten und negativen Auswirkungen auf den Genesungsprozess zu verhindern, bedarf es einer ressourcenorientierten Unterstützung aller Familienmitglieder. Zahlreiche Studien belegen eine positive Wirkung von Elternschaft auf die psychosoziale Gesundheit von Menschen mit psychischen Erkrankungen. Da durch die elterlichen Aufgaben eine bessere Alltagsstrukturierung entsteht und bereichernde Lebenserfahrungen gemacht werden können. Zugleich werden aber auch Risiken der Überforderung durch eine Elternschaft für Menschen mit einer schweren psychischen Erkrankung gesehen, etwa zur Hälfte bei den Vätern und zu einem Drittel bei den Müttern (ebd., S. 465).

> Diese Herausforderungen und Chancen, die in der Elternschaft liegen, werden in folgender Interviewpassage besonders deutlich. Rosi erzählte: »Eigentlich war mir der Alltag als alleinerziehende Mutter immer eine Last, aber nach meinem Unfall und der Reha wurde alles anders. Es war zwar ein Schicksalsschlag, aber ich wollte meine Kinder wiederhaben. Auch wenn meine Schwester sich kümmerte, fehlten sie mir einfach so sehr. Irgendwie hatte ich endlich verstanden, was wichtig war. Ohne meine Kinder hätte ich es wohl nicht geschafft.«

Zur Unterstützung der Eltern braucht es wertschätzende Gespräche über die schönen, aber auch herausfordernden Seiten von Elternschaft und ein echtes Interesse an den Eltern und Kindern. Dafür bedarf es in den professionellen Einrichtungen der Entwicklung einer familienfreundlichen Einstellung (ebd., S. 470) und spezifischer Angebote, und zwar vor, während und nach der Therapie, die vielfach noch nicht gegeben sind. Bislang beziehen sich viele professionelle Angebote eher auf die Genesung der Suchterkrankung an sich bzw. auf die separate Unterstützung der Kinder, die in suchtkranken Familien leben. Konkrete Angebote, die direkt an eine Suchttherapie anschließen und für die Veränderungen im Familienalltag hilfreiche Hinweise geben oder konkrete Handlungsempfehlungen zur Elternschaft, fehlen.

Selbstverständlich ist jede Familie individuell zu betrachten, und es kann keine allgemeingültigen Ratschläge geben, aber aus vorangegangenen Seminaren im Bereich der Frauensuchtselbsthilfe und der Angehörigenarbeit lassen sich folgende Anregungen formulieren: Als zentrales Thema konnte die Konfliktfähigkeit als Chance für neue Wege ermittelt werden. Im Verlauf des Buches wurde die Entwicklung von Konfliktlösestrategien schon als erzieherische Aufgabe aufgegriffen und die Relevanz einer positiven Kommunikation bei Differenzen innerhalb der Familie thematisiert. Konfliktfähigkeit bedeutet, in der Lage zu sein, Konflikte untereinander zu klären, sie also nicht zu verdrängen oder ihnen auszuweichen. Denn gerade im ausweichenden Verhalten steckt die Gefahr des Wiederkehrens der alten Verhaltensmuster und eines drohenden Rückfalls, weshalb auch hier die offene Ansprache von Konflikten erforderlich ist.

> Am ehesten eignet sich die Einführung von ritualisierten Gesprächsmomenten im Familienalltag, z. B. nach den abendlichen Mahlzeiten, wenn Eltern und Kinder Zeit haben, sich auszutauschen und über kritische Alltagssituationen sprechen können. Darüber hinaus ist es wichtig, Zeitfenster für gemeinsame Aktivitäten zu etablieren, um auch positiven Erlebnissen Raum zu geben und Möglichkeiten von entspanntem Miteinander in den Alltag zu integrieren. Je nach Alter der Kinder können es spielerische Elemente, Entspannungs- und Achtsamkeitsübungen, bewegungsfördernde Freizeitaktivitäten, künstlerische Beschäftigungen bis hin zu jugendgerechten Interessen sein. Gemeinsame Beschäftigungen von Eltern und Kind fördern die familiäre Kohäsion, den Familienzusammenhalt, der als Schutzfaktor gegen negative Einflüsse wirksam sein kann.

In diesen beispielhaft beschriebenen neuen Wegen stecken Chancen, sich als Familie neu zu formieren, wenn das suchtkranke Elternteil beginnt abstinent zu leben und von allen Familienmitgliedern neue Verhaltensweisen erlernt werden müssen, um einen Rückfall zu verhindern.

## 7.1 Krisen und Veränderungen in der Familie sehen

Im Kontext einer Suchterkrankung wird häufig von Rückfällen gesprochen, und dass diese oft in Verbindung mit einer Krise eintreten können. Studien belegen, dass Rückfälle zum Krankheitsbild und Genesungsprozess einer Sucht dazugehören. Innerhalb eines Zeitraums von einem Jahr nach Durchführung einer Entzugsbehandlung werden Rückfallraten von 40 bis 60 % beschrieben, d. h. ca. 50 % der Betroffenen leben nach einer Entgiftung langfristig abstinent (Schulze, 2015, S. 18). Mit Rückfall ist hier ein nasser Rückfall gemeint, also einer, der mit Alkoholkonsum einhergeht, und nicht ein trockener Rückfall, der sich in Denk- und Handlungsweisen widerspiegelt, die dem früheren Trinkverhalten entsprechen. Diese Denk- und Handlungsweisen werden von den Betroffenen insbesondere in kritischen Situationen angewendet, genau dann, wenn Überlastungen eintreten und »bewährte Verhaltensmuster« abgerufen werden. Das bedeutet, dass es wichtig ist, solche Gefährdungen frühzeitig zu erkennen, um Rückfälle zu vermeiden. »Rückfälle sind nicht Ausdruck von Willensschwäche oder Gleichgültigkeit. Sie stellen ein Problem dar, das ernst zu nehmen ist, aber keine unabwendbare Katastrophe bedeutet« (DHS, 2018, S. 3).

Folgende Vorkehrungen sollten getroffen werden, wenn die suchtkranke Person am Anfang ihrer Abstinenz steht:

- Die Wohnung zur alkoholfreien Zone machen, idealerweise die Räume umgestalten, damit das Suchtgedächtnis, das den Alkoholkonsum mit bestimmten Orten verknüpft, nicht aktiviert wird;
- Vermeidung von Alltags- bzw. Freizeitsituationen, die mit Alkohol verknüpft sind, z. B. nach dem Sport;
- Verhinderung von Situationen der Konsumaufforderung, z. B. Feierlichkeiten;
- Vermeidung emotional belastender Situationen, z. B. Zusammentreffen mit ›Trinkfreund_innen‹.

Darüber hinaus können folgende Alternativideen überlegt werden:

- Organisation eines ›Buddys‹ für kritische Situationen (▸ Kap. 5.2.1);
- Erstellen einer Liste von Vorteilen des Nicht-Trinkens zum Abspeichern im Handy bzw. zum Weiterleiten an den ›Buddy‹ als gute Argumente für den Notfall;
- Erstellen einer Liste von angenehmen Tätigkeiten, z. B. für Momente von Langeweile;
- Erlernen von Achtsamkeitstrainings oder Entspannungsübungen zum Stressabbau;
- Antwortmöglichkeiten erarbeiten für den Fall einer Konsumaufforderung bzw. Ideen für Alternativgetränkewünsche entwickeln, um nicht in Erklärungsnot zu geraten.

Denn Alkohol ist die einzige Droge, für deren Nicht-Konsum in unserer Gesellschaft eine Entschuldigung erforderlich ist. Insofern entstehen im Alltag viele Situationen des sozialen Drucks, in denen ein_e abstinent lebende_r Suchtkranke_r Argumente für den Nicht-

Konsum parat haben sollte, um die unangenehme Situation schnell beenden zu können. Es geht hier nicht um die Verleugnung der Suchterkrankung, aber Fremden gegenüber sind ›Ausreden‹ angebracht. Hingegen sollte man wirkliche Freund_innen über die eigene Erkrankung informieren, auch Verwandte oder Arbeitskolleg_innen, mit denen man häufig in Kontakt kommt.

> »Zuerst mochte ich es noch nicht erzählen, aber die Blicke sagten mir, dass es eh alle wussten. Als ich dann bei einer Familienfeier im Restaurant zu einem Kellner, der Wein einschenken wollte, ›Nein!‹ sagte, ›Ich trinke keinen Alkohol!‹, war es mir erst noch unangenehm. Aber als danach meine Cousine mich ansprach, dass sie mich bewundere, weil ich es geschafft habe, war ich stolz auf mich.«
> Rosi gelingt es, »nein« zu sagen und erfährt positive Rückmeldungen, die sie in ihrem Verhalten bestärken.

Als Unterstützung in Situationen, in denen der Wunsch nach Alkohol besonders hoch ist, ist die Split-Screen-Technik zu empfehlen. Dieser Gedankentrick beinhaltet die Vorstellung von zwei Szenarien: Wie läuft der Tag ohne Alkohol weiter? Und wie liefe der Tag mit Alkohol weiter (Guzek, 2020, S. 156)? Jede_r Suchtkranke weiß, wie er_sie sich die Beispielszenarien vorzustellen hat und hat schnell vor Augen, dass der Alkoholkonsum zu einem Rückfall führen würde. Gerade in der Anfangszeit sollte das denkbare Rückfallrisiko in der Selbsthilfe mit Gleichbetroffenen oder mit einem_einer professionellen Berater_in durchdacht werden, um Krisensituationen rechtzeitig wahrnehmen zu können. Auch die Familie kann »als Verbündete gegen die Sucht« mitziehen. Gleichzeitig können dort allerdings auch suchtfördernde Strukturen vorherrschen, die es zu erkennen gilt.

## 7.2 Suchtfördernde Strukturen in der Familie erkennen

Die suchtfördernden Strukturen in einer Familie wurden schon beim Thema Co-Abhängigkeit beschrieben. Hier soll der Fokus auf das Erkennen und den Abbau dieser Strukturen gelegt werden. Als problematisch wurde die überverantwortliche Haltung des Co-abhängigen Familienmitgliedes dargestellt, das alle negativen Konsequenzen von der_dem Suchtkranken fernhält, weshalb diese_r das Suchtverhalten fortsetzen kann. Im Fall der Abstinenz müssen beide, die suchterkrankte Person und die Co-abhängige Person, ihr Verhalten grundlegend ändern, indem jede nur die Verantwortung für ihr eigenes Handeln trägt und nicht die Verantwortung für die andere. Im Familienalltag sind es insbesondere kritische Situationen, in denen das suchtkranke Elternteil mit den erzieherischen Aufgaben überfordert sein kann, weshalb die Co-abhängige Person entlastend eingreifen könnte.

> »Ich glaube es war gut, dass wir getrennt lebten, sonst hätte ich meinem Mann immer weiter alles abgenommen, auch noch nach seiner Sucht. Ich musste aufpassen, nicht immer alles an mich zu reißen. Irgendwie wollte ich ihm zu viel abnehmen, heute weiß ich, dass das nicht gut ist.«
> Roswitha beschreibt das Problem, schwer aus ihrer Rolle der Co-abhängigen Person herauszufinden, und sieht einen Vorteil in der getrennten Lebenssituation, da dadurch die vorherige Familienstruktur verändert werden konnte und so weniger suchtfördernd ist.

Entscheidend ist, die süchtigen Interaktionsmuster in der Familie zu entlarven, um sie aufzubrechen und verändern zu können. Da jede Familie in ihrem individuellen Familiensystem – wie in dem beschriebene Mobile – lebt, müssen die Interaktionsmuster durch Ressourcenorientierung zu neuen Lösungsmöglichkeiten nutzbar gemacht werden. Der_die Betroffene muss jetzt neue Strategien entwickeln, um z. B. mit Stress umzugehen, und die Familienmitglieder müssen ihm_ihr eine Chance geben, den Stress selbst zu bewältigen. Dies führt zu neuen Interaktionen im Familiensystem, die fordern, dass die Familienmitglieder keine Ausgleichsreaktionen mehr durch ihr Verhalten zeigen, sondern die Betroffenen ihre Verantwortungen selbst tragen zu lassen und Alltagsverpflichtungen übernehmen zu lassen.

»Eigentlich lief es immer gleich ab. Mein Mann kam geschafft von der Arbeit. Unsere Kleine tobte durch die Wohnung, und ich wollte, dass sie ihren Papa in Ruhe ließ. Dann weinte sie, und er trank. Später gab es Streit.«
Roswitha schildert die Abläufe, die durch süchtige Familienstrukturen entstehen. Sie versuchte, ihren Mann und die kleine Tochter immer voreinander abzuschirmen.

Dieses gut gemeinte Verhalten kann allerdings die Botschaft von Roswitha an ihren Mann beinhalten: »Ich denke, du kannst nicht so gut mit unserer Tochter umgehen, deswegen verhindere ich lieber den Kontakt.« Der Mann versteht diese Botschaft und sieht sich selbst dadurch als schlechter Vater. Diese negativen Gefühle versucht er dann durch das Trinken zu verdrängen. Wodurch diese Reaktionsmuster entstanden sind, lässt sich schwer feststellen. Hat Roswitha sich so verhalten, weil ihr Mann Anlass dazu gab, oder hat sie sich so verhalten, weil sie es als Kind selbst schon so erlebt hat? Süchtige Beziehungsmuster sind mehrgenerational, werden also von einer Familie in die nächste Generation überliefert, weshalb es besonders schwer ist, den Ursprung des Verhaltens nachzuvollziehen. Im oben beschriebenen Beispiel stellt sich die Frage nach einem Versagensgefühl des Vaters.

> »Süchtige Eltern sehen sich meist in einem Kontext des Versagens: Sie fühlen sich schuldig und werden als schuldig angesehen, dass ihr Kind auffällig wurde oder Hilfe benötigt […]. Süchtige Eltern haben ein schlechtes Gewissen, sie sind aus ihrer Sicht gescheitert« (Riedel, 2005, S. 11).

Trotzdem wollen auch betroffene Eltern gute Eltern sein! Über die suchtfördernden Strukturen in der Familie hinaus muss auch der gesellschaftliche Umgang mit Sucht einbezogen werden, da die Stigmatisierungsprozesse ebenfalls suchtfördernd sind, wie auch der gesellschaftliche Umgang mit Alkohol und Drogen im Allgemeinen suchtfördernde Rahmenbedingungen produziert.

### Schutzfaktoren aktivieren

Bezogen auf Kinder aus suchtbelasteten Familien wurden schon in Kapitel 6.4.1 die Resilienzfaktoren nach Klein vorgestellt (▸ Kap. 6.4.1).

> Darüber hinaus lassen sich folgende protektive Faktoren beschreiben: positives Temperament, ausreichende Kommunikationsfähigkeit, eigenverantwortliche Einstellung, positives Selbstwertgefühl und positive Zukunftserwartungen (Riedel, 2005, S. 9). Als weitere Aspekte resilienter Menschen lässt sich Folgendes festhalten: eine Akzeptanz für die Unabänderlichkeit von Geschehenem wie z. B. einem Unfall, die Fähigkeit, aus diesen Widrigkeiten des Lebens das Beste zu machen, d. h. positiv zu denken und mit einer optimistischen Lebenseinstellung die Fähigkeit zur Improvisation zu haben, um kritische Alltagssituationen zu meistern.

Im Improvisieren sind viele Co-abhängige Menschen durch den süchtigen Familienalltag sehr geübt. Darin ist also schon eine Ressource zu sehen. Entscheidend ist, sie in der Umsetzung gegen die Sucht anzuwenden, d. h. nicht um süchtiges Verhalten zu vertuschen, sondern neue Lösungswege zu suchen. Bezüglich des Ausbaus dieser Schutzfaktoren lässt sich selbstverständlich feststellen, dass alle Menschen individuell zu betrachten sind und unterschiedliche Persönlichkeitsmerkmale auch verschiedene Potenziale für die Entwicklung und den Ausbau dieser Schutzfaktoren bewirken. Im Rahmen der Selbsthilfearbeit werden vielfach in den Gesprächen die Stärken ermittelt, die jede_r Einzelne hat. Anhand dieser Erkenntnis kann es gelingen, diese Ressourcen weiter auszubauen bzw. im Bereich der Schwächen denkbare Strategien zu entwickeln, diese zu überwinden.

> In den Seminaren mit der Frauensuchtselbsthilfe wurden oft konkrete Familiensituationen diskutiert und Ideen des Umgangs mit den Konfliktsituationen erarbeitet. Im Fall von Roswitha bedeutet es z. B. die offene Ansprache ihres Mannes, ob er sich in dem Moment von der Tochter gestört fühlt oder auch, ob die Situation von ihm grundsätzlich überhaupt als Störung empfunden wird. Es bedarf also einer Klärung zwischen den Eltern auf der Beziehungsebene und des Ausbaus der Kommunikationsfähigkeit als wichtige Schutzfaktoren. Um sich in dem Bereich weiterzuentwickeln, sind Kommunikationsseminare zu empfehlen, die punktuell auch von Selbsthilfegruppen angeboten werden. Denn funktioniert die Kommunikation zwischen den Eltern besser, schützt es vor Stresssituationen in der Partnerschaft und in der Familie im Allgemeinen.

So kann der Weg zu einer guten Elternschaft leichter gelingen.

## 7.3 Auch betroffene Eltern wollen gute Eltern sein

Mit betroffenen Eltern sind in diesem Kapitel die süchtigen Eltern gemeint, während in den vorherigen Kapiteln schon umfänglich auf die Co-abhängigen Elternteile eingegangen wurde. Es wurde deutlich gemacht, dass eine Elternschaft für den_die Süchtige_n positive, aber auch negative Auswirkungen auf die Suchterkrankung wie auch auf den Genesungsprozess hat. Studien bezüglich der Mutterrolle zeigen, dass die belastenden Gefühle häufig durch die Wahrnehmung normativer Erwartungen entstehen. Das bedeutet, dass bestimmte Vorstellungen über die Norm einer ›guten Mutter‹ bestehen. Betroffene Mütter grenzten sich aufgrund ihrer Erkrankung von diesem Ideal ab und stellten ihre mütterlichen Fähigkeiten infrage (Krumm et al., 2020, S. 465). Um die Erwartungen an eine gute Mutterschaft zu erfüllen, werden auch Diagnosen abgelehnt oder Krankheitssymptome verborgen, um das Bild einer guten Mutter nach außen zu vermitteln. »Tatsächlich berichten betroffene Mütter, dass die Furcht vor einer Wegnahme des Kindes ihre Bereitschaft senkt, entsprechende Angebote anzunehmen« (ebd., S. 466). Diese Problematik hält häufig auch nach einer stationären Therapie an. »Die Befürchtung, entweder die Gesundheit des Kindes bzw. dessen psychosoziale Entwicklung oder aber die eigene psychische Stabilität zu gefährden, wird von betroffenen Frauen als belastend erlebt« (ebd., S. 465). Hier bedarf es spezifischer professioneller Hilfeangebote sowie weitreichender Unterstützungsangebote aus dem sozialen Umfeld.

> »Ich war wirklich froh meine Schwester zu haben, sie war immer für meine Kinder da, wenn ich nicht konnte, wenn mir die Kraft fehlte …«
> Rosi hatte in ihrer Schwester eine stabile Hilfe, um die schwere Zeit gerade am Anfang der Abstinenz nach der Therapie zu überstehen.

Bezüglich der spezifischen professionellen Hilfeangebote für betroffene Eltern bedarf es in Deutschland noch eines Ausbaus. Üblicherweise wird mittlerweile im Rahmen der Therapieaufnahme nach minderjährigen Kindern gefragt und nach Betreuungslösungen gesucht bzw. eine spezialisierte Mutter-Kind-Einrichtung empfohlen. Letztere sind allerdings noch rar. In klassischen psychiatrischen Einrichtungen für Erwachsene fühlen sich Studien zufolge viele Fachkräfte überfordert, die Thematik der Elternschaft anzusprechen. Zum Teil besteht die Angst aus dem Gefühl heraus, als übergriffig wahrgenommen zu werden.

> »Potenzielle Konflikte ergeben sich insbesondere aus der Gegenüberstellung von Patientenwohl und Kindeswohl. Professionelle fühlen sich durch die zusätzliche Verantwortung überlastet, insbesondere dann, wenn es ihnen an Wissen und Fähigkeiten, Zeit und personellen Ressourcen mangelt« (ebd., S. 469).

Aufgrund noch unklarer oder fehlender Richtlinien entscheiden häufig individuelle Einstellungen der Fachkräfte darüber, inwieweit die Elternrolle der Patient_innen einbezogen wird. In den Nachbarländern wie den Niederlanden oder auch Finnland konnten schon spezifische Programme wie z. B. »Let's Talk about Children« implementiert werden, die das Thema Elternschaft konkret in die Therapie integrieren und die Kinder direkt einbeziehen. »Für die Kinder war es besonders wichtig, zu erleben, dass es auch andere Familien mit psychisch erkrankten Eltern gibt. Dies trug zu einer Normalisierung bei« (ebd., S. 474). Zur besseren Unterstützung von betroffenen Eltern bedarf es noch einer Weiterentwicklung von Konzepten und gesetzlichen Vorgaben, um dem Bedürfnis nach guter Elternschaft aufseiten der Betroffenen nachzukommen. Diese zeigt sich in der Regel als fortlaufende Herausforderungen, insbesondere dann, wenn die Kinder ins jugendliche Alter kommen und selbst mit dem Alkoholkonsum beginnen.

### 7.3.1 Umgang von betroffenen Eltern mit dem Konsum ihrer jugendlichen Kinder

Auf dem Weg in die dauerhafte Abstinenz werden betroffene Eltern auch mit dem Substanzkonsum ihrer jugendlichen Kinder konfrontiert. In den meisten Selbsthilfegruppen wird immer ›gepredigt‹, dass die gesamte Familie abstinent leben solle, um dem trockenen Suchtkranken den Alltag nicht zu erschweren. Andererseits ist auch allen Betroffenen bewusst, dass der Alkoholkonsum Bestandteil des gesellschaftlichen Lebens ist und sowieso gelernt werden muss, damit richtig umzugehen. Genau genommen ist es für die jugendlichen Kinder eines suchtkranken Elternteils auch wichtig, die

Chance zu haben, durch einen kontrollierten Risikokonsum eine Risikokompetenz zu erlernen. Insofern sollte dieses Thema rechtzeitig angesprochen werden und ein offener Umgang möglich sein, der die Entscheidung für oder gegen eine Abstinenz seitens der Heranwachsenden ermöglicht.

> »Wie viel Glück ich mit meinem Sohn hatte, wurde mir erst Jahre später bewusst. Er war total vernünftig. Andere Eltern stritten mit ihren Kindern immer wegen des Alkohols. Ich musste nie was sagen. Bis heute habe ich ihn nicht trinken sehen.«
> Rosi beschreibt, dass ihr Sohn sich von allein für die Abstinenz entschieden hat, ohne es je mit ihr besprochen zu haben.

Entscheidet sich der_die Jugendliche freiwillig für die Abstinenz, ist es für die familiäre Situation sicher entlastend. Sollte er_sie im Sinne der Entwicklungsaufgabe des Erlernens des Substanzkonsums die Möglichkeit haben, sich wie Jugendliche ohne suchtkranken Elternteil auszuprobieren, sollte er_sie Strategien des Umgangs für sich entwickeln. Zu empfehlen ist z. B., diese Momente als Trinkverführungsversuche einzuordnen, wie es in der »Selbstheilungsmethode« vorgestellt wird. Nachdem der_die Suchtkranke in der Umsetzungsphase Abstand zum Suchtmittel gewonnen hat, fühlt er_sie sich nach einiger Zeit stark genug sich der Gefahr wieder auszusetzen, um sich zu beweisen, dass er_sie auch schwierige Situationen im Griff hat (Klingemann, 2018, S. 28). Eine »Übung zur Härte« besteht auch darin, anderen Alkohol anzubieten, ohne selbst zu trinken (ebd.). Diese Ideen mögen nicht für alle Betroffenen passend sein! Wichtig ist es auch hier, die Individualität des_der Einzelnen und aller Familienmitglieder einzubeziehen. Denn anders als in der süchtigen Phase geht es in der trockenen Phase darum, dass alle zu ihrem Recht kommen, und das geht nur durch offene Ansprache und Absprachen, um Konflikte und schwierige Situationen zu vermeiden bzw. zu bewältigen. Sollten diese doch entstehen, bieten Selbsthilfegruppen gute Möglichkeiten der Unterstützung.

### 7.3.2 Gemeinsamkeiten in Selbsthilfegruppen finden

Im Kapitel 6.4.1 wurde in die Unterstützungsangebote der Suchtselbsthilfegruppen eingeführt, um die Relevanz für den Ausstieg aus der Suchterkrankung deutlich zu machen (▶ Kap. 6.4.1). Hier soll der Fokus nicht auf die Beendigung einer Suchterkrankung gelegt werden, sondern der Blick auf eine kontinuierliche Begleitung in einem suchtfreien Leben erfolgen. Denn unabhängig davon, zu welcher Zielgruppe die einzelne Person zählt, ob zu den Suchtkranken, zu den erwachsenen Angehörigen oder zu den Kindern suchtkranker Eltern, für alle ist eine begleitende Selbsthilfegruppe hilfreich. So berichten es nicht nur die betroffenen Interviewpartner_innen, sondern auch die langjährigen Erfahrungen in der Suchtarbeit bestätigen, was auch Klingemann schreibt, dass im Besuch der Selbsthilfegruppen ein möglicher Teil einer Selbstheilungsstrategie zu sehen ist (ebd., 2018, S. 73). Wohl fühlen sich Menschen in Selbsthilfegruppen, die sich gern in Gruppen aufhalten und austauschen. Betroffene, die keine ›Gruppenmenschen‹ sind, werden wahrscheinlich nicht so viel für sich daraus ziehen können.

> Aus eigener professioneller Erfahrung im Rahmen der Selbsthilfegruppenkampagne »Wir für alle« können folgende Erkenntnisse gewonnen werden: Die Selbsthilfe bietet den Betroffenen Beziehungsangebote und Gemeinschaft, Begleitung, Halt und Ermutigung sowie dauerhafte Solidarität und Wertschätzung. In den Selbsthilfegruppen können alle Familienmitglieder Gemeinsamkeiten finden bei gemeinschaftlichen Freizeitaktivitäten, bei Gruppenangeboten oder auch einzeln bei spezifischen Angeboten, in denen z. B. eine Auseinandersetzung mit der Elternrolle geführt wird, um die Elternkompetenz zu fördern. Die Anstöße durch die Selbsthilfegruppen sind sehr vielfältig!

Regelmäßig erfolgt ein Austausch über die aktuelle Familiensituation oder auch über das Leben an sich. Es werden Selbstbeobachtung und Reflexion angeregt und z. B. durch die Methode »Zeitstrahl meines Lebens« ein Blick auf die Höhen und Tiefen des Lebens gerichtet, der sich nicht nur auf den Alkoholkonsum bezieht, sondern verschiedene Lebensbereiche einbezieht, um sich mit Sinnfragen bezüglich des eigenen Lebens auseinanderzusetzen. Viele Diskussionen sind tiefgreifend und keineswegs mit einem ›Kaffeekränzchen‹ zu vergleichen, wie teilweise vorherrschende Vorurteile in der Bevölkerung besagen. Die Selbsthilfegruppen bilden eine kontinuierliche Unterstützung bei dem langdauernden Gesundungsprozess.

> »Nach und nach müssen neue, befriedigende Möglichkeiten der Alltags- und Lebensgestaltung gefunden werden, die das süchtige Verhalten ersetzen. Die seit längerem abstinent lebenden Mitglieder in Selbsthilfegruppen können dabei immer wieder die Zuversicht vermitteln, dass sich die oftmals anstrengende Suche nach einer neuen Lebensgestaltung lohnt« (DHS, 2010, S. 18).

> »Lange Zeit bekam ich die Hilfe in der Gruppe, heute kann ich was zurückgeben ... ja, das tut gut.« Rosi beschreibt die Veränderungen im Laufe der Gesundung im Rahmen ihrer Selbsthilfegruppentätigkeit. Zu Anfang hat sie Hilfe empfangen, heute kann sie sich selbst helfen, indem sie anderen hilft. Denn jemand anderem zur Seite zu stehen, für ihn_sie da zu sein und Rat zu geben, führt zur Steigerung des Selbstwertgefühls und wird gesellschaftlich anerkannt.

Oft gründen Betroffene eigene Selbsthilfegruppen, wenn sie sich nicht den genannten Verbänden anschließen wollen. Beispielhaft ist der Selbsthilfeverein »CliC: Clean ist cool« zu nennen, der auch online umfangreiche Angebote für alle Beteiligten und alle Suchterkrankungen sowie Prävention bietet, die durch ein multiprofessionelles Team von ehemaligen Abhängigen umgesetzt wird. Entsprechend eines modernen Präventionsansatzes erfolgt die Arbeit ressourcenorientiert und resilienzfördernd, um ein suchtfreies Leben zu erzielen. Alle Suchtselbsthilfegruppen unterstützen in vielfältiger Weise bei einem Neuanfang, in dem immer eine große Chance steckt, um neue Wege zu gehen.

# 8

## Von Sinnen und Gefühlen im Dialog – Praktische Handlungsempfehlungen für pädagogische Fachkräfte

Das gesamte achte Kapitel enthält praktische Hinweise, wie sich die bunte Vielfalt an erzieherischen und fachlichen Inhalten des Buches zum Thema »Alkohol und Drogen in der Familie« umsetzen lässt. Bei den Handlungsempfehlungen soll der Fokus auf den Dialog gelegt werden, da dieser sich in der präventiven Arbeit mit den verschiedenen Zielgruppen bewährt hat. Grundsätzlich sollte im Bereich des Substanzkonsums ein ehrlicher und offener Dialog geführt werden, der das interaktive Elemente einbezieht. Darüber hinaus sollten, insbesondere bei den Jüngsten, auch die Sinne angeregt werden, da gerade im Kleinkindalter weniger über sprachliche Elemente und mehr über sinnliche Komponenten gelernt wird. Darüber hinaus empfiehlt es sich, das Thema Gefühle zu integrieren, weil bekannt ist, dass insbesondere in suchtkranken Familien die Gefühle der Familienmitglieder ausgeblendet werden. Für eine gelingende Erziehung sollte das Erlernen von Kompensationsverhaltensweisen bei unangenehmen Gefühlen verhindert werden. Deshalb wird Fachkräften empfohlen in ihrer suchtpräventiv orientierten pädagogischen Arbeit die Aspekte »Sinne, Gefühle und Dialog« zu berücksichtigen.

Aus Platzgründen werden die Ausführungen bei den Zielgruppen der Kinder und Jugendlichen über altersspezifische pädagogische Handlungsempfehlungen hinaus auf zwei Projekte begrenzt bzw. werden geeignete Methoden nur kurz erläutert. Für die Elternarbeit werden entsprechend den Altersstufen der Kinder und für suchtkranke Familien ebenfalls einzelne ausgewählte Projekte kurz vorgestellt. Es handelt sich um eine kleine Auswahl von Best-Practice-Beispielen aus einer Vielzahl von Angeboten, die großenteils im Internet abrufbar sind. Als Auswahlkriterium wurden gut evaluierte Projekte entsprechend der »Grünen Liste Prävention« der CTC Datenbank (Communities that Care) und der »Expertise zur Suchtprävention 2020« der BZgA einbezogen.

## 8.1 Mit allen Sinnen – Praktische Methoden für den Kindergarten

Weshalb ist die Sinnesentwicklung bei Kindern so wichtig? Und inwieweit hat es einen präventiven Effekt, wenn die Angebote für Kleinkinder die Schulung der Sinne einbeziehen?

Im Rahmen eigener professioneller Präventionsarbeit im Setting Kindergarten wurde ein Mitmachparcours »Sinnvolle Prävention« entwickelt, der die Kinder animierte ihre Sinne in einer kindgerechten Geschichte anhand von kleinen Übungen wie z.B. Tastmemorys einzusetzen. So konnten die Kinder ungewohnte Tastwahrnehmungen, Sichtweisen, Hörereignisse und Körpererfahrungen erleben. Im Medienzeitalter wachsen die Kinder in einer »sinnesfeindlichen Umwelt« auf (Zimmer, 2010, S. 9). Vorwiegend werden durch die digitalen Medien der visuelle und der auditive Sinn angeregt sowie durch die Betätigung der Tastatur bei Computerspielen auch der Tastsinn – zumindest reduziert. Der empfehlenswerte Mitmachparcours förderte zusätzlich den Einsatz des Geruchs-, Geschmacks-, Gleichgewichts- und Bewegungssinns und ermöglichte so eine Integration aller Sinneswahrnehmungen. Im Kindesalter brauchen alle Sinnesorgane Anregungen, um zu funktionieren. »Sie brauchen Training, um sich weiterentwickeln zu können. Sie müssen benutzt werden, um nicht zu verkümmern« (ebd.). Nur so können Kinder lernen, die Welt mit allen Sinnen zu begreifen und ihre kindliche Wahrnehmung weiterentwickeln. Kinder wollen ihre Umwelt erkunden, dabei können Eltern und pädagogische Fachkräfte sie begleiten und unterstützen, damit sie eine Chance haben, ein Leben mit allen Sinnen zu erfahren. Sinne sind wie Antennen, über die wir mit der Umwelt kommunizieren. Die Umwelt nimmt über die Sinne einen direkten Einfluss auf unser Verhalten, deswegen ist eine umfassende Sinnesentwicklung so relevant. Wenn die sinnlichen Erfahrungen in der Kindheit eingeschränkt sind, können die Wahrnehmungsprozesse auch später reduziert sein.

Jeder Mensch schafft sich durch seine eigene Wahrnehmung sein eigenes Bild von der Welt. »Die Sinne üben heißt aber nicht nur, von denselben Gebrauch machen, sondern auch durch sie richtig urteilen lernen ...« (ebd., S. 15). Nur wenn wir mit all unseren Sinnen wahrnehmen, können auch sinnvolle Entscheidungen getroffen werden. So forderte schon Pestalozzi ein »Lernen mit Kopf, Herz und Hand«, wie es in erlebnispädagogischen Methoden vielfach noch heute umgesetzt wird und präventive Wirkung zeigt. Im Bereich der Kindergartenpädagogik ist hier beispielhaft der »Spielzeugfreie Kindergarten« zu nennen. In einer Studie konnte das Projekt, das die Herausnahme des gesamten Spielzeugs vorsieht, bei mehrmaliger Wiederholung in vielfältiger Weise die Lebenskompetenz und das Konfliktlösungsverhalten der Kinder fördern und die Kriterien für eine Maßnahme zur Suchtprävention erfüllen (Winner, 1997, S. 31). Im Bereich der unspezifischen Suchtprävention, wie sie bei Kita-Kindern sinnvoll ist, wird die allgemeine Lebenskompetenz als Ziel benannt, die als Kompetenzerfahrung zu Wohlbefinden und Anerkennung führt und damit ein übertriebenes Konsumverhalten überflüssig macht (Bundesarbeitsgemeinschaft Kinder- und Jugendschutz, 2001, S. 23). Im Kindesalter geht es um Lebenskompetenzen wie Kommunikation, Selbstbehauptung, Problemlösung, Frustrationstoleranz und Umgang mit Gefühlen (ebd., S. 46). Können Kinder sich altersangemessen diese Kompetenzen aneignen, gelingt es ihnen leichter, mit ihren eigenen Bedürfnissen umzugehen und diesen nicht durch Kompensationsverhaltensweisen oder Ersatzhandlungen auszuweichen. Insofern sind diese Ziele in präventive Maßnahmen in der Kita zu integrieren.

Je früher gesundheitsfördernde Einstellungen und Verhaltensweisen erlernt werden, desto nachhaltiger können sie ihre Wirkung bei der Zielgruppe entfalten.

Daher stellen Kitas für die substanzunspezifische Suchtprävention einen idealen Ort dar (Schmidt, 2004, S. 29). Aus der »Grünen Liste Prävention« sind als besonders wirksame Projekte für diese Altersgruppe Papilio und Kindergartenplus zu nennen. Während sich letzteres vorwiegend auf die Zielgruppe der vier- bis fünfjährigen Kita-Kinder fokussiert und durch eine externe Fachkraft umgesetzt wird, richtet sich erstgenanntes an die Erzieher_innen, die dann entsprechend dem Programm die Kinder in ihrer emotionalen Kompetenz und dem prosozialen Verhalten fördern sollen. Folgende drei Methoden von Papilio zielen auf ein selbstbestimmtes und eigenverantwortliches Leben im Sinne der Suchtprävention: die interaktive Marionettengeschichte »Paula und die Kistenkobolde«, der »Spielzeug-macht-Ferien-Tag« sowie das »Meins-deins-deins-unser-Spiel«, das sich auf das spielerische Erlernen vom Umgang mit sozialen Regeln konzentriert. Die Marionettengeschichte ist als DVD-Film mit einem Begleitheft für Eltern erhältlich und greift inhaltlich die vier Grundgefühle Traurigkeit, Wut, Angst und Freude auf, damit die Kinder den Umgang mit den eigenen Gefühlen und denen der anderen lernen. Darüber hinaus werden die Erzieher_innen umfangreich geschult, um ihr entwicklungsförderndes Erziehungsverhalten zu verstärken. Über Elternabende o. Ä. werden die positiven Wirkungen und eine Nachhaltigkeit gefördert. Umfängliche wissenschaftliche Evaluationen bestätigen die positiven Effekte. Die Auszeichnung mit vier von fünf Sternen entsprechend der Grüne-Liste-Kriterien zeigen hinreichende Beweiskraft, weshalb das Projekt Papilio hier ausgewählt wurde.

Das zweite Best Practice-Projekt, das hier kurz vorgestellt werden soll, konzentriert sich neben dem Erwerb emotionaler und sozialer Kompetenzen auf die Stärkung eines ausgeprägten Körperbewusstseins. Kindergartenplus trainiert die Kita-Kinder im Einfühlungsvermögen, Konflikt- und Kommunikationsfähigkeit sowie den Stärken und Eigenkompetenzen. Ziel ist eine adäquate Einschätzung der Selbstwirksamkeitserwartungen und eine Steigerung der Motivations-, Leistungs- und Beziehungsfähigkeit. Diese umfassenden Ziele werden methodisch ebenfalls mit Handpuppeneinsatz und verschiedenen interaktiven Elementen verfolgt, und über die Kinder hinaus werden Angebote für die Erzieher_innen und Eltern gemacht, um diese zu sensibilisieren und zu qualifizieren. Anhand von Studienergebnissen konnte die Steigerung der sozialen und emotionalen Kompetenz der Kinder nachgewiesen werden. Die Grüne Liste zeichnet Kindergartenplus mit vier von fünf Sternen mit einer hinreichenden Beweiskraft aus.

Es zeigt sich, dass die präventiven Kita-Ansätze im Wesentlichen in Interaktion mit den Erzieher_innen stattfinden, weshalb deren spezifische Qualifikation notwendig ist. Dabei sollten neben den Themen Stress oder Arbeitsbelastung insbesondere auch das eigene Konsumverhalten und die Vorbildfunktion bedacht werden (Hallmann et al., 2007, S. 8).

## 8.2 Auf die Gefühle kommt es an – Praktische Methoden im Grundschulbereich

Dass Gefühle eng mit der Sinneswahrnehmung verknüpft sind, wurde schon im vorherigen Kapitel angerissen. Bei genauer Betrachtung des Begriffes »Gefühle« zeigt sich, dass er umgangssprachlich häufig als Synonym für Emotionen verwendet wird. Als basale Emotionen werden Angst, Wut, Freude, Trauer, Vertrauen, Ekel, Überraschung und Neugierde benannt (Lohaus, Vierhaus, 2015, S. 148). Emotionen werden als subjektive Erlebnisse angesehen, die von verschiedenen Personen in bestimmten Situationen in ähnlicher Form empfunden werden. Eine Emotion kann als Gefühlszustand, seelische Erregung oder Gemütsbewegung beschrieben werden.

> Im Bereich der emotionalen Kompetenzen, die die Kinder im Laufe ihrer Entwicklung lernen müssen, geht es neben dem Wahrnehmen der eigenen Gefühle und Emotionen auch um die Emotionsregulation als Grundvoraussetzung für das soziale Zusammenleben. Die Emotionsregulation ist stark abhängig von Aufmerksamkeits- und Bewertungsprozessen, die die eigentlichen emotionalen Reaktionen hervorrufen. Kinder können schon früh Verfahren und Techniken erlernen, um z. B. durch Entspannungsübungen und Aufmerksamkeitslenkung eine direkte Veränderung ihrer emotionalen Reaktion positiv zu beeinflussen. Bewährt haben sich z. B. Fantasiereisen, Meditation und Achtsamkeitstrainings.
> Die Emotionsregulation bezieht interne Prozesse, also das subjektive emotionale Erleben, und externe Prozesse, also die äußeren Emotionsausdrücke, mit ein.

Im Grundschulalter können Eltern und pädagogische Fachkräfte die Kinder darin begleiten, ihre Emotionsregulation weiter auszubauen. Üblicherweise eignen sich in dieser Altersstufe auch sehr gut Kinderbücher für die Auseinandersetzung mit dem Thema Gefühle. Neben dem Lesen können sie auch in Szene gesetzt werden, und so kann theaterpädagogisch ein spielerischer Zugang zu den Gefühlen erreicht werden.

In diesem Kontext eignet sich auch der Einsatz von einem sogenannten »Gefühlswürfel«, auf dem auf jeder Würfelseite ein Gefühlsbegriff abgedruckt bzw. befestigt ist (Kostrzewa, Rade, 2015, S. 50). Die Kinder können einzeln mimisch das Gefühl darstellen oder eine kleine Szene zu dem ›geworfenen‹ Gefühl vorspielen, um sich mit den eigenen Gefühlen und denen der anderen vertrauter zu machen und sie erkennen zu lernen. Insbesondere der Umgang mit negativen Gefühlen sollte im Kontext suchtpräventiver Grundschulangebote integriert werden, um die Aneignung von Kompensationsverhaltensweisen zu vermeiden.

Unbearbeitete negative Gefühle können verschiedenartige negative Folgen abhängig von der kindlichen Persönlichkeit und den pädagogischen Kompetenzen der Bezugsperson haben. Bei Kindern mit expansiven Problemverhaltensweisen kann das indizierte Präventionsprogramm für Expansives Problemverhalten (PeP) empfohlen werden, das sich auch für Schulkinder bis zehn Jahre eignet. Es richtet sich an die Eltern und pädagogischen Fachkräfte, deren Erziehungskompetenz verbessert werden soll, um die kindlichen Verhaltensauffälligkeiten zu vermindern. Wenn Kinder negatives Verhalten in Form von oppositionellen oder hyperkinetischen Verhaltensstörungen zeigen, können durch das PeP-Programm Methoden der Verhaltensänderungen vermittelt werden. Konkret bedeutet das, dass beispielsweise durch die erste Sitzung »Freud und Leid« individuelle Problemsituationen aufgegriffen werden und ein Plan für das praktische Handeln im Alltag erstellt wird. Als Strategie werden klare Regeln formuliert, und bei Umsetzung durch das Kind erfolgen positive Konsequenzen bzw. negative bei Nichtbefolgen. Auch wenn PeP nicht explizit als suchtpräventives Programm deklariert wurde, entspricht dieses pädagogische Vorgehen den präventiven Handlungsempfehlungen, wie sie entsprechend der autoritativen Erziehung erläutert wurden. Die Evaluationsergebnisse von PeP weisen eine hohe Effektivität nach, weshalb die Grüne Liste dieses Programm mit fünf Sternen auszeichnet.

Ein weiteres empfehlenswertes Programm für das Grundschulalter ist Klasse 2000, das neben der allgemeinen Gesundheitsförderung und Gewaltvorbeugung auch explizit suchtpräventiv ist sowie das Thema »Umgang mit negativen Gefühlen« aufgreift. Im Kapitel 3.2 wurde Klasse 2000 bezüglich Tabakprävention schon kurz einbezogen, weshalb hier eine allgemeine Erläuterung entfällt (▸ Kap. 3.2). Der Fokus wird auf das Thema Gefühle, insbesondere im Kontext von Problemen und Konflikten, gelegt. »Jedes Gefühl ist erlaubt, aber nicht jedes Verhalten« (Klasse 2000, o. J., S. 14). Durch die Symbolfigur Klaro wird folgende Formel bei Wut, Angst und Problemen vermittelt: »Bevor ich reagiere, beruhige ich mich und atme einige Male tief ein und aus. Danach kann ich besser darüber nachdenken, was passiert ist, wie es mir geht und was ich eigentlich will« (ebd., S. 15). Neben diesen sehr alltagstauglichen Empfehlungen, die durch externe Gesundheitsförder_innen den Kindern über den gesamten Grundschulzeitraum vermittelt werden, gibt es auch weiterführende Materialien für die pädagogischen Fachkräfte und Eltern bzw. auch für Elternabende. Die sehr umfänglichen Evaluationsstudien haben entsprechend der Grünen Liste eine sehr starke Beweiskraft, weshalb Klasse 2000 mit fünf von fünf Sternen bewertet wurde. Das absolut empfehlenswerte Programm überzeugt aufgrund der Frühzeitigkeit des Beginns am Anfang der Schulzeit, seiner Kontinuität über vier Jahre und seines breiten Themenspektrums aller relevanten Gesundheitsthemen: Ernährung, Bewegung, Stress und Umgang mit Substanzen wie Tabak und Alkohol sowie der Integration des autoritativen Erziehungsstils, der sich im präventiven Sinne bewährt hat.

## 8.3 Chaos der Gefühle – Praktische Methoden für die Pubertät

Auch in diesem Kapitel wird der Blick noch einmal auf die Gefühle gelenkt, wobei es sich hier um Gefühle handelt, die aufgrund der beginnenden Pubertät entstehen und so in Verbindung mit der körperlichen Veränderung, der sexuellen Entwicklung, dem Beziehungsaufbau zu Gleichaltrigen und dem damit verbundenen Identitätsprozess stehen. Diese Lebensphase führt häufig zum Chaos der Gefühle, weshalb Eltern und pädagogische Fachkräfte viele pädagogische Kompetenzen mitbringen müssen, um eine gelingende Erziehung leisten zu können, wie sie in Kapitel 4.1 beschrieben wurde. Die dort genannte »Großbaustelle im Gehirn« bewirkt ein Gefühlschaos und Stimmungsschwankungen, die zu Konflikten führen können (▸ Kap. 4.1). Um diesen pädagogisch adäquat zu begegnen, sollten unpassende Äußerungen von den Jugendlichen gegenüber den Erwachsenen möglichst von diesen nicht persönlich genommen oder überbewertet werden. Genügend Raum für Eigenständigkeit und altersangemessene Unterstützungsangebote sowie Gespräche auf Augenhöhe sind hingegen grundsätzlich zu empfehlen.

Im Speziellen sind für diese Altersstufe substanzspezifische präventive Methoden und Projekte geeignet, weil das Interesse am Experimentierkonsum zunimmt, z. B. um Unsicherheiten bei der Ansprache von Gleichaltrigen zu überwinden oder um die unangenehmen Gefühle bei Gruppendruck zu verdrängen. Methodisch sind Übungen zum »Nein-Sagen« empfehlenswert, in denen die Jugendlichen individuelle Argumente sammeln, weshalb sie keinen Alkohol trinken möchten, wie z. B. »Alkohol macht dick und impotent.« In den Übungen lernen die Jugendlichen dieses Wissen als Fragen zu formulieren, um die Gleichaltrigen mit ihrer Reaktion zu überraschen. »Weißt du eigentlich, wie viel Kalorien im Alkohol stecken? … Weißt du eigentlich, wie sich Alkohol auf die Männlichkeit auswirkt?« (Kostrzewa, Gren, 2011, S. 37). Diese Übungen können als kleine Rollenspiele in Szene gesetzt werden, um möglichst authentisch auf reale Situationen vorbereitet zu sein. Die Übungen zum Thema Gruppendruck können – wie beim Projekt »Alkohol-Checker« oder der »JiMs Bar« – in ein Gesamtkonzept zur Umsetzung einer alkoholfreien Cocktailbar integriert werden.

Beiden Projekten gemeinsam ist, dass sie als Peer-Education-Ansatz entwickelt und evaluiert wurden.

> »Die Peer-Education zeichnet aus, dass Gleichaltrige oder etwas Ältere geschult werden, gesundheitsförderliche Botschaften an die Schülerinnen und Schüler weiterzugeben. Meist vermitteln sie standardisierte Inhalte, zuweilen handeln sie nach einer Schulung frei innerhalb ihrer Netzwerke« (BZgA, 2020, S. 35).

Aus eigener langjähriger Berufserfahrung kann ich den Erfolg des Einsatzes von Gleichaltrigen in Verbindung mit einer alkoholfreien Cocktailbar im Sinne einer alternativen Handlungsempfehlung bestätigen.

Als weitere Projektempfehlung aus der Reihe der Grünen Liste, in die das relevante Thema »Umgang mit Gruppendruck« einbezogen wird, ist das Projekt »Aktion Glasklar«. Ziel des Projekts ist eine interaktive Auseinandersetzung der Jugendlichen mit der Alkoholproblematik. Hier überzeugt die Vielfältigkeit des Projekts. Es wurden für die verschiedenen Zielgruppen spezifische Materialien entwickelt:

- die »Blaumacher« für die Kinder und Jugendlichen von 12 bis 16 Jahren,
- »Spaßmacher-Miesmacher« für die Jugendlichen ab 16 Jahre,
- »Alkohol – Reiz und Risiko« für die Eltern und
- »Alkohol-Prävention« für die pädagogischen Fachkräfte.

Darüber hinaus gibt es einige einzelne Elemente, die zusätzlich im Internet abrufbar sind, z. B. ein Quiz. Die Materialien wurden fachlich begründet vom IFT-Nord erstellt und evaluiert. Das absolut empfehlenswerte Projekt wurde von der Grünen Liste mit der maximalen Punktzahl bewertet. Das Projekt Glasklar wird dem Anspruch gerecht, gemäß der sich verändernden Altersstufen der Jugendlichen in den gesetzlichen Jugendschutzvorgaben, Empfehlungen auszusprechen.

> Eltern und pädagogische Fachkräfte stehen immer vor der Herausforderung, gesetzliche Vorgaben und individuelle Reifungsprozesse der Jugendlichen in ihrem Erziehungshandeln in Einklang zu bringen. Als praktische Empfehlung kann mit den Jugendlichen eine Vereinbarung zum Alkoholkonsum getroffen werden, die sozusagen ›mitwächst‹, d. h. jährlich zum Geburtstag aktualisiert wird. Die Vereinbarung wird wie ein Vertrag zwischen Eltern und Jugendlichen aufgesetzt und auch von beiden Parteien unterschrieben. Idealerweise beginnt die Vereinbarung vor der Konfirmation bzw. vor dem 14. Lebensjahr, in dem die dann für das Alter gültigen Jugendschutzvorgaben das Trinken von Alkohol (außer Spirituosen) in Begleitung von Personensorgeberechtigten erlauben. Die Eltern handeln für die Vereinbarung mit ihrem jugendlichen Kind die Alkoholmenge, die Alkoholart und Häufigkeit aus, die dann vertraglich festgehalten wird. Es können auch Sonderfälle vereinbart und verschriftlicht werden. Nach Belieben kann zur Volljährigkeit bei Einhaltung der Vereinbarungen eine Belohnung erfolgen. Diese praktische Methode kann als präventive Strategie vor anstrengenden Auseinandersetzungen zwischen Eltern und heranwachsendem Kind schützen.

Im Weiteren bietet die BZgA für pädagogische Fachkräfte in der Arbeitshilfe »Der Alkoholholkonsum von Jugendlichen als Herausforderung für die pädagogische Arbeit« unter www.drugcom.de wertvolle Hinweise und praktische Methoden für die Arbeit mit pubertierenden Jugendlichen.

## 8.4 Erwachsen werden – Praktische Methoden für Heranwachsende

Das Erwachsenwerden ist ein langer Prozess, der u. a. mit Ablösung vom Elternhaus, Identitätsbildung und Verantwortungsübernahme verbunden ist. Eltern und pädagogische Fachkräfte müssen in der Rolle als Begleiter_innen mit viel pädagogischem Geschick in kritischen Situationen wie Alkoholexzessen reagieren.

Um die Jugendlichen in ihrer Lebenswelt abzuholen, eignet sich der Einsatz eines »Party-Erlebnis-Parcours«. Diese interaktive Methode kann verschiedene Elemente enthalten und kreativ gestaltet werden. Herzstück des Parcours ist eine Rauschbrille, die häufig von Beratungsstellen verliehen wird. Die Brille simuliert einen Blutalkoholwert von ca. 1,5 Promille (unterschiedliche Stärken sind mittlerweile erhältlich). »Damit können die Jugendlichen lebensnah und bei vollem Bewusstsein austesten, was für Auswirkungen Alkohol z. B. auf motorische Fähigkeiten haben kann« (Kostrzewa, 2010b, S. 96). Die Reflexion der Erfahrung ist elementarer Bestandteil, um kritische Aspekte zu hinterfragen. In der ursprünglich entwickelten Form des Party-Erlebnis-Parcours wurden darüber hinaus der Film »Die Komaparty« und ein Alkohol-Schätz-Test eingesetzt. Bei letzterem schätzen die Heranwachsenden den Alkoholgehalt verschiedener Getränke, um in Verbindung mit einer Promilleberechnung eine Orientierung für die Abbauzeit von Alkohol im eigenen Körper zu gewinnen. In ähnlicher Form bietet die BZgA professionell begleitet den bekannten »Klarsicht Parcours« bundesweit an. Geschulte pädagogische Fachkräfte können für ihre Zwecke einen vergleichbaren Parcours entwickeln und einsetzen.

Erfahrungsgemäß bleibt den Jugendlichen der Rauschbrillen-Parcours wirkungsvoll in Erinnerung. Auch pädagogisch versierte Eltern können einen eigenen Party-Erlebnis-Parcours kreieren und im privaten Rahmen einsetzen, wenn die jugendlichen Kinder daran Interesse zeigen – so wie es bei unserer Tochter der Fall war und in Kombination mit der alkoholfreien Cocktailbar als Highlight des 16. Geburtstags stattfand.

Für etwas ältere Heranwachsende gibt es das empfehlenswerte Projekt »PEER-Drive Clean!«, das in zehn EU-Staaten umgesetzt wird. »Im Rahmen des Projektes werden junge Studenten, die selbst Fahrpraxis vorweisen können, zu Peers ausgebildet« (Kostrzewa, 2010 a, S. 40). Die Peer-Ausbildung vereint Theoriewissen, Gesprächsführungstechniken und Einheiten zur Selbstreflexion. Letzteres bezieht die Aufarbeitung eigener Trink-Fahr-Konflikte ein, um Problemsituationen kritisch zu durchdenken und in die Diskussion mit den Fahrschüler_innen einzubringen. Die Umsetzung in Fahrschulen konnte bei der Wirksamkeitsmessung durch MISTEL von der Hochschule Magdeburg-Stendal positive Effekte bei Fahranfängern nachweisen.

Die methodische Einheit zu den Trink-Fahr-Konflikten eignet sich auch für den separaten Einsatz in der Jugendarbeit und kann beispielsweise in Form von Rollenspielen umgesetzt werden, die auch das Thema »Mitfahren bei einem angetrunkenen Freund« einbeziehen und kritisch reflektieren.

Als sehr empfehlenswertes Projekt soll »HaLT – Hart am LimiT« für riskant konsumierende Jugendliche kurz erläutert werden. Es richtet sich an Kinder und Jugendliche bis 18 Jahre, die wegen Alkoholintoxikation stationär in einer Klinik behandelt werden mussten, und an deren Eltern. Im reaktiven Teil werden die Jugendlichen im sogenannten »Brückengespräch« meist noch im Krankenhaus angesprochen und zu Einzelberatungsgesprächen zur Auseinandersetzung mit ihrem riskanten Alkoholkonsum eingeladen. Der proaktive Teil wendet sich vorwiegend an Erwachsene und zielt auf eine kommunal verankerte Präventionsstrategie, die das Vorbildverhalten von Erwachsenen, die Einhaltung des Jugendschutzgesetzes sowie die breite Sensibilisierung der Thematik in der Bevölkerung integriert. Aufgrund der umfänglichen Zielsetzung zeigen sich die Evaluationsergebnisse *nur als überwiegend* positiv, weshalb die Bewertung in der Grünen Liste ohne Sterne erfolgte, also negativ ausfällt, in der Effektivität aber als theoretisch gut begründet gilt. Aufgrund der Einmaligkeit des Projektes und der Notwendigkeit, für die schwer erreichbare Zielgruppe spezifische Angebote zu machen, beurteilt die Verfasserin aus eigener Präventionspraxis das Projekt als empfehlenswert.

## 8.5 Eltern im Dialog – Praktische Methoden für die Elternarbeit

Zu Beginn des achten Kapitels wurde die Relevanz, ›im Dialog‹ zu arbeiten, schon erläutert. Aus einer Reihe von Elternseminaren, -abenden und Methodenschulungen für die Elternarbeit liegen der Verfasserin eine Fülle von praktischen Materialien vor, wobei aus Platzgründen nur einzelne kurz benannt werden können. Eine sehr gute Zusammenstellung von ähnlichen Materialien bietet das Manual »Eltern stärken – Erziehung im Dialog«, das eine Fundgrube für pädagogische Fachkräfte »zur aktiven Suchtvorbeugung im Elternhaus« darstellt (LSSH, KOSS, 2006). Auf ein namensgleiches Projekt »Eltern stärken – Einfluss der Eltern auf das Rauchverhalten Jugendlicher« sei hier nur kurz hingewiesen, da es in Kapitel 3.2 schon einbezogen wurde. In der Grünen Liste wurde es mit fünf Sternen bei starker Beweiskraft bewertet (▸ Kap. 3.2). In dem oben benannten Manual werden viele praktische Methoden vorgestellt.

So auch der Einsatz von sogenannten Situations-Reaktions-Kärtchen, die die Eltern animieren über kritische Situationen aus dem Familienalltag zum Thema Konsumverhalten nachzudenken und zu diskutieren. Es ist eine der beliebten und leicht anwendbaren Methoden, die spezifisch, entsprechend der Lebenswelt der Eltern, erstellt und verwendet werden können. Pädagogische Fachkräfte, die versiert sind in der Anleitung von Rollenspielen, können diese Methode zusätzlich einbauen. Wichtig dabei sind die Freiwilligkeit des Spiels und die Bereitschaft der Eltern, sich darauf einzulassen. Das freiwillige Ziehen eines Situations-Reaktions-Kärtchens ist dabei obligatorisch. Eine ebenfalls leicht zu erstellende und einzusetzende Methode ist die Thesenzielscheibe, die sich nicht nur für alle Sucht- und Drogenthemen eignet.

In Form einer Zielscheibe – wie eine Dartscheibe – werden kurze Thesen in die zwölf Felder eingetragen. Die Eltern wählen anhand eines Klebepunktes, den sie auf die favorisierte These kleben, die These aus, die sie diskutieren möchten. Durch dieses kleine interaktive Element entsteht in der Regel eine ausgiebige Diskussion. Eine sehr beliebte These ist: »Illegale Drogen machen schneller abhängig als Alkohol und Tabak«. Bei dieser Methode sollte besonders auf das Prinzip, ›auf Augenhöhe‹ zu arbeiten, geachtet werden. Eine pädagogische Fachkraft, die auf ein ›richtig‹ oder ›falsch‹ bei bestimmten Thesen pocht, sollte sehr viel Theoriewissen mitbringen, um die These fachgerecht mit den Eltern diskutieren zu können. Eltern bringen häufig ebenfalls viel Fachwissen mit und möchten ›auf Augenhöhe‹ wahrgenommen werden. Thesen, die wissenschaftlich noch nicht eindeutig belegt oder bewiesen sind, führen zu spannenden, häufig aber auch ›heißen‹ Diskussionen, auf die die pädagogische Fachkraft eingestellt und vorbereitet sein sollte. Demzufolge ist schon die Formulierung und Auswahl der Thesen mit pädagogischem und fachlichem Geschick vorzunehmen, um die Eltern zielgerichtet in ihrer Erziehungskompetenz im Sinne eines verantwortungsbewussten Konsumverhaltens zu unterstützen.

### 8.5.1 Vom Fehlerfahnder zum Schatzsucher

Wie in Kapitel 4.3.1 kurz erklärt, sind die meisten Menschen ›Fehlerfahnder‹ (▶ Kap. 4.3.1). So auch viele Eltern oder pädagogische Fachkräfte, die z. B. bei der Übung zur initiierten Abstinenz (▶ Kap. 4.2) sagen: »Siehst du, du hast es nicht geschafft, die ganze Woche auf Süßigkeiten zu verzichten«, anstatt positiv im Sinne eines ›Schatzsuchers‹ z. B. zu formulieren: »Fünf Tage ist es dir gelungen, jetzt konntest du dem Eis bei der Hitze nicht widerstehen, aber morgen ist ja auch noch ein Tag«. Es geht um Ressourcenorientierung, wie es beispielsweise im Bereich der Resilienzförderung praktiziert wird. In den Kapiteln 6.4 und 7.2.1 wurden schon die Resilienzfaktoren erläutert, weshalb hier die Vorstellung eines empfehlenswerten Projekts erfolgt. Der Elternkurs »Eltern stärken mit Kursen in Kitas« wurde spezifisch für den Einsatz in Kindertageseinrichtungen konzipiert und ist als Möglichkeit für Erzieher_innen gedacht, Eltern mit einem strukturierten Kursangebot in ihrer Rolle und ihrer Erziehungskompetenz zu stärken« (Fröhlich-Gildhoff et al., 2012, S. 137). Ziel ist es, die Eltern in ihrem Selbstwert und ihrem Selbstwirksamkeitserleben zu stärken und sie so handlungsfähiger zu machen. Über den Blick auf die eigenen Stärken als Eltern hinaus werden die Bedürfnisse als Ehepaar und das Austragen von Konflikten mit den Kindern bei der Berücksichtigung von deren Ressourcen im Sinne der Resilienzförderung fokussiert (ebd., S. 139). Zwar wird das Projekt nicht in der Grünen Liste geführt, aber in der Expertise zur Suchtprävention (BZgA, 2020, S. 30) wird als Zielsetzung effektiver familienorientierter Prävention die Stärkung der Selbstwirksamkeitserwartung der Eltern in ihrer Elternrolle explizit genannt. Ein weiteres empfehlenswertes Manual mit dem Titel »Echt stark« wurde auf der Basis der Resilienzforschung als ressourcenaktivierendes und handlungsorientiertes Konzept für ein präventives Gruppenangebot mit Kindern suchtkranker Eltern entwickelt (Schulze et al., 2014, S. 14). Das Manual bietet nach einer theoretischen Einführung einen praktischen Teil, der in zehn Module unterteilt und systematisch strukturiert entsprechend gruppendynamischer Prozessabläufe konkrete Arbeitsmaterialien für jüngere Kinder, Jugendliche und Eltern enthält. Darüber hinaus werden Zusatzmaterialien für die pädagogischen Fachkräfte zur Supervision, Dokumentation und Qualitätssicherung vorgestellt. Aus eigener praktischer Erfahrung kann die sehr gute Handhabbarkeit der Materialien bestätigt werden.

In einer kleinen eigenen Suchtpräventionsstudie beantworteten die befragten Expert_innen zu 100 %, dass eine Modernisierung der Suchtprävention durch den Fokus auf Resilienzförderung und Ressourcenorientierung sinnvoll ist. »Sinnvoll immer, Resilienz zu fördern. Und in der Prävention geht es ja darum, das herauszuarbeiten, was die Menschen wirklich an Resilienz haben. Dass sie sich dessen bewusstwerden und daraufsetzen, dem Suchtmittel etwas entgegensetzen zu können«. Dieser Auszug aus dem Interview von einer pädagogischen Fachkraft, die seit 21 Jahren in der Suchtarbeit tätig ist, zeigt, dass das Thema Resilienz im Bereich der Präventionsstrategien an Relevanz gewinnt, wenn auch die Integration des Ansatzes in der Prävention noch verstärkt werden sollte. »Die Strategie der Resilienzförderung zur Entwicklungsbegleitung wurde zu 100 % als sinnvoll und zu 85,7 % als umsetzbar bewertet und damit eindeutig positiv eingeordnet, während sie aber nur 35,7 % der Expert/innen als Strategie in der Suchtprävention bekannt war. Aussagen wie ›Ja, aber ich glaube, das ist noch in den Anfängen …‹ machen dies gut deutlich« (Kostrzewa, 2018, S. 6). Resilienzförderung sollte sich an alle Beteiligten, also Eltern, Kinder und pädagogische Fachkräfte richten und möglichst frühzeitig einsetzen, damit sie von Anfang an die Eltern unterstützen und so positiv auf die Entwicklung der Kinder wirken kann.

### 8.5.2 Eltern Halt geben – Strategien von Anfang an

Eine Unterstützung der Eltern von Anfang an zeigt nachweislich auch positive Effekte bei den Kindern. Insbesondere müssen auch suchtkranke Eltern, die sich in der Therapie befinden oder am Anfang ihrer Abstinenz stehen, durch spezifische Methoden und Projekte erreicht werden. Eine Ansprache der Eltern und Kinder ist hier besonders wichtig. Erfreulicherweise lassen sich mittlerweile schon eine Reihe von Beispielen guter Praxis nennen. Das Projekt »Trampolin« richtet sich an Kinder von acht bis zwölf Jahren und an ihre Eltern. Ziel des Projekts ist, den Kindern effektive Stressbewältigungsstrategien zu vermitteln, das Erlernen des Umgangs mit negativen Gefühlen zu ermöglichen sowie das Selbstwertgefühl zu steigern und die Selbstwirksamkeit zu erhöhen. Die Eltern sollen für die Bedürfnisse ihrer Kinder sensibilisiert werden und mehr Vertrauen in ihre elterlichen Fähigkeiten gewinnen. Das Konzept wurde theoretisch fundiert entwickelt und wissenschaftlich evaluiert. In der Grünen Liste wurde es mit fünf Sternen und hinreichender Beweiskraft bewertet. Ein umfängliches und gut strukturiertes Manual sowie Schulungen für pädagogische Fachkräfte erleichtern die Umsetzung. Darüber hinaus ist eine Fülle von guten Materialien im »Methodenhandbuch Kinder und Jugendliche aus suchtbelasteten Familien« (Oswald, Meeß, 2019) zu finden. Sie sind thematisch gut sortiert und interaktiv ausgerichtet.

> Beispiele sind das Erstellen einer Mind-Map zu Suchtmitteln und das Arbeiten mit Bildkarten zu spezifischen Fragestellungen. Aus eigener Praxis kann das sogenannte Postkartenspiel empfohlen werden. Ein Stapel von thematisch passenden Postkarten mit oder ohne Sprüche (je nach Alter der Zielgruppe) werden auf dem Boden verteilt und entsprechend einer Frage wird von jedem_jeder eine Karte ausgewählt und sich dazu in der Gruppe ausgetauscht. Diese Methode eignet sich zum Einstieg genauso gut wie später. Beim späteren Zeitpunkt, wenn die Teilneh-

mer_innen sich kennen, können auch persönlichere Fragestellungen einbezogen werden.

### 8.5.3 Goldene Regeln? Konsumverhalten beeinflussen

Die Bedeutung von Regeln im Zusammenhang mit Konsumverhaltensweisen wurde im Laufe des Buches wiederholt aufgegriffen. Es wurde deutlich gemacht, dass ein gemeinsames Aushandeln der Regeln zwischen Heranwachsenden und Eltern bzw. pädagogischen Fachkräften erforderlich ist. Mit zunehmendem Alter des Kindes sollte von dessen Seite mehr Einflussmöglichkeit auf die Regelerstellung genommen werden. Die Verantwortung der Eltern im Hinblick auf die Konsumkompetenz ihrer Kinder und das Bewusstsein ihrer eigenen Vorbildfunktion erfordern, ihr eigenes Konsumverhalten zu reflektieren und für sich selbst ebenfalls Regeln zu erstellen.

Alternativ eignet sich auch ein »Gesundheitsspaziergang«, an dem Eltern und Heranwachsende teilnehmen, um sich über Konsumregeln auszutauschen und gemeinsam Ideen zu entwickeln. Dieser Gesundheitsspaziergang kann auch von pädagogischen Fachkräften unter Gleichaltrigen angeregt werden. Dabei lässt sich das Handy kreativ einsetzen, indem die Lebenswelt aufmerksam betrachtet und Konsumschauplätze per Handyfoto dokumentiert werden, um sich im Anschluss in der Gruppe über Konsumaufforderungen in der Lebenswelt auszutauschen und eigene Konsumregeln zu erarbeiten.

Wenn man also von ›goldenen Regeln‹ sprechen möchte, sind es jene, die entweder – abhängig vom Alter – gemeinsam oder für sich allein erstellt werden, aber in jedem Fall individuell und altersadäquat auf die Person zugeschnitten sind. Für die Regelerstellung sei nochmal an die Gesprächsführungsregeln erinnert und kurz zusammengefasst: Eine empathische Grundhaltung erfordert Aktives Zuhören, offenes Fragenstellen, Vertrauen, Bestätigung durch Lob sowie das Verbalisieren der Sichtweise der Heranwachsenden mit dem Ziel, die Eigenverantwortung zu fördern und eine Hilfe zur Entscheidungsfindung zu liefern. Darüber hinaus sollte beim Regelerstellen nach einem riskanten Alkoholkonsumvorfall Folgendes beachtet werden: Keine Vorwürfe, keine Diagnosen, keine düsteren Prognosen, keine moralischen Predigten, sondern: Ruhe bewahren, Sorge äußern, Eigenverantwortlichkeit fördern, Vorbild sein und Vereinbarungen treffen, mit dem Ziel, den riskanten Alkoholkonsum zu vermeiden. Diese Ausführungen stammen von einem Handout für Elternabenden, das mit der Aufforderung endet, eine Gesprächsregel, die man sich besonders zu Herzen nehmen möchte, und einen neuen Weg auszuwählen, den man künftig sein Kind gehen lassen will. Diese Form der Gesprächsführung der Eltern und auch der pädagogischen Fachkräfte ermöglichen es, positiven Einfluss auf das Konsumverhalten zu nehmen.

Aus Mangel an konkreten Elternprojekten und -manualen zu diesem Thema können keine wissenschaftlich evaluierten Projekte und Methoden vorgestellt werden.

Allerdings kann festgehalten werden, dass es nicht *die* ›goldenen Regeln‹ und *die* Methoden geben kann, um Eltern zu erreichen und sie in ihrer Erziehungskompetenz zu stärken, damit eine gelingende präventiv wirkende Erziehung erfolgt. Pädagogische Fachkräfte können durch eine wertschätzende Haltung an den Bedarfen und Ressourcen der Eltern und Kinder gezielt ansetzen, um eine resilienzfördernde Zusammenarbeit mit allen Beteiligten zu entwickeln und präventiv im Sinne der Förderung einer Konsumkompetenz zu unterstützen. Dabei sollte eine Methodenvielfalt einfließen, die eine interaktive Auseinandersetzung bewirkt und zielgruppenspezifisch ausgerichtet möglichst frühzeitig und kontinuierlich die Adressat_innen erreicht.

# 9

## Schlussworte

Die Chancen und Wege für Eltern und pädagogische Fachkräfte, Kinder und Jugendliche zu einem verantwortungsbewussten Umgang mit Alkohol und Drogen zu erziehen, zeigen sich als bunt und vielfältig – im Sinne der Individualität des_der Einzelnen. Die Strategien sind auf Ressourcenorientierung und Resilienzförderung ausgerichtet und versuchen eine Stärkung der Persönlichkeit durch protektive Faktoren zu ermöglichen, um kritische Alltags- und Lebenssituationen besser überwinden zu können und nicht durch Konsumverhaltensweisen auszuweichen.

Als präventive Aufgabe wird die Konsumkompetenz gesehen, die zur Bewältigung von Konsumentscheidungen in Alltagssituationen dient und sich als lebenslanges Lernen versteht. Insofern sind auch Eltern und pädagogische Fachkräfte immer gefordert ihr eigenes Konsumverhalten zu reflektieren, um positiven Einfluss auf die Kinder und Jugendlichen nehmen zu können.

**Regeln für eine Erziehung zur Konsumkompetenz**

1. Erziehung ist die beste Prävention:
   Wenn sie nach dem autoritativen Erziehungsstil erfolgt, d. h., dass der Erziehungsstil
   a. die Befriedigung kindlicher Bedürfnisse durch einen positiven Kontakt, der das Aufwachsen in einer emotional warmen Familienatmosphäre ermöglicht, in der die Kinder sich angenommen und geliebt fühlen;
   b. eine Autonomieentwicklung ermöglicht, in der die Kinder durch selbstbestimmte Entscheidungen und Übernahme altersangemessener Aufgaben Selbstvertrauen und Selbstbewusstsein entwickeln, um eigenverantwortliches Handeln zu lernen und in Gruppendrucksituationen »nein« sagen zu können;
   c. eine moderate elterliche Kontrolle mit konsistentem Erziehungsverhalten bewirkt und dadurch klare Regeln und Grenzen vorgibt, die den Kindern Sicherheit geben und Grenzerfahrungen ermöglichen.

→ Eine Erziehung, die eine Balance zwischen verstehender Einfühlung und Führung im Sinne der Konsumkompetenz bietet.

2. Eltern als gutes Modell:
   Eltern sind Vorbilder für ihre Kinder, so auch beim Konsum von Alkohol und anderen Drogen. Gelingt es den Eltern, den Kindern

ein selbstbestimmtes, genussvolles und sinnerfülltes Leben vorzuleben, können sie ein gutes Verhaltensmodell sein. Wenn es Eltern selbst nicht gelingt, suchtfrei zu leben, können sie dieses ihren Kindern gegenüber als Problem aufdecken und selbstkritisch deutlich machen, dass sie diesbezüglich kein gutes Vorbild sind.

→ Ein gemeinsamer Konsumverzicht kann ein guter Schritt für eine Begegnung auf Augenhöhe sein

3. Stärken stärken und soziale Kontakte fördern:
   Eltern kennen die Interessen und Stärken ihrer Kinder und können ihnen durch Lob und Anerkennung ein gesundes Selbstwertgefühl vermitteln – ein wichtiger Schutzfaktor im Sinne der Prävention. Ebenso wie ein soziales Netzwerk. Freund_innen haben und sich zugehörig fühlen schafft ebenfalls Anerkennung und schützt vor Ersatzhandlungen.

→ Gute Freundschaften unterstützen in schwierigen Zeiten, fördern die Sozialkompetenz und stärken die Übernahme von Verantwortung.

4. Ansprechen statt Schweigen:
   Eine gute Gesprächsführung ist eine wichtige Grundlage für eine gute Eltern-Kind-Beziehung. Offene, emphatische und ehrliche Gespräche führen zu einer vertrauensvollen Atmosphäre und schützen davor, Probleme durch Ersatzbefriedigung wie Alkoholkonsum zu verdrängen.

→ Auch zwischen den Eltern sollte eine gute Kommunikation herrschen, dann können sie den Kindern Konfliktlösestrategien vermitteln und negative ausweichende Verhaltensweisen verhindern.

5. Weniger Konsum – mehr Genuss:
   Ein Konsumverhalten, dass auf den Genuss ausgerichtet ist, verlangt Achtsamkeit, Mäßigung oder Verzicht. Eltern können ihren Kindern so eine Orientierung bezüglich eines verantwortungsvollen Umgangs mit Alkohol vermitteln, der auf den Genuss ausgerichtet ist, während bei Tabak eine vollständige Abstinenz empfohlen wird und grundsätzlich weniger Substanzkonsum besser ist.

> → Je später ein Kind mit dem Substanzkonsum beginnt, desto besser ist es für die ganze Entwicklung!

# Literatur


Arenz-Greiving, J. (2007): *Die vergessenen Kinder. Kinder von Suchtkranken*. 6. Aufl. Blaukreuz Verlag: Wuppertal.

Arenz-Greiving, J.; Kober, M. (2007): *Metastudie- Arbeit mit Kindern und deren suchtkranken Eltern*. Münster.

Ärztezeitung (29.05.2009): *Rauchende Eltern – schlechte Vorbilder*. Boston. Online verfügbar unter: https://www.aerztezeitung.de/Medizin/Rauchende-Eltern-schlechte-Vorbilder-367952.html. Zugriff am 17.05.21.

Bencsik, A. (2002): *Phantasievoll genießen- Lebensfreude im Alltag*. Freiburg i. Br.

Bläsing, S. (2017): *Medizinische und psychologische Betrachtung von Genuss und Sucht*. Kassel.

Brisch, K.- H. (Hrsg.) (2015): *Bindung und Sucht*. Stuttgart..

Bühler, A. (2005): *Risikoverhalten im Jugendalter/normative und problematische Entwicklungen*. In: Rometsch, W.; Sarrazin, D. (Hrsg.): No Risk – No Fun. Risikokompetenz im Jugendalter. Forum Sucht. Band 35. Münster.

Bundesarbeitsgemeinschaft Kinder- und Jugendschutz e. V. (Hrsg.) (2001): *Suchtprävention im Kinder- und Jugendschutz*. Berlin.

Bundesministerium für Gesundheit und Soziale Sicherung (2003): *Familiengeheimnisse – wenn Eltern suchtkrank sind und die Kinder leiden*. Berlin. Online verfügbar unter: https://www.bundesgesundheitsministerium.de/fileadmin/Dateien/5_Publikationen/Drogen_und_Sucht/Broschueren/Drogen_und_Suchtbericht_2004_Drogenbeauftragte.pdf. Zugriff am 29.05.21.

Bundeszentrale für gesundheitliche Aufklärung (BZgA) (Hrsg.) (2009): *Schutzfaktoren bei Kindern und Jugendlichen. Stand der Forschung zu psychosozialen Schutzfaktoren für Gesundheit*. Reihe Forschung und Praxis der Gesundheitsförderung. Band 35. Köln.

Bundeszentrale für gesundheitliche Aufklärung (Hrsg.) (2020): *Expertise zur Suchtprävention 2020*. Köln.

Bundeszentrale gesundheitliche Aufklärung (2009): *Konzeption der Jugendkampagne »Na toll«*. Köln.

Bundeszentrale gesundheitliche Aufklärung (Hrsg.) (2011): *»Check this Out«. »Alkohol Ckecker«*. Eckernförde.

DAK (Hrsg.) (o. J.): *Glasklar. Alkohol- Prävention. Vorschläge für Unterricht, Jugendarbeit und Arztpraxis*. Hamburg.

DAK (Hrsg.) (2020): *Komm mal klar! Alkohol- Reiz und Risiko. Infos: Empfehlungen für Erziehungsberechtigte. Aktion Glasklar*. Hamburg.

Deutsche Hauptstelle für Suchtfragen (DHS, Hrsg.) (2010): *Ein Angebot an alle, die einem nahestehenden Menschen helfen wollen*. Köln.

Deutsche Hauptstelle für Suchtfragen (DHS) (2013): *Tabakabhängigkeit*. Suchtmedizinische Reihe. Band 2. Hamm.

Deutsche Hauptstelle für Suchtfragen (DHS) (2017): *Suchtprobleme in der Familie*. Hamm.

Deutsche Hauptstelle für Suchtfragen (DHS) (2018): *Kritische Situationen meistern. Rückfällen vorbeugen*. Hamm.

Die Drogenbeauftragte der Bundesregierung (2017): *Kinder von suchtkranken Eltern- Grundsatzpapier zu Fakten und Forschungslage*. Online verfügbar unter: https://www.bundesgesundheitsministerium.de/fileadmin/Dateien/5_Publikationen/Drogen_und_Sucht/Broschueren/Broschuere_Kinder_aus_suchtbelasteten_Familen.pdf. Zugriff am 29.05.21.

Drugcom.de (o. J.). *Alles über Drogen (Cannabis, Alkohol, Ecstasy, Halluzinogene, Kokain, Nikotin, Opiate, Speed)*. Online verfügbar unter: https://www.drugcom.de/. Zugriff am 19.05.21.

Fachverband Drogen- und Suchthilfe (fdr) (Hrsg.) (2016): *Leitfaden für Lotsennetzwerk der Suchtselbsthilfe*. Berlin.

Fandler, E. (2019): *Saufen bis der Notarzt kommt - oder: Trinken im Rausch des Heranwachsens*. Pädiatrie & Pädologie, 54 (3), 124–129. Online verfügbar unter: https://doi.org/10.1007/s00608-019-0681-y.

fdr (Fachverband Drogen- und Suchthilfe) (2020): *Standards der ambulanten Suchthilfe*. Berlin. Online verfügbar unter: https://www.fdr-online.info/product/fdr-standards-der-ambulanten-suchthilfe-update-2020/. Zugriff am 02.06.21.

Frahm, H. (2011): *Weniger ist mehr. Kontrollierter Konsum durch initiierte Abstinenz. KOSS*. Kiel.

Freundeskreis für Suchtkrankenhilfe e. V. (Hrsg.) (o. J.): *Kinder von Suchtkranken halt geben*. Kassel.

Fröhlich-Gildhoff, K; Becker, J.; Fischer, S. (2012): *Gestärkt von Anfang an. Resilienzförderung in der Kita*. Beltz Verlag: Weinheim und Basel.

Grüne Liste Prävention (o. J.): *CTC - Datenbank empfohlener Präventionsprogramme*. Online verfügbar unter: https://www.gruene-liste-praevention.de/nano.cms/datenbank/information. Zugriff am 15.06.21.

Gutzek, G.; Gutzek, B. (2020): *Alkohol ade. Der direkte Weg zurück zur Gesundheit*. Wien.

Haag, M. (2007): *Bingedrinking als soziale Inszenierung*. Fördergemeinschaft wissenschaftlicher Publikationen von Frauen e. V. Freiburg.

Hallmann, H.- J.; Holterhoff-Schulte, I.; Merfert-Diete, C. (2007): *Qualitätsanforderungen in der Suchtprävention.* Hamm, Hannover, Mülheim.

Harten, R. (1991): *Sucht- Begierde- Leidenschaft. Lexikon der 121 Süchte.* München.

Harten, R. (1995): *Sucht? Was ist das eigentlich?* Geesthacht.

Hill, P.; Kopp, J. (2015): *Familiensoziologie. Grundlagen und theoretische Perspektiven.* 5. Aufl. Wiesbaden.

Hurrelmann, K.; Quenzel, G. (2016): *Lebensphase Jugend: Eine Einführung in die Sozialwissenschaftliche Jugendforschung.* 13. Aufl. Basel: Beltz Juventa.

Isensee, B.; Maruska, K.; Hanewinkel, R. (2015): *Langzeiteffekte des Präventionsprogramms Klasse 2000 auf den Substanzkonsum.* In: Sucht, 61 (3), 2015, S. 127–137.

John, U.; Meyer, C.; Baumann, S.; Rumpf, H.-J.; Adam, J. F. (2019): *Alkoholkonsum- Bedeutung für Prävention und Gesundheitsförderung.* In: Tiemann, M.; Mehokum, M. (Hrsg.): Prävention und Gesundheitsförderung. Wiesbaden.

Juul, J. (2009): *Fünf Grundsteine für die Familie. Wie Erziehung funktioniert.* Freiburg.

Kalke, J. (2012): *Evaluation des Pilotprojekts »Eltern stärken für den Umgang mit dem Alkoholkonsum ihrer Kinder.* Unveröffentlichter Projektbericht. Hamburg.

Kersten, M. (2012): *Ehe und Familie im Wandel der Geschichte: Wie sich die Institutionen Ehe und Familie in den Jahrhunderten verändert haben.* Mainz.

Kessler, E. (2005): *Von der Kunst liebevoll zu erziehen. Sinnvoll Grenzen setzen und gute Laube bewahren.* Kiel.

Klasse 2000 (Hrsg.) (o. J.): *Stark werden- gesund bleiben. Das Klasse 2000 Elternheft.* Nürnberg.

Klausener, J. (2014): *Jugendliche im Berufswahlprozess: Wie nehmen sie den Einfluss ihrer Eltern wahr.* Züricher Fachhochschule. Feuerthalen. Online verfügbar unter: https://core.ac.uk/download/pdf/148758078.pdf. Zugriff am 30.05.21.

Klein, M. (2008): *Kinder aus alkoholbelasteten Familien.* In: Klein, M. (Hrsg.): Kinder und Suchtgefahren. Risiken Prävention Hilfen. Stuttgart.

Klein, M. (2009): *Kinder in suchbelasteten Familien.* In: Thomasius, R.; Schulte-Markwort, M.; Küstner, K.; Riedesser, P. (Hrsg.): Suchtstörungen im Kindes- und Jugendalter. Stuttgart, S. 160–164.

Klein, M.; Hoff, T.; Pauly, A. (Hrsg.) (2005): *Kinder und Jugendliche aus alkoholbelasteten Familien.* Schriftenreihe Angewandte Suchtforschung. Band 1. Regensburg.

Klein, M.; Moesgen, D.; Bröning, S.; Thomasius, R. (2013): *Kinder aus suchtkranken Familien stärken. Das Trampolin-Programm.* Göttingen.

Klingemann, H. (2018): *Sucht-Selbstheilung ist möglich.* 2. Aufl. Lengerich.

Koler, P. (2016): *Jugendkulturelle Alkoholszenen: Neue Ansätze in der Suchtprävention.* In: P. Buttner (Hrsg.): Archiv für Wissenschaft und Praxis der sozialen Arbeit: Band 1: Neue Aufsätze in der Suchthilfe (S. 50–58). Freiburg.

Kostrzewa, R. (2010a): *Konzeptoptimierung eines alkoholpräventiven Peer-Projektes anhand einer Evaluationsstudie.* Tönning.

Kostrzewa, R. (2010b): *Konzeptoptimierung eines alkoholpräventiven Peer-Projektes anhand einer Evaluationsstudie.* Unveröffentlichter Teil der Dissertation.

Kostrzewa, R. (2016): *Jung, homosexuell, diskriminiert – suchtgefährdet?* In: Socialnet. Online verfügbar unter: https://www.socialnet.de/materialien/27647.php. Zugriff am 20.05.21.

Kostrzewa, R. (2018): *Stigmatisierung und Selbststimatisierung im Kontext von Suchterkrankungen.* In: Konturen. Online verfügbar unter: https://www.konturen.de/fachbeitraege/stigmatisierung-und-selbststigmatisierung-im-kontext-von-suchterkrankungen/. Zugriff am 31.05.21.

Kostrzewa, R. (2019): *Von gendersensibler und diversityorientierter Suchtprävention bis Resilienzförderung und Kompetenzorientierung.* In: Rausch. Wiener Zeitschrift für Suchttherapie, 280–285.

Kostrzewa, R.; Gren, K. (2011): *Check this out. Du wirst Alkohol- Checker.* In: Landesstelle für Suchtfragen Schleswig-Holstein e. V.; Bundeszentrale gesundheitliche Aufklärung (Hrsg.). Eckernförde.

Kostrzewa, R.; Lieb, C. (2018): *Studierende und Substanzkonsum.* In: Zeitung Suchtprävention von Sucht. Hamburg.

Kostrzewa, R.; Rade, S. (2015): *Gesundbewusst – frei. Ein Präventionsseminar-Manual.* In: Landesstelle für Suchtfragen (Hrsg.). Kiel.

Kostrzewa, R.; Richter, S. (2009): *Kinder suchtkranker Eltern.* In: Info-Dienst Sucht 04. Landesstelle für Suchtfragen S.-H. (Hrsg.). Kiel.

Kraus, L. et al. (2013): *Substanzkonsum und substanzbezogene Störungen: Trends in Deutschland 1980–2012.* In: Sucht, 59 (6). 333–345.

Krell, C.; Oldemeier, K. (2015): *Coming out – und dann …?!* München.

Krumm, S.; Söderblom, B; Solantus, T. (2020): *Psychische Erkrankungen und Elternschaft: Herausforderungen und Chancen aus Sicht der Erwachsenenpsychiatrie.* In: Praxis Kinderpsychologie und Kinderpsychiatrie 69, 463–480.

Landesstelle für Suchtfragen e. V. (LSSH), Koordinationsstelle Schulische Suchtvorbeugung (KOSS) (Hrsg.) (2006): *Eltern stärken- Erziehung im Dialog. Ein Baustein aus dem Projekt Gläserne Schule zur aktiven Suchtvorbeugung im Elternhaus.* Eckernförde.

Landesstelle für Suchtfragen (LSSH, Hrsg.) (2012): *Elterliche Regeln für den Alkoholkonsum ihrer Kinder.* Projektflyer. Kiel.

LBS-Studie (2001): *Zur Vorbildfunktion von Eltern auf das Rauchen.* Online verfügbar unter: https://link.springer.com/content/pdf/10.1007%2F978-3-322-99553-7.pdf. Zugriff am 20.05.21.

Lenz, A.; Wiegand-Grefe, S. (2016): *Ratgeber Kinder psychisch kranker Eltern. Informationen für Betroffene, Eltern, Lehrer und Erzieher.* In: Ratgeber Kinder- und Jugendpsychotherapie. Band 23. Göttingen.

Lindenmeyer, J.; Rost, S. (2008): *Lieber schlau als blau – für Jugendliche.* Weinheim. Basel.

Lohaus, A.; Vierhaus, M. (2015): *Entwicklungspsychologie des Kindes- und Jugendalters.* 3. Aufl. Berlin, Heidelberg.

Maruska, K.; Isensee, B.; Hanewinkel, R. (2011): *Universelle Prävention des Substanzkonsums: Effekte des Grundschulprogramms Klasse 2000.* In: Sucht, 57 (4), 301–312.

Morgenstern, M. et al. (2011): *Smoking in Movies and Adolescent Smoking.* In: Thorax, 66 (10). 875–883.

Oerter, R.; Dreher, E. (2008): *Jugendalter.* In: Oerter, R.; Montada, L. (Hrsg.): Entwicklungspsychologie 6. Weinheim.

Orth, B. (2016): *Die Drogenaffinität in Deutschland vor 2015.* BZgA. Köln.

Orth, B.; Merkel, C. (2019): *Rauchen bei Jugendlichen und jungen Erwachsenen in Deutschland. Ergebnisse des Alkoholsurveys 2018 und Trends.* Köln.

Orth, B. & Merkel, C. (2020): *Die Drogenaffinität Jugendlicher in der Bundesrepublik Deutschland 2019. Rauchen, Alkoholkonsum und Konsum illegaler Drogen: aktuelle Verbreitung und Trends.* BZgA-Forschungsbericht. Köln. Online verfügbar unter: https://doi.org/10.17623/BZGA:225-DAS19-DE-1.0.

Petermann, H.; Roth, M. (2006): *Suchtprävention im Jugendalter.* Weinheim, München.

Piontek, D.; Gomes de Matos, E.; Atzendorf, J.; Kraus, L. (2016): *Kurzbericht Epidemiologischer Suchtsurvey 2015. Tabellenband: Alkoholkonsum, episodisches Rauschtrinken und Hinweise auf klinisch relevanten Alkoholkonsum nach Geschlecht und Alter im Jahr 2015.* München.

Pittrich, W.; Rometsch, W.; Sarrazin, D. (2000): *Kurzintervention und motivierende Gesprächsführung. Koordinationsstelle für Drogenfragen und Fortbildung.* Forum Sucht. Band 27. Münster.

Plass, A.; Wiegand- Grefe, S. (2012): *Kinder psychisch kranker Eltern. Entwicklungsrisiken erkennen und behandeln.* Weinheim.

Puhm, A. (2003): *Erziehungsstile in Familien mit unterschiedlicher Alkoholbelastung.* Wiener Zeitschrift für Suchtforschung, 2b (3/4), 63–67.

Radon, K. (2017): *Kinder ohne Passivrauchen (KOPA) – Abschlussbericht.* Titel des Projekts: Verringerung der Passivrauchbelastung bei Kindern – Kinder ohne Passivrauch – KOPA. Online verfügbar unter: https://www.bundesgesundheitsministerium.de/fileadmin/Dateien/5_Publikationen/Drogen_und_Sucht/Berichte/Kurzbericht/KOPA_Kurzbericht.pdf. Zugriff am 04.03.21.

Rennert, M. (2012): *Co-Abhängigkeit. Was Sucht für die Familie bedeutet.* 3., akt. Aufl. Freiburg.

Riedel, R. (2005): *Struktur und Dynamik suchtbelasteter Familie.* In: Systemische Therapie, Supervision, Beratung, Fortbildung. Berliner Institut für Familientherapie. Berlin.

Rogge, J.- U. (2019): *Pubertät. Loslassen und Haltgeben.* 13. Aufl. Reinbek bei Hamburg.

Rohr, K. (2013): *Alkohol und Drogen in der Adoleszenz. Zwischen Ausprobieren, Risikokonsum und Missbrauch.* In: Pädiatrie (2). 22–26.

Rosengren, D. B. (2012): Arbeitsbuch Motivierende Gesprächsführung. Lichtenau.

Rupprecht, S. (2010): *Alkoholkonsum von Schülerinnen und Schülern: Konsumgewohnheiten und Einflussfaktoren. DAK Unternehmen Leben.* Online verfügbar unter: http://www.berlin-suchtprävention.de/wp-content/uoloads/2016/10/101011_DAK_Studie_Alkoholkonsum_Neu.pdf. Zugriff am 13.04.21.

Schmidt, B. (2004): *Forschung und Praxis der Gesundheitsförderung.* Band 24: Suchtprävention in der BRD. In: Bundeszentrale für gesundheitliche Aufklärung (Hrsg.). Köln.

Schrader, H. (Hrsg.) (2012): *Risikoeinschätzung bei Kindeswohlgefährdung. Ein systemisches Handbuch.* Weinheim, Basel.

Schulze, S. (2016): *Veränderung der Abstinenzzuversicht im Verlauf einer stationären qualifizierten Alkoholentzugsbehandlung.* Hamburg.

Seitz, N.-N.; Böttcher, L.; Atzendorf, J.; Rauschert, C.; Kraus, L. (2019): *Kurzbericht Epidemiologischer Suchtsurvey. Tabellenband: Trends der Prävalenz des Konsums illegaler Drogen und Drogenmissbrauch und -abhängigkeit nach Geschlecht und Alter 1990–2018.* München.

Seitz, H. K.; Thomas- Hoffmann, I. (2018): *Die berauschte Gesellschaft.* München.

Stolle, M. (2001): *Minderjährige Unbegleitete Flüchtlinge in Hamburg.* Hamburg.

Suchert, V.; Hanewinkel, R.; Morgenstern, M. (2014): *Wahrgenommene Verfügbarkeit und Alkoholkonsum Jugendlicher im Längsschnitt.* In: Sucht 60 (5), 279–287.

Tapert, S. (2009): *Substanzgebrauch und Gehirnfunktion bei Jugendlichen.* In: Mann, R.; Havemann- Reinecke, U.; Großmann, R. (Hrsg.): Jugendliche und Suchtmittelkonsum. Freiburg.

Thomasius, R.; Häßler, F.; Nesseler, T. (2009): *Wenn Jugendliche trinken.* Stuttgart.

Wegscheider, S. (1988): *Es gibt doch eine Chance. Hoffnung und Heilung für die Alkoholiker-Familie.* Weinsberg.

Weichold, K.; Bühler, A.; Silbereisen, R. K. (2005): *Konsum von Alkohol und illegalen Drogen im Jugendalter.* In: Filipp, S.-H.; Staudinger, U. M. (Hrsg.): Enzyklopädie der Psychologie: Entwicklungspsychologie (S. 537–586). Göttingen, Bonn, Toronto, Seattle.

Wickert, N. (2015): *Familien der Gegenwart. Wie Familien heute leben.* In: Zeitschrift für Psychodrama und Soziometrie. 14, 5–14. Online verfügbar unter: https://doi.org/10.1007/s11620-015-0277-x.

Wiegand-Grefe, S.; Halverscheid, S.; Plass, A. (2011): *Kinder und ihre psychisch kranken Eltern. Familienorientierte Prävention – Der CHIMPS- Beratungsansatz.* Göttingen.

Wild, E.; Müller, J. (Hrsg.) (2015): *Pädagogische Psychologie.* Berlin, Heidelberg.

Winner, A. (1997): *Der Spielzeugfreie Kindergarten- ein Projekt zur Förderung von Lebenskompetenz bei Kindern? Begleitstudie zur Suchtprävention im Kindergarten.* In: Aktion Jugendschutz Bayern (Hrsg.). Augsburg.

Zimmer, R. (2019): *Handbuch Sinneswahrnehmung. Grundlagen einer ganzheitlichen Bildung und Erziehung.* Freiburg.

# Abkürzungsverzeichnis

| | |
|---|---|
| BGH | Bundesgerichtshof |
| BMG | Bundesministerium für Gesundheit |
| BtMG | Betäubungsmittelgesetz |
| BZgA | Bundeszentrale Gesundheitliche Aufklärung |
| DAK | Deutsche Angestellten Krankenkasse |
| DHS | Deutsche Hauptstelle für Suchtfragen e. V. |
| DJI | Deutsches Jugend Institut |
| DKF Z | Deutsches Krebsforschungszentrum |
| fdr | Fachverband Drogen- und Suchthilfe e. V. |
| IFT-Nord | Institut für Therapieforschung Nord |
| ISD | Interdisziplinäre Sucht- und Drogenforschung |
| KiGGS | Kinder- und Jugendgesundheitssurvey |
| KKG | Gesetz zur Kooperation und Information im Kinderschutz |
| LBS | Landesbausparkasse |
| LSSH | Landesstelle für Suchtfragen Schleswig-Holstein e. V. |
| OLG | Oberlandesgericht |
| SGB | Sozialgesetzbuch |
| WHO | Weltgesundheitsorganisation |